高等职业教育智能交通技术运用专业规划教材

# Daolu Jiaotong Anquan Guanli
# 道路交通安全管理

李利勤　张广友　**主　编**
杨　飞　李金晖　**副主编**

人民交通出版社股份有限公司
China Communications Press Co.,Ltd.

## 内 容 提 要

本书为高等职业教育智能交通技术运用专业规划教材。本书依据专业教学标准要求组织编写内容,主要包括交通安全认知、道路交通事故处理与紧急救援、道路交通事故统计与分析、道路交通设施、道路运输安全管理。

本书可供智能交通技术运用、交通运输等相关专业高职院校学生使用,也可供行业监管人员、企业从业人员参考学习。

\* 本书配有教学课件,可于人民交通出版社股份有限公司网站下载。

**图书在版编目(CIP)数据**

道路交通安全管理 / 李利勤,张广友主编. — 北京:
人民交通出版社股份有限公司,2017.11
高等职业教育智能交通技术运用专业规划教材
ISBN 978-7-114-14376-2

Ⅰ.①道… Ⅱ.①李… ②张… Ⅲ.①公路运输—交通运输安全—安全管理—高等职业教育—教材 Ⅳ.
①U491.4

中国版本图书馆 CIP 数据核字(2017)第 298122 号

高等职业教育智能交通技术运用专业规划教材

| | |
|---|---|
| 书　　名 | 道路交通安全管理 |
| 著 作 者 | 李利勤　张广友 |
| 责任编辑 | 司昌静　卢　珊 |
| 责任校对 | 孙国靖 |
| 责任印制 | 刘高彤 |
| 出版发行 | 人民交通出版社股份有限公司 |
| 地　　址 | (100011)北京市朝阳区安定门外外馆斜街 3 号 |
| 网　　址 | http://www.ccpcl.com.cn |
| 销售电话 | (010)59757973 |
| 总 经 销 | 人民交通出版社股份有限公司发行部 |
| 经　　销 | 各地新华书店 |
| 印　　刷 | 北京建宏印刷有限公司 |
| 开　　本 | 787×1092　1/16 |
| 印　　张 | 14.5 |
| 字　　数 | 349 千 |
| 版　　次 | 2018 年 7 月　第 1 版 |
| 印　　次 | 2024 年 6 月　第 4 次印刷 |
| 书　　号 | ISBN 978-7-114-14376-2 |
| 定　　价 | 45.00 元 |

(有印刷、装订质量问题的图书由本公司负责调换)

# 前 言
Foreword

道路交通安全管理是高等职业院校智能交通技术运用专业的核心课程,是相关专业的必修课程。按照该专业教学标准的要求,侧重培养学生具有复合型技能。该课程结构以道路交通安全管理为主线,以认知交通安全问题规律来组织教学内容。该课程旨在培养学生掌握道路交通安全管理的基础知识,能进行道路交通事故统计与分析,能处理一般的交通事故。

本书编写人员在认真学习领会最新的教学改革成果和专业教学标准的基础上,结合当前高等职业教育发展和道路交通行业发展的实际,编写了本书。

本书的主要特色如下:

(1)注重全员性。注重校企合作、校校联手,扩大参与面,吸收各企业、各学校好的经验。全程体现"工学结合,校企合作"的理念,由行业专家、教学能手全面参与本书的编审。

(2)注重适用性。本书兼顾全国各地的发展情况,可在全国范围内使用。在统筹兼顾过程中还注意"现实与长远的结合",有一定的先进性、适用性和适度超前性。

(3)注重科学性。按照专业教学的要求,本书注重书名与内容的匹配,注重课时量的平衡,注重课程与课程之间的关系,尤其是在知识点和过渡知识的交叉关系上。

(4)注重实践性。职业教育注重理实一体,注重双证融通,因此实践性是本书的一大特色。本书在某些知识点的介绍上结合目前全国较先进、较典型的案例,并配有大量的实物图片,便于学生更感性地认知。

参加本书编写的有广东省交通运输技师学院、陕西警官职业学院、粤港汽车运输联营有限公司(香港)、广东省高速公路有限公司京珠北分公司等单位的专家、技术骨干和教师。具体执笔人员为:李利勤(广东省交通运输技师学院)编写单元1、单元2、单元3、单元6,李金晖(广东省公路建设有限公司虎门二桥分公司)编写单元3、单元6的部分内容,杨飞(陕西警官职业学院)编写单元4、单元5,

张广友[粤港汽车运输联营有限公司(香港)]编写单元6的部分内容。全书由李利勤总纂定稿。参编人员还有广东省交通运输技师学院孙巧玲、黄锐琼、高扬、连葆华以及广东省高速公路有限公司京珠北分公司陈育民,粤港汽车运输联营有限公司(香港)刘毓佳。

  本书的编写得到了人民交通出版社股份有限公司的大力支持。在本书编写过程中编写人员参阅了大量国内外著作和有关文献,由于疏忽遗漏,有的文献可能未在参考文献中列出,在此谨向本书直接或间接引用的研究成果的作者表示感谢。

  由于编写水平有限,书中谬误或疏漏之处在所难免,敬请读者给予批评指正。

作 者

2017 年 7 月

# 目录

**单元1　绪论** ................................................................ 1
　单元1.1　道路交通安全概况 ........................................... 1
　单元1.2　道路交通安全防护基本理论 ............................... 8

**单元2　交通安全认知** ................................................... 16
　单元2.1　交通安全认知 ................................................ 16
　单元2.2　道路交通安全影响因素 .................................... 23
　单元2.3　道路交通安全 ................................................ 35
　单元2.4　道路交通安全法规 .......................................... 46
　单元2.5　职业心理健康与调适 ....................................... 65

**单元3　道路交通事故处理及紧急救援** ............................... 77
　单元3.1　道路交通事故 ................................................ 77
　单元3.2　现场快速处理与交通事故损失 .......................... 89
　单元3.3　道路交通事故救援系统 .................................... 96

**单元4　道路交通事故统计与分析** .................................. 108
　单元4.1　道路交通事故数据统计概述 ........................... 108
　单元4.2　道路交通事故的数据统计 .............................. 112
　单元4.3　道路交通事故的数据分析 .............................. 123

**单元5　道路交通设施** ................................................. 135
　单元5.1　道路交通管理设施 ....................................... 135
　单元5.2　道路交通安全设施 ....................................... 164
　单元5.3　道路交通服务设施 ....................................... 169

**单元6　道路运输安全管理** ........................................... 174
　单元6.1　企业安全管理 ............................................. 174
　单元6.2　企业安全评价 ............................................. 199
　单元6.3　行业监管 ................................................... 212

**参考文献** ................................................................ 222

# 单元 1　绪　　论

## 知识目标

1. 了解国内外道路交通安全概况。
2. 掌握道路交通安全的特性。
3. 了解建立道路交通安全体系的意义。
4. 了解道路交通安全基本理论。

## 能力目标

1. 能够建立道路交通安全保障的系统思维方式并运用在学习工作中。
2. 在交通事故尚未发生前能做出相应的安全保障措施。
3. 在交通事故发生后能为减少事故损失采取措施。

## 引言

随着国民经济的发展和社会的进步，我国道路交通基础设施建设获得很大的发展，机动车保有量及道路交通量急剧增加，路网结构明显改善，基本形成了颇具规模的现代化道路交通体系。但是在现代化发展过程中也出现了一些问题，主要包括道路交通拥堵日益严重、道路交通事故多发频发、交通污染严重、交通规划中车本位现象突出等，凸显了交通安全管理水平和处理能力的重要性。

## 单元 1.1　道路交通安全概况

【案例导入】

### 山东省淄博市"8·11"重大道路交通事故责任调查报告出炉 16 人受处分

2016 年 8 月 11 日 8 时 23 分，在山东省淄博市博山区省道 S236 线与北山路 T 形路口，一辆沿北山路由西向东行驶的拖拉机变形运输车先后冲撞沿博沂路由北向南正常行驶的一辆电动自行车和三辆机动车，造成 11 人死亡，21 人受伤。

2017年1月5日,山东省安监局发布"8·11"重大交通事故责任调查报告,16名责任人员受到相应处分,其中1人被检察院批准逮捕。

[事故原因]

肇事车辆驾驶人李某驾驶的拖拉机变形运输车非法改装、严重超载、制动性能不良,导致驾驶人无法有效控制车速,车辆超速行驶且在红灯状态下进入T形路口,先后冲撞正常行驶的多部车辆,造成事故。

## 【知识储备】

道路交通受人、车、路、环境等诸多复杂因素的影响,不可避免地会发生交通安全事故,这是一个社会课题。各国都投入大量的人力、物力来研究应对道路交通事故的对策与具体的安全治理措施。必须重视研究道路交通安全管理对策,加强交通参与者的交通安全意识宣传教育,研究建立统一协调的数据管理系统,着眼于人、车、路、环境的全过程管理。

### 1.1.1 国内外道路交通安全概述

交通运输业是国民经济中一个重要的物质生产部门,被马克思称之为"除了采掘业、农业、加工业以外的第四物质生产领域"。它对推动社会生产力的发展、促进物资交流、改善人民生活以及保卫国防,都具有十分重要的作用。公路交通以其机动灵活、活动面广的特点,在经济建设和社会进步中发挥着"先行、纽带、桥梁"的作用。但任何事物都具有两面性,伴随着工业化进程,交通运输业的发展突飞猛进,一方面促进了社会经济的繁荣,另一方面以交通为"致病源"的交通事故也在不断增加,严重威胁着人民的生命和财产安全。相比之下,除了那些工业发达国家,许多发展中国家的道路交通事故从1968年以来都处于上升趋势。在发展中国家,由于财政困难,加上国内需要大量投资加以解决的问题很多,建设道路网的投资比例相对很小,路面设施特别是交通安全基础设施稀少,导致交通事故逐年增加。

随着城市汽车保有量的持续增加,道路交通安全成为当今社会道路交通的一个首要问题。应该说,道路交通安全问题的严重性是由道路交通本身的危险因素决定的。根据美、英等国交通研究机构调查,在各种交通事故死亡人数中,道路交通事故占93%、铁路占2%、航空占2%、水运占3%。

1)我国道路交通安全现状

我国一些城市出现的道路交通拥挤、事故发生率高的情况,并非都是由于道路面积不够,而是对于现有的交通设施没能充分利用,在交通管理方面也未能工作到位。相同的道路系统,由于管理水平参差不齐,而使道路服务水平差距甚大。因此,提高交通运输安全的管理水平也是实现道路交通安全的一个重要举措。

随着机动车辆迅速增加,我国机动车保有量以及客货运输量逐年增加、出行流动人口成倍增长,交通安全建设的诸多薄弱环节成为公认的安全隐患。例如道路交通设施粗糙、交通警示标识规范不足、出行人安全意识缺乏、交通素养欠缺,道路交通法律法规制度建设滞后,道路安全管理层次架设随意性较大,道路交通安全预警、干预措施预案缺少和演练不充分等。人、交通工具、交通设施、交通环境等诸要素的不协调,导致交通普遍拥堵、安全事故高发、环境污染严重、交通发展不均衡等许多问题,形成了交通与人、交通与社会、交通行业内部、交通与自然的不和谐。

(1)道路交通构成不合理,混合交通现象严重

我国道路交通发展较为迅速,道路建设规模日益加大,道路结构与条件逐步改善,但是道路交通流中车型混合复杂,人车混行、机非混行问题严重。这一问题导致了交通秩序的混乱,且由于缺少交通管制,致使事故发生率提高。据统计,混合条件下事故发生数占总数的55.9%,同时还是主要死亡原因(占67.2%)。

(2)交通安全管理体制不健全

我国的道路交通安全管理体制存在许多漏洞与不足。道路管理制度的执行效率低下,监管力度不够,缺少民主参与和公示制度,责任追究体系也不健全,使得整个管理体系运作不当,不能形成严密的交通安全信息网,进而影响交通行为的安全性。

(3)城市基础建设没有足够重视交通安全

在城市基础建设和交通基础建设过程中,交通安全方面没有充分的规划。例如:十字交叉路口处四角建设高楼,挤占道路面积,使驾驶人视距过小、视野盲区过大;直线路段过长,路面景观单一,使驾驶人产生视觉疲劳;路口宽度过小,汽车转弯半径过小导致汽车发生侧滑。

(4)安全教育宣传力度不够,安全意识淡薄

目前我国交通安全宣传不普及、力度过小且大部分局限在大中城市,其他城市大多仅限于图片展览和简单的教育宣传,效果比较差,群众交通安全意识过于淡薄。中山市公安交警统计,2014年该市共发生一般以上交通事故1790宗,其中近九成是因为机动车驾驶人违反交通法规造成的。

2)国外道路交通安全管理现状

进入20世纪60年代,由于汽车生产量急剧增加,工业发达国家的每公里公路平均汽车密度逐渐趋于饱和,使得交通拥堵现象严重,交通事故与日俱增。日本和美国经济高速发展时期,都出现了交通事故高速增长现象。日本从1952年到1970年的18年间是其历史上经济发展最快的时期,全国交通事故数量迅猛上升,交通事故死亡人数由4696人增至16765人,增长25.7%,年均增长率为7.7%。1952~1972年的21年间,是第二次世界大战后美国经济发展较快的时期,其交通事故死亡人数由37794人增加到56278人,增长49%,年均增长率为2.3%。近年来,这些发达国家的汽车保有量、汽车密度虽然已接近饱和,但由于道路条件的不断改善和管理水平的不断提高,其交通事故率持续下降并趋于稳定。

道路交通的安全形势,即道路交通事故的增多或减少,通常与一个国家和地区的经济社会发展存在着内在的联系。其一般规律是:发展中国家交通事故发生率普遍提高,特别是经济高速发展的时期,交通事故数量更是大幅增加;发达国家开始步入良性循环,交通安全形势平稳,死亡人数呈逐年下降趋势。

欧美等发达国家和地区的道路交通管理模式要成熟许多,交通参与者的自觉性也较高,而且其城市交通基本不存在机非混行的问题。因此,其管理难度相对来说要小。西欧、美国、日本等国家和地区的交通主管部门对城市公共交通进行了有效的管理,建立了较成熟的城市道路交通安全管理体系,取得了良好的安全管理效果,值得我们借鉴。

(1)美国

美国是随着美洲新大陆的开发而兴起的国家,其地域辽阔。城市的建设伴随汽车工业的发展而迅速发展。小汽车进入家庭之后,在大城市人口不断迁往郊外的同时,由于政府限制不力,小汽车过量增长,给城市道路交通带来很大压力。据统计,1993年美国人均拥有小汽车

0.63辆。美国历届政府都对复苏公共交通做过努力。早在20世纪60年代,政府就颁布了公共交通法,引导大城市道路交通向大容量轨道交通转化。20世纪80年代又颁布环境保护法,要求发展公共交通替代小汽车出行,但收效甚微。

(2)西欧诸国

西欧诸国城市有轨电车发展较早,自行车也很普及。在旧城区越来越不适应现代交通发展和小汽车问世后,他们采取了建设和管理并重,贯彻人车分流、公交优先等原则,优先发展公共交通,形成了与美国不同的模式。如法国,由于小汽车过度膨胀造成严重交通堵塞,最终促使政府选择公共交通,大力优先发展城市公交,设置公交专用道。20世纪60年代末期,法国最早提出公交优先策略,随后在世界范围内被广泛借鉴。现在西欧大城市都有完善的公共交通设施,几乎所有市际客运交通都深入到城市内部,大城市地铁和快速轨道交通可与其他交通工具方便地实现换乘,车站周围设有免费的停车场,以减少市区交通量和停车量,城市道路网密集、等级功能分明。

(3)日本

日本在发展城市道路交通的过程中,保持交通设施与城市发展充分协调,首先集中建设轨道交通系统,再综合布局高速公路及其他交通方式,依靠交通干线把大城市及其影响地区组成一种多中心的结构体系。日本城市重视开发地下和高架轨道交通,使其承担了60%以上的城市客运量,大大减少了道路的总交通量和交通公害。同时日本非常重视换乘枢纽的建设,以及培养公民的交通意识。

以上国家的经验和教训表明,城市道路交通发展必须有明确合理的交通政策和配套法规,应对城市道路交通需求进行合理有效的引导和管理,使交通需求从低效率私人交通向高效率的公共交通转移,形成以公共交通为主的客运体系;同时货运及过境运输尽量引向城市外郊,以减少城市内部的交通流。

3)国内外道路交通安全对比

我国的基础设施建设取得了极大的成就,交通设施也随之取得长足的发展和进步。我国的交通设施水平已基本达到世界先进水平,但是我国的交通安全水平与世界发达国家相比相距甚远,交通安全形势不容乐观。一个国家或地区交通安全水平常用万车死亡率和10万人口死亡率两个评价指标来体现。我国的10万人口死亡率和世界平均水平相差不多,但万车死亡率却明显高于发达国家。

我国与欧美发达国家的交通安全研究和治理水平相比还有很大差距,具体表现在以下几个方面。

一是我国道路交通安全管理体制和运行机制存在诸多缺陷。条块分割的管理体制没有得到真正解决,交通安全的整体管理水平还比较低。如缺少道路交通安全规划、管理和监管的民主参与制度和公示制度,责任追究制度也不健全,相关机构和单位未参与到交通规划的编制实施中,大多数政府部门尚未成立交通安全委员会,没有专门的交通安全机构从事交通安全课题研究。

二是交通安全问题在城市基础建设和交通基础建设规划中没有引起足够的重视。比如,一些城市十字交叉路口的四角建有高楼,挤占了道路用地,压缩了驾驶人观察道路交通情况的有效视野,同时使车辆的转弯半径变小,交通冲突点趋于集中,严重影响交通的畅通,给安全行车带来隐患。

三是混合交通导致交通秩序混乱,容易发生事故。发达国家汽车普及率高,交通工具的整体性能好,交通秩序好。我国是发展中国家,人们出行、运输所使用的交通工具各种各样,有轿车、货车、摩托车、农用车、自行车等,混合交通情况严重,与发达国家相比交通大环境差异大。混合交通必然带来交通秩序混乱,如各种交通工具之间有较大的速度差,发生冲突的危险性大,交通安全治理的任务繁重。

四是交通安全宣传教育不力,交通违法情况严重。群众交通法规观念淡薄,不论是在城市街道还是在乡村公路上,都存在任意违法行车和穿越马路的现象,给交通安全带来重大隐患。长期以来,长途客车、公共汽车人满为患,摩托车、电动自行车见缝插针,机动车驾驶人在没有警察的情况下违规行驶的现象比比皆是。目前的交通安全宣传教育尚不普及,部分城市的学校在开学初仅由辖区民警进行一两次交通安全知识宣传教育,大多数地方仅限于交通事故图片展览和简单的宣传。

五是交通安全研究工作起步较晚。我国的交通安全研究始于20世纪80年代,且缺乏对交通事故发生规律以及预防对策的深入研究,导致当前交通安全形势严峻。研究方法和手段落后,使研究工作难以全面顺利地开展,研究成果对交通安全治理的指导和决策参考作用小,无法满足分析和研究交通事故发生的机理,不能形成普遍适用的交通安全理论。

4) 国内外交通安全对比的启示

第一,我国交通安全事故高发与交通参与者的道路交通安全意识淡薄密切相关。就目前世界各国官方机构和各类组织公布的统计报告和相关数据来看,世界各国对道路交通安全的事故致因进行细致的分析后发现,绝大多数的道路交通事故是由于驾驶人的错误引起的。由于传统的交通观念和文化素质不高,加上教育不足,我国民众的出行习惯在短期内难以有较大的转变,特别是农村地区交通参与者的道路交通安全意识和素质提高需要更长的时间。因此,各级公安交通管理部门应加强交通安全法律法规的宣传,寓宣传教育于执法活动中;教育部门应将交通安全教育列入中小学生的必修课。

第二,大多数交通安全研究和实践主要是基于历史事故数据对已建设的道路设施或交通参与者进行分析,从而针对事故多发地点或者事故主要类型实施相应的补救措施。这种传统的安全研究属于短期和后续式的,难以从宏观的角度对交通规划进行审视。道路交通系统中的基础设施对交通安全的作用非常重要。约1/3以上的交通事故是由于不舒适的道路条件和道路建设的安全防护设施相对不足造成的。因此,要积极发展智能交通,加快我国交通管理技术与手段智能化进程,完善道路交通远程监控网络系统功能,实施主干道的交通监控。

第三,完整可靠的信息是加强交通安全管理的前提和保证,是制订交通安全目标和确定实施措施的基础。由于主客观原因,我国在交通安全领域还缺乏完整、可靠、便捷获取交通安全历史数据的途径。我国现有的交通事故数据库系统及驾驶人和车辆数据库系统,均由各部门自行建立,相互之间缺少必要的协调与合作,难以满足提高交通安全管理水平的整体要求。欧美等国家和地区普遍建立了统一协调的数据管理系统,将交通事故数据库、驾驶人和车辆数据库整合起来,执法者可以随时了解驾驶人和车辆的安全记录,有利于加强管理和监督。

第四,严格执法与普及安全教育相结合。美国的经验证明,严格执法对于做好交通管理工作、减少道路交通事故非常重要。同时,美国十分重视对交通参与者的交通安全教育。因此,其国民的交通法律意识较强,自觉遵守交通法规成为一种普遍现象,这是预防道路交通事故的最根本因素。

第五,当前必须立足我国经济社会的现实和长远发展,坚持理念创新、体制机制创新,着眼于人、车、路的全过程管理,着眼于技术、法规、教育、工程的系统管理,着眼于交通安全的战略研究,向国外研究交通安全程度深、治理水平高的国家学习,为构建和谐社会和促进国民经济持续健康协调发展创造良好的条件。

### 1.1.2 道路交通系统

随着社会的不断进步和科学技术的飞速发展,城市中的任何活动基本都要靠交通来维持,要想使城市发挥较大的活力就得有完善的道路交通系统。道路交通系统主要由人(包括驾驶人、行人及乘客等)、车辆(包括客车、货车、非机动车等)、道路(包括公路、城市道路、出入口道路及其相关设施)三个基本要素构成,如图1-1所示。

这三个要素作为子系统构成了整个道路交通系统,并且相互制约和影响。其中,驾驶人是环境的理解者和指令的发出与操作者,是系统的核心,道路和车辆的因素必须通过人才能起作用,三要素协调运作才能实现道路交通系统的安全性要求。

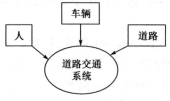

图1-1 道路交通系统的构成要素

除此之外,道路交通系统具有四个基本特性,分别是相关性、环境适应性、目的性和整体性,并且其作为一个动态系统,主要表现在两个方面:一是国民经济随着国家的发展进步是不断变化的,道路交通系统作为国民经济大系统的一部分,道路交通运输的任务也会不断地发生变化;二是道路交通系统中的三个基本要素本身处于动态变化之中,因此道路交通系统一直处于动态变化的状态。

道路交通系统主要包括以下子系统,如图1-2所示。

(1)道路网系统

这是道路交通系统形成的基础,是决定城市面貌和活力的主要环节。

(2)客运交通系统

客运交通系统又可分为公共交通系统和个体交通系统。公共交通系统一般由公共汽车、轨道交通和出租汽车等交通方式构成,按其经营方式又可区分为定线与不定线两个系统。目前我国各城市均以定线交通为主要形式。

(3)货运交通系统

该系统由专业货运车辆和社会货运车辆两部分组

图1-2 道路交通系统的基本组成

成。除货运路线外,还应包括货物流通中心才构成完整的货运交通系统。

(4)自行车交通系统

按照我国城市交通的特点,自行车交通占有相当重要的地位。

(5)行人交通系统

该系统由各种人行道、过街人行横道、过街天桥或地下通道等组成,特殊需要时,还包括步行街、步行区,以及自动传送带、垂直升降电梯等。

(6)快速交通系统

快速交通系统主要指各种轨道的快速交通系统,也包括以通行汽车为主体的快速道路、高速道路所组成的系统。

### 1.1.3 道路交通安全评价及管理

1) 概念及意义

道路交通安全评价,是以特定的道路交通系统为对象,采用定性或者定量方式,对该系统的安全特征做出客观的描述,以便进行评定和比较。

道路交通安全综合评价是道路交通安全工作的首要任务,其核心是对道路交通安全状况及其变化趋势进行客观的描述,确定影响道路交通安全的因素以及制约程度,为改善道路交通安全提供依据。道路交通安全综合评价不仅是安全状况的客观反映,而且可以解析评价对象的交通安全症结,为分析、改善道路交通安全提供客观、科学的依据。

2) 道路交通安全管理的任务

随着人们生活水平的提高,对交通安全也提出了新的要求,不再是仅仅满足于对道路的使用,同时对于安全、健康、环保、便捷、舒适也提出了更高的要求。但在城市化进程加速、城市规模快速发展的同时,人们的生存环境、社会发展也面临诸多矛盾与问题。我国很多城市的交通越来越难以承受经济发展的重负,道路基础设施建设跟不上,导致交通秩序混乱、空气污染、交通量日益饱和、交通拥挤、交通事故频发等。其中频频发生的大范围交通堵塞已经成为城市的公害之一,而高发的交通事故则是对人类生命的最大威胁之一。交通问题不仅影响正常的城市运转秩序,还给社会带来直接和间接的经济损失。

道路交通安全管理的根本任务是维护道路交通秩序、保证道路交通安全与畅通,在此前提下,应通过各种有效的措施,根据不同的交通安全事件采取不同的解决方案,适时地建立预警和快速反应机制,积极协调各应急保障部门,尽可能地保证人民的生命财产安全。

3) 建立道路交通安全管理体系

道路交通安全管理体系的根本任务是对道路交通安全事件进行全面的管理,包括事发前的预警工作、事发时的救援工作、事发后的总结评价工作,最大限度地降低事件带来的财产损失和人员伤亡,尽快恢复正常的社会秩序,因此建立道路交通安全管理体系具有重要的意义。

道路交通安全管理体系是检验政府管理能力的重要指标,它在面对各种突如其来的天灾人祸时,在职能部门处理和消除恐慌等方面具有重要指导及管理职能。目前,我国城市道路交通安全事故一方面有明显的上升趋势;另一方面,相应的应急能力也十分脆弱。因此,建立符合我国国情的道路交通安全管理体系,将道路交通安全管理纳入政府治理的范围内,已越来越迫切。

第一,建立道路交通安全管理体系是维持人民正常生活、减少国家和人民生命财产损失的需要。随着社会经济的发展、人民生活水平的提高,交通事故率居高不下。如果没有建立起完备的决策和应急处理机制,将加大处理成本,并可能使局部扩大为全局性,产生不必要的损失。

第二,建立道路交通安全管理体系是政府执政能力高低的重要标志之一。随着时代的发展,政府不仅面临着大量的常规事务需要解决,而且必须应对各种非常规事务,道路交通安全事件的决策情境是不确定的,有巨大的时间压力,因此对道路交通安全的决策和应急处理能力在很大程度上显示出了政府的执政能力。

第三,建立道路交通安全管理体系有利于完善我国的管理体制和应急体制。我国在各项管理体制和应急体制建设方面刚刚起步,尚未形成快速有效的规范体系,更没有形成全国统一的应急管理体制,相关法律法规建设滞后,人民意识淡薄。面对突如其来的事件,群体的身心承受能力非常脆弱,财产损失巨大,相应的国家赔偿、保险理赔、社会救助制度不够健全。建立高效、快速的道路交通安全管理体系是完善我国管理体制和应急体制的需要。

第四,建立道路交通安全管理体系是国家综合实力的体现。建立完善的道路交通安全管理体系需要以高效的信息发布系统为基础,以政府的经济发展为后盾,以各个部门的协调能力为脉络,以各个部门对事故的处理为血液,从而使道路交通安全管理体系成为一个有机体。因此,建立道路交通安全管理体系是一个国家在经济、科技、政治方面综合实力的体现。

第五,建立道路交通安全管理体系反映了大力发展我国智能交通系统的需要。交通系统是一个复杂的综合系统,依靠传统的交通管理方式,单从道路和车辆的角度考虑,很难解决交通拥堵、事故频发、环境污染等近年来不断恶化的问题。建立完善的道路交通安全管理体系是智能交通系统中的一部分,能够推进我国智能交通系统建设,实现交通运输的智能化,以提高交通安全管理水平,减少交通事故带来的损失,实现人与交通环境相协调,保证社会经济的可持续发展。

## 【案例训练】

### 危险品运输车辆驾驶人疲劳驾驶造成交通事故

12月2日5时10分,张某在疲劳状态下驾驶××省牌照中型厢式货车,沿唐津高速公路由西向东行驶至上行147.7km处时,该车右前部撞在前方因雾天堵车停在第二车道内由刘某驾驶的××省牌照重型罐式半挂车左后尾部,造成张某车内乘车人胡某死亡、两车及车内货物损坏。

[案例分析]

驾驶人疲劳驾驶是一种较为普遍的违法现象,因疲劳驾驶而引发的交通事故更是比较常见。从生理学角度讲,驾驶人在行车中由于驾驶作业使生理上、心理上发生某种变化,而在客观上出现驾驶机能低落的现象称为驾驶疲劳。驾驶人连续开车2h后,由于连续不断地处理交通信息,使脑氧气减少、中枢神经疲劳、感觉迟钝、注意力变得散漫,不愿再做麻烦的动作,省略正规的驾驶操作。在这种情况下,观察、判断和操作都容易产生差错,从而导致交通事故的发生。这样的情形在视线较差的雾天,发生事故的可能性大大增加。

## 单元1.2 道路交通安全防护基本理论

## 【案例导入】

2月18日15时,××单位驾驶人刘某驾驶一辆吉普车,在××电站执行完任务返回××市,与迎面驶来的一辆当地三轮摩托车相撞,导致乘坐三轮摩托车的10岁男孩当场死亡,摩托车驾驶人谢某两腿骨折,三轮摩托车严重损坏,吉普车前部损坏。

[事故原因]

该事故发生后,虽做到了及时报案,及时抢救伤者,使事故得到了及时处理,但损失依然惨重。导致这起交通事故的原因是多方面的,但人为因素是该事故发生的主要原因。

(1)直接原因:

①三轮车驾驶人谢某无证违章驾车、三轮车无牌逆向占线行驶。

②驾驶人刘某虽然行驶路线正确,证照齐全,但行驶中思想不集中,观察判断有误,车速偏快(特定环境中的车速偏快),遇到紧急情况时采取措施不力,应负有一定责任。

(2)间接原因:

①事故发生当日为雨雪天气,积雪未化,路面比较滑。

②发生事故路段两边村庄较多,且多处村道与公路相接,行车标志不全、不明显,对驾驶人来讲容易造成判断上的失误。

③农村农用车管理上还缺乏规范,违章驾驶现象较为普遍,交通安全意识相对较弱。

④道路交通管理,尤其是农村交通安全还没有规范化和科学化的管理,与交通安全管理要求有相当的差距。

(3)主要原因:三轮车驾驶人谢某无证违章驾车、三轮车无牌逆向占线行驶是事故发生的主要原因。

## 【知识储备】

### 1.2.1 交通安全保障系统

交通安全最主要的特征是各项交通活动之间存在着相互联系、相互制约的关系,是作为一个有机整体存在的,系统性是交通安全最基本的特性。要做好交通安全工作必须从系统角度出发,从多方面做好保障措施,以减少交通事故的发生。

1)系统理论

人们在认识客观事物或改造事物的过程中,用综合分析的思维方式看待事物,根据事物内在的、本质的、必然的联系,从整体角度进行分析和研究,这类事物就被看成一个系统。任何系统都是一个有机的整体,它不是各个部分的机械组合或简单相加,系统中各要素不是孤立地存在着,每个要素在系统中都处于一定的位置,起着特定的作用,要素之间相互关联,构成一个不可分割的整体。要素是整体中的要素,如果将要素从系统整体中割离出来,它将失去要素的作用。

通过对现实系统的分析,可以发现,凡是能称之为系统的,都具有如下特性。

(1)整体性

系统是由两个或两个以上的元素(要素)相互作用而形成的整体。构成系统的各要素虽然具有不同的性能,但它们通过综合、统一后形成的整体就具备了新的特定功能,也就是说,系统作为一个整体才能发挥其应有的功能。所以,系统的观点是一种整体的观点、一种综合性的思想。

(2)相关性

构成系统的各要素之间,要素与子系统之间、系统与环境之间都存在着相互联系、相互依赖、相互作用的特殊关系。这些关系,使系统有机地结合在一起发挥特定功能。

(3)目的性

任何系统都是为完成某种任务或某种既定目的而发挥其特定功能的。要达到系统的既定目的,必须赋予系统特定的功能,这就需要在系统的整个生命周期内,即在系统的规划、设计、试验、制造和使用等所有阶段,对系统采取最优规划、最优设计、最优控制、最优管理等优化措施。

(4)层次性

系统有序性主要表现为系统空间结构的层次性和系统发展的时间顺序性。系统可分成若干子系统和更小的子系统,而该系统又是其所属系统的子系统。这种系统的分割形式表现为系统空间结构的层次性。

(5)环境适应性

系统是由许多特定部分组成的有机集合体,而这个集合体以外的部分就是系统的环境。一方面,系统从环境中获取必要的物质、能量和信息,经过系统的加工、处理和转化,产生新的物质、能量和信息,然后提供给环境。另一方面,环境也会对系统产生干扰或限制,即约束条件。环境特性的变化往往能够引起系统特性的变化,系统要实现预定的目标或功能,必须能够适应外部环境的变化。研究系统时,必须重视环境对系统的影响。

2)交通安全保障系统的结构

交通安全保障系统作为一种惯例系统,以直接影响交通安全的因素、能源、设备、环境作为管理的对象。从管理的对象和要素出发,可将交通安全保障系统划分为不同层次的两个子系统:安全总体管理子系统和安全对象管理子系统。

(1)安全总体管理子系统

交通安全管理的内容,包括对人的安全管理、设备的安全管理和环境的安全管理。对人、设备、环境的安全管理,既是系统安全管理的三个不同内容,也是一个统一的整体。安全总体管理的对象不是单纯指人、设备或环境,而是指人—机—环境系统整体。因此,安全总体管理的内容,不是单独对人的安全管理或者单独对设备的安全管理、对环境的安全管理,而是对人—机—环境系统总体的安全管理,是凌驾于人、机、环境之上,又渗透于其中的安全管理。安全总体管理子系统包括安全组织、安全法制、安全信息、安全技术、安全教育、安全资金等部分。

①安全组织。安全组织是安全管理的实施主体,负责安全的组织领导、协调平衡、监督检查工作,使运输企业安全管理体制有效地正常运转,保证安全目标的实现。

②安全法制。建立健全安全法制的目的就是使安全管理活动做到有章可循、有法可依,即起到规范人、机、环境安全管理的作用。安全法制管理的功能主要表现在四个方面:完善运输安全法规,建立健全规章制度,完善安全标准体系,监督与考核规章制度、作业标准的执行。

③安全信息。一切安全管理活动离不开安全信息的支持。安全信息既是安全管理的对象,又是安全管理的重要支持。安全信息管理子系统的功能包括:收集、记录、整理、传输、存储系统安全信息,提供系统安全分析工具、评价方法,追踪先进的安全科技与管理信息。

④安全技术。安全技术管理的内容包括对交通安全硬件技术设备的安全管理和对交通安全软件技术设备的研究、开发和应用。由于安全技术管理中单独针对人员、设备和环境的部分属于安全对象管理而非安全总体管理,因此,作为安全总体管理中的安全技术管理,应排除单独针对人员、设备、环境的技术管理部分。安全技术包括:安全分析、评价和管理方法的研究与应用,事故管理方法的研究与应用,各种安全作业方法、工艺过程的研究与应用,制定与完善安全技术规范方法的研究与应用等。

⑤安全教育。在交通运输人—机—环境系统中,为了避免各种危险,防止事故发生,必须通过各种形式和方法,对广大从事交通运输的人员进行经常性的安全教育和培训,从而促进安全生产或改进人的行为状态。安全教育管理内容主要包括：安全思想教育、安全知识教育、安全技能教育、事故应急处理教育等。

⑥安全资金。要做好交通安全工作,必须有相应的安全资金保障。安全资金管理的内容包括对保障交通安全所需资金的筹集、调拨、使用、结算、分配等。

(2) 安全对象管理子系统

单独针对人员、设备、环境的安全管理称为安全对象管理。安全对象管理子系统可进一步细分为人员安全保障子系统、设备安全保障子系统和环境安全保障子系统。

①人员安全保障子系统。人员安全保障是指保障人员安全性的所有措施,即保障不因人的差错而导致事故和隐患。在排除设备和环境因素之后,人员安全保障包括提高人员安全素质和加强人员安全管理两部分。

a. 提高人员安全素质的措施又可称作人员直接安全保障。提高人员安全素质最为有效的途径是岗位安全教育和培训,包括针对不同岗位职工进行不同内容的安全教育和培训。

b. 加强人员安全管理的目的是防止因间接原因而产生人的差错,又叫人员间接安全保障,包括加强安全劳动管理、加强职工生活管理和加强行为管理。

②设备安全保障子系统。设备安全保障子系统的内容如下：

a. 设备安全设计。选用具有较高安全性、可靠性、可维修性、可达性、先进性的设备。

b. 设备的保养、检修及更换。保证设备始终处于良好的运行状态,对于超过服役期的设备要及时更换。

c. 设备状态及工作情况的检查和监控管理。可以有效获得各种设备安全性能的实时动态信息。

d. 设备的故障安全对策。保证故障发生后能够导向安全,不至于产生非安全的连锁反应,使事故造成不良的影响尽可能缩小。

③环境安全保障子系统。影响交通安全的环境条件包括内部小环境(作业环境、内部社会环境)和外部大环境(自然环境、外部社会环境)。因此,环境安全保障子系统可进一步细分为内部环境安全保障和外部环境安全保障两部分。

a. 内部环境安全保障。改善影响交通安全的内部环境,是交通安全保障系统的重要内容,包括：

a) 作业环境安全保障。为保障交通安全,必须保持操作者的作业环境处于良好状态,包括作业空间布置、温度(湿度)调节,采光照明设置,噪声与振动的控制,以及有毒有害气体、粉尘、蒸汽的排除等方面。

b) 内部社会环境安全保障。针对影响交通安全系统的内部政治、经济、文化、法律等环境采取的一系列控制措施。

b. 外部环境安全保障。外部环境即不可控环境。外部环境安全保障是指为了淡化外部环境对交通安全的负面影响,强化其正面影响,而对交通系统进行调节的所有管理手段。包括：

a) 自然环境安全保障。针对影响交通安全的自然环境条件所采取的一系列防范措施,其目的是使自然环境对交通安全的影响降到最低限度。为此,必须做好自然灾害的预测、预报与防治工作,以及恶劣气候下安全作业方法的完善与落实工作。

b)外部社会环境安全保障。外部社会环境包括社会的政治环境、经济环境、技术环境、管理环境、法律环境,以及社会风气、家庭环境等,这些对交通安全均有不同程度的影响,但是较为直接的是保障运输线路沿线治安和站场秩序。

### 1.2.2 交通安全主动控制

交通安全主动控制是指在交通事故尚未发生前,所做的一切安全保障措施,包括安全信息系统、交通设施设备的技术措施、法律法规等。

1)信息传递和控制系统

安全信息是安全活动所依赖的资源。各种安全标志、安全信号是安全信息,各种伤亡事故的统计分析也是安全信息。安全科学的发展,离不开信息科学技术的应用。安全管理就是借助于大量的安全信息进行管理。安全信息是企业制订安全管理方案的依据。在编制安全管理方案,确定目标值和保证措施时,需要大量可靠的信息作为依据。例如,既要有安全生产方针、政策、法规和上级安全指示、要求等指令性信息,又要有内部历年来安全工作经验教训、各项安全目标实现的数据,以及通过事故预测获知的生产安危等信息,作为安全决策的依据。这样才能编制出符合实际的安全目标和保障措施。安全生产过程是一个极其复杂的过程,不仅同静态的人、机、环境有联系,而且同动态的人、机、环境结合的生产实践活动也有联系,同时又与安全管理效果有关。对其进行有效的安全组织、协调和控制,主要是通过安全指令性信息(如安全生产方针、政策、法规,安全工作计划和领导指示、要求等),统一生产现场员工的安全操作和安全生产行为。生产实践活动中,员工的各种异常行为,工具、设备等物质的各种异常状态等产生大量的不良信息,均是导致事故的因素。企业管理人员通过安全信息的管理方式,获得不利安全生产的异常信息之后,通过采取安全教育、安全工程技术、安全管理等手段,改变了人的异常行为、物的异常状态,使之达到安全生产的客观要求,这样安全信息就具有了间接控制事故的功能。

2)事故预防的3E准则

海因里希把造成人的不安全行为和物的不安全状态的主要原因归结为四个方面的问题:不正确的态度,技术、知识不足,身体不适,不良的工作环境。针对这四个方面的原因,海因里希提出工程技术方面改进、说服教育、人事调整和惩戒四种对策。这四种安全对策后来被归纳为众所周知的3E准则:工程技术(Engineering),即利用工程技术手段消除不安全因素,实现生产工艺、机械设备等生产条件的安全;教育(Education)时,即利用各种形式的教育和训练,使职工树立"安全第一"的思想,掌握安全生产所必需的知识和技能;强制(Enforcement),即执法管理,借助于规章制度、法规等必要的行政乃至法律手段约束人们的行为。这里,安全工程技术对策着重解决物的不安全状态的问题;安全教育对策和执法管理对策则主要着眼于人的不安全行为的问题,安全教育对策主要使人知道应该怎么做,而执法管理对策则要求人必须怎么做。

为了保障交通运输安全,可以从工程措施、安全教育和执法管理三个方面采取措施。

(1)工程措施

①改进汽车设计。

②改善道路设计,在城市道路两侧设人行道;尽量避免形成多于四路相交的复杂交叉口。

③必要时封闭与干线街道相交的某些横向街道,修建环岛或立交桥等。

④修建安全设施,如设人行横道、修建人行过街天桥或人行过街地道、安装信号灯和安全监测设备、设立护栏、设置交通安全标志等。

(2)安全教育

主要采用学校教育和社会教育两种形式,学校教育是对在校学生进行交通法规、交通安全和交通知识教育。社会教育是通过报刊、广播、电视、广告等方式,广泛宣传交通安全的意义和交通法规,同时对驾驶人定期进行专业技术知识、守法思想、职业道德、交通安全等方面的教育。

(3)执法管理

①制订和严格执行交通法规。

②制订驾驶人甄选标准,对驾驶人实行考核,颁发驾驶证,加强对驾驶人的管理。

③拟定车辆检验标准,办理车辆牌照,严格车辆管理;控制进入道路的车辆数量。

④限制车速,包括将无法达到某种车速的车辆分离出去,也包括不允许车速超标。

⑤按车流分布规律组织交通;纠正违法行为,维护正常交通秩序。

一般来说,在选择安全对策时应首先考虑工程技术措施,然后是教育、训练。实际工作中,应该针对不安全行为和不安全状态的产生原因,灵活地采取对策。例如,针对驾驶人的不正确态度问题,应该考虑工作安排上的心理学和医学方面的要求,对关键岗位上的人员要认真挑选,并且加强教育和训练,如果能从工程技术上采取措施,则应该优先考虑;对于技术、知识不足的问题,应该加强教育和训练,提高其知识水平和操作技能;尽可能地根据人机学的原理进行工程技术方面的改进,降低操作的复杂程度。为了解决身体不适的问题,在分配工作任务时要考虑心理学和医学方面的要求,并尽可能从工程技术上改进,降低对人员素质的要求。对于不良的物理环境,则应采取恰当的工程技术措施来改进。即使在采取了工程技术措施,控制了不安全因素的情况下,仍然要通过教育、训练和强制手段来规范人的行为,避免不安全行为的发生。

如果将交通运输3E准则的三个方面作为三个支脚来构建一个安全平台,那么任何一个支脚过短或者过长都会使安全平台出现倾斜,严重的甚至会出现平台倾覆。这也提醒我们为了防止事故发生,除了在3E准则的三个方面实施对事故的预防与控制外,还应该始终注意保持三个方面的平衡、协调发展,不可只是单一加强一个方面,顾此失彼。只有始终保持三者间的均衡,合理地采取相应措施,综合使用上述措施,才能搞好事故预防工作。

### 1.2.3 交通安全被动防护

交通安全被动防护一般是指在交通事故发生后,如何防止人员伤亡,减少事故损失所采取的措施,主要包括运载工具本身的保护装置及交通相关部门的应急防护系统。

1)运载工具的被动防护原理

运载工具的被动安全装置是在发生车祸、车辆失控的状况之下,对乘坐人员进行被动的保护,是通过固定装置把车室内的乘员固定在安全的位置,并利用结构上的设计尽量吸收撞击的力量,确保车室内乘员的安全。交通事故原因的统计分析表明,以预防事故发生的主动安全性只能避免5%的事故,因此提高运载工具被动安全性日趋重要。目前对于运载工具的被动防护原理的研究主要集中在以下三个方面。

(1)车身结构的耐撞性原理研究

主要研究载运工具车身对碰撞能量的吸收特性,寻求改善车身结构抗撞性的方法。在保证乘员安全空间的前提下,使得车身变形的碰撞能量最大,从而使传递给车内乘员的碰撞能量降低到最小。

(2)碰撞生物力学原理研究

主要研究人体在不同形式的碰撞中的伤害机理、人体各部位的伤害极限、人体各部位对碰撞荷载的机械响应特性以及碰撞试验用人体替代物。

(3)乘员约束系统及安全内饰件研究

乘员约束系统的研究,目的是尽量避免人体与内饰件发生二次碰撞,内饰件的研究则是使人体与之发生二次碰撞时,对人体造成的伤害最小。安全带是乘员保护系统中最早采用的装备,其设计宗旨是在车辆发生前撞及翻滚时约束人体相对车辆的运动,对保护乘员能起到显著效果。安全气囊是另一种常见的乘员保护设备,它与安全带的合理匹配可对乘员进行有效的保护。安全座椅、吸能式方向盘、软化的内饰件等对缓冲二次碰撞以减少对人体的冲击具有重要作用。

2)应急防护

应急防护系统应能在突发事件发生时,立即做出反应,采取防护行动,有效防护可能被伤害的对象,控制事件的蔓延,最大限度地减少突发事件对人员的伤害。应急防护的方法包括空间防护、时间防护、环境防护、医疗防护、个体装备防护等。

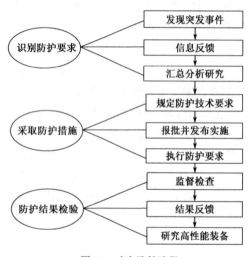

图1-3 应急防护流程

要实现真正意义上的有效防护,最大限度地将危害降至最低,涉及识别防护需求、采取防护措施和防护结果检验三个主要过程,如图1-3所示。

(1)任何组织或部门都应设置监督岗位。这一岗位的职责是在日常工作中发现异常情况并及时反馈。此岗位应分布于组织内部的各个主要部门,任监督职责的人员应熟悉本部门或本领域的专业技术,有识别异常情况的能力,在日常工作中对本部门或本专业的工作实施监督,发现问题及时反馈信息。其次,部门、组织乃至行业应规定信息反馈的途径,明确信息如何反馈,信息由谁收集,信息提交何处。这样,当发生异常情况时,一线的信息就能够通过规定的途径和载体及时反馈到信息收集部门,该部门再迅速将信息提交到相关管理部门。汇总所收集的信息,分析判定事件的性质,研究事件发生的根本原因,是识别防护需求的关键。这需要高水平的专业人员,通过对事件现象的研究,凭借知识水平和经验,准确提出防护装备的需求。

(2)采取防护措施包括规定防护技术要求、报批并发布实施和执行防护要求三个步骤。首先,突发的、异常的事件往往会出现特殊的防护需求,有时会找不到一个完全适用的产品和相应的技术标准或规范,这就需要及时组织各方面的专业技术人员为满足特殊防护需求定义防护用品,提出相应的防护方案和技术要求,规定相应的检验方法。其次,这些规定应得到国家相关管理部门批准,并由其发布实施。最后,执行防护要求是应急防护的核心。这一过程较为复杂,涉及防护用品的生产、检验、销售、使用、管理等多个环节。要使每个环节得到有效的落实,应对每个过程实施管理。只有对防护要求的每个环节进行严格管理,才能保证防护措施的有效落实。

(3)防护结果检验包括监督检查、结果反馈、研究高性能装备三个步骤。首先,对于应急防护的产品哪种效果最佳,需要专业的检验机构对其防护结果进行检验认证,才能选择最佳的防护装备。然后,通过测试试验发现问题并及时反馈,为改善和提高防护装备的技术性能提供信息。

总而言之,突发事件发生后,识别防护需求、采取防护措施、检查和验证防护效果,这一系列工作需要在短时间内进行,以最快的速度完成,并需要技术和资源方面的积累和准备,需要有组织地进行协调、整合资源、科学管理,需要建立一个快速反应系统,需要设计应急防护系统结构,以提高国家、城市组织的抗突发事件应急处理能力。

## 【案例训练】

## 高速公路上货车占行车道停车修理,发生交通事故

2009年8月10日0时40分,王某驾驶的××省牌照大货车停在第四车道内更换轮胎,苏某驾驶××省牌照大货车将车停在王某车前,并下车帮助王某更换轮胎。周某驾驶××省牌照的大货车将在第四车道内更换轮胎的王某、苏某、赵某撞倒后,又与王某驾驶的车左侧前部相撞,之后周某又与苏某驾驶的车左后尾部及左后侧相撞,造成王某、苏某当场死亡,赵某、李某受伤,以及车辆损坏的交通事故。

[案例分析]

《中华人民共和国道路交通安全法》第五十二条规定:机动车在道路上发生故障,需要停车排除故障时,驾驶人应当立即开启危险报警闪光灯,将机动车移至不妨碍交通的地方停放;难以移动的,应当持续开启危险报警闪光灯,并在来车方向设置警告标志等措施扩大示警距离,必要时迅速报警。

第六十八条规定:机动车在高速公路上发生故障时,应当依照本法第五十二条的有关规定办理;但是,警告标志应当设置在故障车来车方向一百五十米以外,车上人员应当迅速转移到右侧路肩上或者应急车道内,并且迅速报警。机动车在高速公路上发生故障或者交通事故,无法正常行驶的,应当由救援车、清障车拖曳、牵引。

本案例中,事故车三名车上人员,均站在车行道修车,违反了《中华人民共和国道路交通安全法》的相关规定。在高速公路上,车辆行驶均较快,当发现前方车行道上有人时,驾驶人很难及时采取应急措施,一旦发生交通事故便极有可能发展成为连环事故,且后果均较为严重。

# 单元 2　交通安全认知

## 知识目标

1. 了解交通安全文化和安全教育的内涵。
2. 理解影响道路交通安全的因素。
3. 掌握道路交通安全法规。
4. 理解心理健康对道路安全的重要性。

## 能力目标

1. 能够进行交通安全文化建设,树立安全意识与遵章守法意识。
2. 能够分析交通事故成因中人、车、路、环境要素对交通事故形成的影响。
3. 能够对城市道路交通安全和高速公路交通安全进行分析。
4. 能够运用道路交通安全法规进行交通安全分析。

## 引言

交通是经济社会发展的基础,与居民的生活息息相关。目前道路交通面临着各种问题,如交通事故、交通拥堵、行人闯红灯、机动车随意变道、违章停车等。中华人民共和国国家统计局数据显示,我国交通事故致死人数居世界前列。引发事故的主要原因有超载、超速行驶、疲劳驾驶、无证驾驶、酒后驾驶、占道行驶等。这些问题导致交通安全环境恶化,对人们的生命财产安全造成了威胁,值得引起高度重视。

## 单元2.1　交通安全认知

交通安全关系到每个人的切身利益。良好的社会交通安全氛围是培育高素质的交通参与者的土壤,良好的交通安全环境与每个人遵守规则是分不开的。交通参与者的整体素质提高,良好的社会交通安全氛围才能形成,交通安全才能得到保障。

【案例导入】

1月8日7时36分左右,在福建食堂西侧主干道上,泡花碱厂员工厉某在去往碱厂上班的路上,被外来送煤车在左转弯的时候碰倒,并被车辆前轮轧断右腿。

事发后,保卫部值班班长朱某在第一时间汇报保卫部主管孙某,孙某随即带领保安到现场进行现场警戒和车辆管制,在7时40分拨打120,逐级向潘经理、林总汇报。总经办张某在去食堂的途中,听到事故发生后向刘总汇报,刘总于7时46分左右到达现场。安环部付某在接到现场目击者炼一车间员工张某通知后,随即向崔总汇报,崔总于7时38分左右到达现场,7时54分急救车到厂将伤员送往医院。

[事故调查]

(1)询问与厉某一同上班的在场目击人员王某1和王某2。据王某供述,当时王某1、王某2和厉某三人往泡花碱厂方向南行走到交叉路口处时,从西边过来一辆货车,因车速很快,王某1和王某2急忙往东西两边躲闪,所幸两人躲过车辆只被车灯刮到了衣服,并让驾驶人马上停车,告诉驾驶人轧到人了。

(2)事发时已将煤卸掉,空车行驶。驾驶人进厂时驾驶证、行驶证齐全。据车主程某所述,驾驶人已经一整夜未睡觉,属于疲劳驾驶。

(3)在事发前,约7时36分,保卫部王某在西地磅发现此车行驶速度过快,目测车速不低于40km/h,要求驾驶人减速停车,但驾驶人没有理睬保安的警告,依然原速往东行驶,王某随即通知东大门保安朱某将此车辆拦截。

[事故原因]

(1)外来驾驶人不遵守公司交通管理规定,在厂区交通干道上超速行驶,不听从保卫人员警告,在车辆转弯时车速过快,为事故主要原因。

(2)驾驶人疲劳驾驶,无视公司对外交通管制规定和执法人员警告,交通安全意识淡薄,无拘无束,野蛮驾驶。

(3)员工对公司内部交通状况过于乐观,交通风险分析意识薄弱。

(4)对外来驾驶人的超速行为无有效的监管机制,处罚机制不够完善和健全,处罚终端不能由服务商落实到驾驶人个人,从而促使外来驾驶人有章不循、有恃无恐的行车态度。

# 【知识储备】

## 2.1.1 交通安全文化

我国道路交通安全形势不容乐观,交通安全文化的构建是全社会的呼唤。道路交通安全状况与每个人的交通安全意识和交通安全素质息息相关,绝大部分交通事故的原因都是人的交通违章行为,在交通安全隐患的预防、紧急事件的处理和发生交通事故后的自救和急救过程中,人们的安全文化素质和应急能力成为最积极影响因素,良好的交通安全素质和熟练的应急能力可以有效减轻危害的后果,甚至避免危险的发生。

1)交通安全文化概述

改革开放近40年来,我国的经济、社会得到了飞速发展,城市规模迅速扩大,道路交通需求随之不断增加,道路交通安全问题日益突出。我国已连续多年成为全球交通事故死亡人数最多的国家之一,在各类事故死亡总数中,交通事故约占83%,交通安全已经成为威胁人民生命财产安全的重大问题。政府出台了相关政策,如2013年1月1日,被称为"史上最严交规"的新版《机动车驾驶证申领和使用规定》正式实施。

开展交通安全文化的建设和学习,有助于规范人们道路交通安全的意识;有助于正确认识道路交通安全文化对道路交通参与者的行为引导、规范和约束作用;有助于把握和预见道路交通的未来走向和发展趋势。

国外的交通安全文化研究范围很广,公路、民航、铁路等领域都取得了很多研究成果。"4E 科学战略"是具有代表性的理论。取自英文"Engineering(工程)、Education(教育)、Enforcement(执法)和 Emergency medical services(急救)"第一个字母。工程指交通工程建设,主要包括机动车运动规律和特点、交通基础设施的安全设计和交通管理、汽车安全设计。交通安全教育主要是指学校教育,包括驾驶证申请程序、驾驶人培训教育计划等。执法是交通管理部门按照有关交通规则管理交通。急救包括紧急医疗和救护车运输服务。

日本非常注重对儿童的交通安全教育,交通安全知识教育贯穿在孩子的整个学习过程中。小学里开设专门的交通安全课,并有交警定期去学校讲解交通安全常识。孩子们从小就生活在一个培养交通安全意识的环境中,如每个小学生的帽子、书包、胸卡上都有醒目的交通安全标识。学校定期进行交通安全实践活动,通过模拟交通环境,培养孩子们"遵守交通信号灯""走人行横道过马路"等安全意识。高年级的学生可以通过学校开设的交通安全宣传网站学习更多交通安全知识。政府通过邮局向幼儿赠送宣传交通安全常识的玩具,孩子们在玩的同时得到交通安全文化熏陶。

英国为了更有效地指导和管理交通,广泛应用了智能交通系统和道路监控设施。英国城市主要使用两种独立的智能交通系统。一是 SCOOT 系统,用于大范围交通网综合协调控制,支持公交优先、网络监控等功能。二是 MOVA 系统,用于单个交叉口交通平衡调节,缓解高峰时段的交通拥堵。这两个系统形成综合的解决方案,为改善城市交通组织发挥积极作用。国家交通控制中心在每条干道设置传感器、摄像头,配合分布在各个路口的交通执法人员,形成完整的交通数据收集、分析,提供高品质的实时交通信息供交通参与者参考。人们在规划出行计划时,通过网络、电视、收音机、电话、GPS 导航仪等途径获得路况实时信息,包括车流的平均速度、流量控制甚至是实时视频,选择最佳行车路线,可以有效地缓解交通压力。基于城市交通管理控制系统(UTMC),伦敦和其他主要城市实现了公交车到站时间精确计算,可以在公交车站、互联网上实时显示,方便了乘客出行,优化了交通出行环境。

阿联酋交通管理部门的研究范围比较广泛,包括交通政策对交通违章行为的控制、用系统的方法研究驾驶人的交通违章行为、违章行为与各影响因素之间的关系、通过构建模型来评估各种交通政策等方面。

国内交通安全文化的研究是一个相对新的领域,有些学者从 20 世纪 90 年代就开始研究安全文化,真正意义上的安全文化概念引入国内仅有十几年时间,安全文化的内涵扩展到非生产领域的时间更短。国内各行业对于如何建设安全文化的研究也逐渐成为热点,集中在煤炭、电力、民航等行业,取得了一定的成果。有关交通安全文化的研究多关注交通工程、交通法律法规和交通违章行为等方面。

2)安全文化和交通安全文化

安全文化一词源于国际核安全咨询组 1988 年所用术语 Safety Culture,1991 年出版的国际核安全咨询组报告即《安全文化》,给出了安全文化的定义:"安全文化是存在于单位和个人中的种种素质和态度的总和"。以后的定义则有将其涵盖范围从核工业、特定产业,扩大到与安全相关的广义文化领域的趋势。如 1994 年出版的《中国安全文化建设丛书》就扩大了其定义,说安全文化是"安全物质财富和安全精神财富的总和"。我国安全学界将安全文化归纳为:安全文化是人类在社会发展过程中,为维护安全而创造的各类物态产品及形成的意识形态领域的总和;是人类在生产活动中所创造的安全生产、安全生活的精神、观念、行为与物态的总和;是安全价值观和安全行为标准的总和;是保护人的身心健康、尊重人的生命、实现人的价值的文化。

交通安全文化可以分为广义和狭义两个层面。狭义上的交通安全文化指交通运输企业内部的交通安全企业文化;广义上指的是面向社会大众的交通安全教育。从根本上说,交通安全不是管理问题,也不是单纯的交通工程问题,它是一个由多方面因素影响的社会问题。

交通安全文化是安全文化的组成部分,也是整个社会文化的组成部分。交通安全文化作为交通安全存在的观念形态,是反映全部交通安全现象的文化总和,是社会意识中反映一切交通安全现象的观念形态,是人们在交通实践过程中所形成的交通安全意识的表现形式。它以交通安全心理和交通安全思想为主要内容,其核心是交通安全意识形态。

3) 道路交通安全文化的概念

道路交通安全文化是交通安全文化的主要构成部分。道路交通安全文化是道路交通系统中一切与交通安全有关的安全物质产品以及安全精神产品。道路交通系统可以从交通设施、交通管理和交通方式三个方面来考察。交通系统与外部环境密切相关,外部环境主要包括:经济发展、生态环境、自然资源、科学技术和政策影响,见图 2-1。

道路交通安全文化包括道路交通安全物质文化、道路交通安全行为文化、道路交通安全制度文化和道路交通安全观念文化。

图 2-1 交通系统与外部环境

交通文化作为一种具有特殊内容和表现手段的文化形态,是人们在社会活动中依赖于以交通、交通资源、交通技术为支点的信息活动而创造的物质财富和精神财富的总和。安全文化是人类在生存、生产、生活中,以安全生产为目标,以先进的科学技术为手段,为保障从事各种活动的安全与健康而创造的物质财富与精神财富的总和。

交通安全文化是交通文化的一部分,是交通文化的目标和核心。它主要体现在交通安全技术、交通意识的完善和提高上。具体来说,交通安全文化是指一定时期一定交通安全技术条件下,形成的一定地域的交通安全意识和模式。而交通技术和交通意识的完善和提高,会在一定程度上减少交通事故的发生。也就是说,交通安全文化的目的是尽量减少交通事故的发生,降低人民生命财产损失,保障交通运输安全实现。

4) 交通安全文化分类

(1) 交通安全观念文化

交通安全观念文化是交通安全文化的核心,是交通文化生态良性演进、健康发展的灵魂与方向。它主要包含两方面的含义:一是人类文化中的精神观念文化,从思想观念、政治、宗教、历史、科学到文学艺术等,无不是人类知识的具体表现,而这些知识的获得与交通密不可分,没有交通的发展,这些知识都无法传播出去。并且,作为交通的重要组成部分的信息交流和文化信息传播是知识传播的重要手段。因此,精神文化是交通文化的重要表现形式。二是交通技术及其产品,如交通理念、交通文明的发展等是人类精神文化的组成部分。交通技术及其产品不断地充实和丰富着人类社会的精神文化,改变着人们的思想观念。

(2)交通安全制度文化

交通安全制度文化是交通文化的生态机制,它以追求效率为目标,以协调交通诸要素间的关系为核心。首先,严格的交通工程建设与保养法规保证交通设施的施工质量和使用寿命。其次,强有力的交通行政体制确保交通行政功能的有效发挥。交通行政管理体制中的关键是交通行政部门职责的划分。再次,严格的交通伦理规范规定了交通营运中人与人之间及人与物之间的关系,从而保障交通活动井然有序。

(3)交通安全行为文化

交通行为指的是与交通活动各个环节相关的人类心理与活动。交通安全行为文化是由于交通文化影响而形成的人的交通需求、交通意识、交通能力、交通心理、交通活动等交通选择、接受、利用等行为方式的总称,它是交通文明程度的具体体现,标志着人在交通运营过程中的文化作用。不同历史阶段,人类交通行为呈现不同的特征。不同阶段的交通技术和手段,也改变着人们的行为方式。

(4)交通安全物质文化

交通安全物质文化包括交通工具、交通设施等,是形成交通文化的基本实体,承担着人的空间流动和物质、能量、信息的社会流转的基本职能,集中物化了生产力系统中的渗透性因素,即科技文化的优秀成果。

## 2.1.2　交通安全教育

交通安全管理中人不仅是交通安全管理的主体,也是交通安全管理的客体;在人、车、路、环境、信息等交通安全管理基本要素中,人是主导因素,也是导致不安全情形的主要因素,交通是否安全关键在于人。因此,能否有效地消除事故,取决于人的主观能动性,取决于人对安全工作的认识、价值取向和行为准则,取决于对安全问题的个人响应与情感认同。通过开展多种形式的交通安全文化宣传教育活动,有助于提高交通参与者的安全修养,也是防患与减少交通安全事故的一项长期的工作。

1)交通安全宣传教育

第一,交通安全宣传需要社会全方位的参与,才能推进安全教育的社会化进程。要由政府牵头,将交通安全宣传教育纳入普法教育的轨道,在中小学校设置交通安全教育课程,明确各职能部门在宣教工作中的职责,建立社会化的宣传教育氛围,实施差异化、针对化的宣传教育。

第二,要更新宣传教育形式,通过开展文艺演出、征文、摄影比赛等活动,广泛调动社会参与的积极性。同时发挥新闻媒体的作用,扩大社会影响,潜移默化地提升人们的交通道德素质,使交通安全教育成为一种常态。

第三,要紧抓中小学生这一宣传教育阵地,打牢基础,使交通安全从娃娃抓起。要在幼儿园、中小学教育中将交通安全教育纳入基础性的教育,强化交通安全意识,不断加强交通安全文化建设,使遵守交通法规成为一种自觉的行为。另外,要从立法的角度给予安全管理保障,维护交通秩序,创造安全、便捷的出行环境。

2)构建交通安全文化普及网络

交通安全文化教育体系主要包括学校教育和社会教育两大部分。学校教育主体是教育部门,教育客体主要是在校学生;社会教育主体是公安、交通、安监等政府部门和运输企业、新闻媒体等社会系统,覆盖全体社会成员,见图2-2。

(1)创新学校交通安全教育理念

学校是开展道路交通安全文化建设的重要阵地,生命教育、交通安全教育应全面渗透到学校教育系统。教育主管部门统一部署,联合宣传部门、共青团和交通管理等部门,以学校为主要宣传阵地,把生命教育和交通安全教育纳入课堂教育,从小培养孩子们的交通安全意识。交警、交通安全管理部门人员定期到学校开展交通安全课程,讲解交通安全常识。在学校里设置宣传栏、展览室,营造培养交通安全意识的环境。交通安全教育不应独立于全民教育之外,应当成为全民素质教育中的一个重要组成部分。交通教育不只是阶段性教育,而是一种终身教育。孩子从入学开始,就应接受相应的交通安全知识和常识教育,从小就培养起遵守和维护交通规则、关心城市发展与建设的良好习惯。

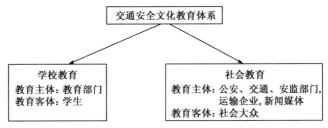

图 2-2 交通安全文化教育体系

(2)加强媒体交通安全宣传力度

人的交通安全知识不是先天就具备的,要通过不停地学习、不间断地接受安全教育才能形成安全交通行为能力。要通过各种宣传教育形式,向民众灌输安全出行知识,增强全民的交通安全防范意识,提高全民的交通安全文化素质,发挥舆论监督的作用,通过新闻媒体对事故、对道路交通中的安全热点问题展开讨论,并进行正确的舆论引导,营造关爱生命、关注交通安全的社会舆论氛围。全面实施文明交通行动计划,开展文明交通宣传和"无车日""绿色出行日""排队日"等活动,动员全民共同抵制出行陋习。

(3)拓宽道路交通安全教育渠道

政府、企业、社区和交通管理部门都是交通文化的宣传主体,《中华人民共和国道路交通安全法》(以下简称《道路交通安全法》)明确指出县市各级政府、企事业单位与教育机构理应成为道路交通安全宣传教育的主体。道路交通安全教育只靠学校教育本身是不够的,必须走社会化、公众化和公益化的路子。还需要开发新闻宣传、信息广播和文化引导等多种渠道。可以定期组织大型主题文化展览活动,建立高科技体验形式的主题公园等,这些都是可以探索的教育方法,让人们在生活、工作、休闲和娱乐中随时都能接触到艺术化的交通安全知识。要在政府的支持组织下,汇聚起能传播社会所需要的交通安全文化产业队伍。在全社会总体部署,以现代传媒为载体,利用各种形式传播交通安全文化,促进交通安全宣传教育的科学化。发挥文化环境的影响作用,达到激励人、教育人和约束人的目的,改善民众的交通安全文化素质,规范人们的交通行为。

(4)提高社会成员交通安全素质

道路交通安全文化素质强调每个人对潜在的交通危险要有防范意识。每个公民都要从思想上重视交通安全,行动上遵守交通规则,生活中培养交通危险应对能力。

3)开展交通安全文化教育

随着科技的不断进步,人们的安全需求不断提高,安全文化就是人们的安全需求达到一定的程度之后对参与到人机系统中的所有人员的安全意识层次的共同要求。在道路交通系统中,相应地产生了人们对所有交通参与者交通安全文化的要求。交通安全文化是交通参与者的交通安全意识层次、交通安全知识水平、交通安全维护能力等综合能力的体现。交通安全文化与交通参与者知识结构和知识水平没有直接的联系,而是与交通参与者接受交通安全教育的情况、交通安全意识、周围人群的交通安全意识等有关。对交通参与者进行交通安全教育是提高其交通安全文化的重要手段之一。

(1)对机动车驾驶人的安全教育

在交通事故的事故致因中,驾驶人不安全行为所占的比例相当高。驾驶人的"三超"(违章超车、超速、超载)、酒后开车等不安全行为都可能引发严重的交通事故。这些不安全行为大多数是因为驾驶人违反《中华人民共和国道路交通管理条例》(以下简称《道路交通管理条例》)和安全操作规程、缺乏职业道德修养、法制观念淡薄造成的,所以驾驶人是交通安全教育的主要对象。以下介绍几种对机动车驾驶人安全教育的主要方式。

第一,安全技术知识教育。安全技术知识教育主要包括4个方面。①车辆结构与性能知识:包括车辆一般结构知识,重点是车辆制动、转向性能与安全行车的关系。驾驶人应熟练掌握在任何情况下如何正确地制动车辆。这是极其容易被忽视的一点。②交通安全行驶知识:包括超车、会车、通过交叉口、复杂道路条件下行车、装载、停车、防火等安全知识。③车辆保养知识:包括日常保养、运行保养,特别是对涉及安全机件的检查知识。④交通事故的基本知识。

第二,职业道德教育。职业道德是指一定职业的人,在本职工作中应遵守的行为规范。职业道德是社会道德的主要方面,它包括对职业的认识、职业感情、职业理想和职业习惯等具体内容。驾驶人的职业道德表现为自觉遵守《道路交通管理条例》、礼貌相让、关心客货安全、爱护车辆和文明行车等方面。

第三,针对性教育。针对性教育是指除了对驾驶人的普遍性教育之外,针对部分驾驶人的重点教育。首先,针对"多事故"或处于"多事故期"的驾驶人进行教育。交通事故与驾驶人的驾龄有一定关系,统计数据表明,新驾驶人在驾车开始2~3年里发生事故的情况最多,所以这一时期为驾驶人的"多事故期"。当然,这有技术方面的原因,也有心理因素的影响。另有研究表明:一段时期的事故往往集中在少数驾驶人身上,这些驾驶人被称为"多事故"驾驶人。其次,针对违章受处分的驾驶人进行教育。驾驶人严重违章除给予适当处分外还应及时对其进行教育。

(2)对自行车行驶者的安全教育

我国是自行车大国,由于历史原因,目前大量市民还是愿意选择自行车作为代步工具,因此对骑自行车者的教育也尤为重要。通过对城市骑自行车者违章的初步调查表明,其中绝大多数人是明知故犯,真正因不了解骑车规则而违章的人极少。因此,对骑自行车者的教育应强调违章骑车的危险性,提高公民道德和法制观念。

(3)对行人的安全教育

在发达国家,人们将如何穿越道路作为一门必修课来学习,与发达国家相比我国行人遵守《道路交通管理条例》的观念较为淡薄,行人无视交通信号,随意横穿道路的现象屡见不鲜。因此,对行人的安全宣传教育亟待加强,应广泛深入地对社会成员进行《道路交通管理条例》有关行人的规定和交通安全常识教育。让行人了解横穿道路的正确方法和规定及乘车和躲让机动车的安全常识。

4)创建交通安全文化提高交通道德水平

(1)创建交通安全文化

交通安全涉及每个人的切身利益,因此要对全体国民进行交通安全的宣传教育,创建交通安全文化,在全社会建立良好的交通安全氛围,提高交通参与者的整体素质,不断提高国民的交通道德水平,有利于实现交通系统的整体安全。

(2)加强驾驶人行车监督和安全教育

驾驶人是造成交通事故的关键因素。研究驾驶人的不安全心理产生的物质基础和不安全行为产生的心理根源,对驾驶人进行安全教育的同时充分运用现代科学技术,加强对驾驶人的行车安全监督和管理是减少交通事故的最直接也是最有效的措施之一。

(3)建立驾驶人动态信息管理系统

在全国范围内对所有驾驶人的基本信息和安全状况进行网上公布,各单位在聘用驾驶人时可依据驾驶人动态信息管理系统进行选拔;制定严格的管理制度,对于违章行为达到一定程度的驾驶人,可取消其驾驶资格并规定在一定期限内不能重新获得驾驶证及驾驶资格。

# 【案例训练】

10月16日,某单位职工马某驾驶推土机承担基坑围堰纵向面段堰头推渣任务。约22时15分,马某完成任务后将推土机挂倒挡后退至距堰头20.9m处停放,停车后没有熄火,驻车制动器没拉,挡位未挂至空挡位置,便离开操作室下车检查车辆,在检查过程中,推土机自行倒退,从马某身上轧过,致使本人当场死亡。

[事故原因]

(1)直接原因:推土机自行倒退。马某停车后既没有熄火,也没有拉驻车制动器,而且挡位没有挂至空挡位置,违章下车检查车况。

(2)间接原因:单位管理不严,施工现场监督检查不力,安全教育不够,致使职工安全意识差,执行安全操作规程水平低。

(3)主要原因:安全意识淡薄。

[预防措施]

(1)加强管理,加大安全生产宣传教育力度,提高全员安全素质。

(2)加强特种作业人员的安全意识和安全技术培训。

# 单元2.2 道路交通安全影响因素

随着我国经济社会发展,机动车、驾驶人数量迅猛增加,但由于人、车、路、环境等道路交通系统的要素不完善、不协调,人的安全出行知识缺乏,法制观念不强,重特大道路交通事故也多发。道路交通参与者、道路运输从业者应自觉守法,共同维护道路交通安全,依法、文明、安全行车,自觉履行道路交通安全主体责任,预防和减少重特大道路交通事故。

# 【案例导入】

## 青银高速公路山东淄博重大道路交通事故

2012年10月7日11时44分,山东省济南市某汽车运输公司驾驶人牛某驾驶大客车(核载39人,实载28人),自东向西沿青银高速公路行驶至淄博路段K228+530处,在超越同向右侧车道一辆大货车时,突遇王某驾驶小客车从两车间强行超车并线,导致大客车与小客车刮擦后,大客车失控冲过中央活动护栏,与对向某汽车有限公司驾驶人周某驾驶的大客车(核载53人,实载53人)发生碰撞,致大客车翻入高速公路边沟,造成14人死亡、6人重伤。

[事故原因]

根据《公路路线设计规范》(JTG D20—2006)和《公路交通安全设施设计细则》(JTG/T D81—2006)规定,高速公路中央分隔带开口最小间距不得小于2km,开口处必须设置插拔式或充填式活动护栏。青银高速公路山东济青段全线318km,共有中央分隔带开口237处,平均1.34km一处,其中202处中央分隔带开口设置了同事故路段相同的推拉式活动护栏,间距设置和护栏类型不符合标准要求。

此次事故中,因高速公路中央分隔带开口处设置的活动护栏基本起不到防撞作用,失控大客车在没有任何阻挡的情况下冲入对向车道与另一大客车左侧前部相撞,导致其侧翻,致14人死亡。

## 【知识储备】

道路交通事故就其统计规律而言,是在道路交通环境中发生的小概率的随机事件。

正是由于道路交通事故的随机性,道路交通事故牵涉了方方面面复杂的因素,这其中既有驾驶行为的因素,也有道路交通系统的因素,当然也有社会环境因素。人们常说的"人、车、路、环境"四个与道路交通相关的体系都与道路交通事故的发生、发展相关联。这里"人"是指驾驶人、骑车人、行人等所有的交通行为参与者、相关者。"车"是指各种车辆及其构成的交通流。"路"是指道路基础设施、沿线附属设施及交通管理控制设施等。"环境",宏观上是指整个社会环境,包括法律、政治、经济、文化、风俗等大环境,微观上是指在交通行为中车辆、道路周边的环境。

由于道路交通安全首先与微观道路交通背景直接相关,但其深层次的问题又与社会环境的大背景相关,因此,应首先将道路交通事故的相关因素划分为道路交通系统(微观)以及社会环境系统(宏观)两个层面,在每个层面中又包含不同的分支内容。图2-3显示了与道路交通安全相关的影响因素集的组织结构。

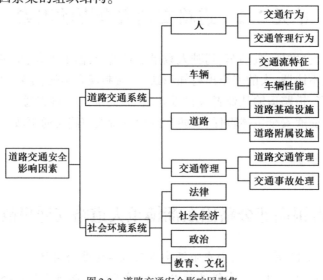

图2-3 道路交通安全影响因素集

## 2.2.1 道路交通事故影响因素

道路交通事故是随机事件,现象千变万化,原因也非常复杂,很难用一个固定模型把它描述出来。不过从宏观方面来看,不外乎是人、车、路、环境和交通管理五个方面的因素。从交通工程的角度来看,道路交通事故的影响因素包括人、车、路以及环境等多个方面,研究国内外的交通事故形成原因可以发现,人是交通事故发生的主要影响因素,相对影响较小的是车辆、道路、环境和管理因素,道路交通事故致死原因构成如图2-4所示。

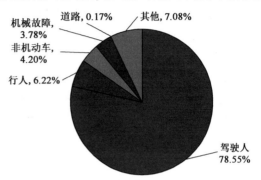

大多数情况下交通事故的发生是多种因素共同作用的结果。国外研究表明,一例交通事故的诱发因素有1.5~1.6个,对交通安全形成威胁的诸因素,如气候因素、交通因素和交通管理因素等对事故的影响不是直接表露出来的,而是在事故过程中与其他因素相组合,从而导致人在交通行为中做出错误的判断或行为,继而导致交通事故的发生。

图2-4 道路交通事故致死原因构成

1)人的因素

这里说的人,包括诸交通元素中的人,如驾驶人、骑车人、行人和乘车人等。

(1)驾驶人的原因

由于驾驶人的原因所造成的交通事故占事故总数的80%以上,驾驶人的行为是由其生理因素和心理因素共同决定的,如图2-5所示。驾驶人行为的影响因素,主要包括驾驶人的生理因素和心理因素。驾驶人行为中的短时因素在短至几秒长到几个星期内起作用,持续因素则在几个星期甚至数年内都会存在不良隐患。驾驶人和所驾驶的车辆组成人车复合系统,该系统通过反应—判断—操作三个环节完成行驶中的各项操作。行驶过程中这三个环节循环作用,其中哪个环节出现延迟或失误,都可能造成交通事故。

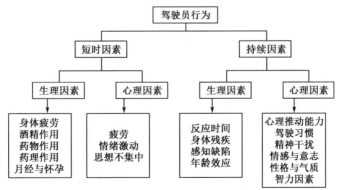

图2-5 影响驾驶人行为的主要因素

从交通现象上来分析驾驶人违章,主要包括违反行驶规定的会车、超车、超速、超载,以及饮酒、疲劳驾驶等。

驾驶人的交通判断错误主要是指通过思考做出的判断与决定和当时的实际交通情况不一致。判断错误必然会导致行驶操作失误,容易导致交通事故发生。驾驶人的身体条件差主要是指驾驶人的体力、情绪或智力处于不稳定状态,容易简单地处理交通情况,从而引发交通事故。

(2)骑车人的原因

我国的自行车生产量和保有量均居世界首位,被称为"自行车王国",城市道路中的自行车交通量大,自行车专用道路却相对不足,与机动车的混合交通现象较为普遍,使得我国道路交通中的自行车事故更加突出。

骑车人发生交通事故的原因主要是骑车人的身体原因、心理原因或骑车人的行驶违章。骑车人在行驶过程中的违章行为主要包括:违章装载、攀扶行驶、逆向行驶、抢道行驶、违章占用车道、追逐等。骑车人的身体因素包括酒后骑车、疲劳骑车和年老体衰等。骑车人的心理因素是指寻求行驶速度,急于到达目的地而闯红灯、抢道行驶、抄近路或逆行,注意力不集中等。

(3)行人的因素

行人发生交通事故的概率较高,在大城市行人交通事故的问题尤为突出。我国人口基数大,大多数城市的人口密度较大,行人交通比较拥挤,因此行人交通事故在事故总数中所占比例较高。14岁以下的儿童和65岁以上的老人较易发生交通事故,45~64岁的中老年人发生交通事故所占比重也较大。

行人的影响因素主要包括违章、心理因素和身体因素。行人违章是指横穿道路,无视交通标志标线,违规扒车、拦车等。行人的心理因素是指没有意识到危险、判断失误和行动失误。没有意识到危险的原因包括视线受阻、醉酒、注意力不集中等。判断失误的原因包括面对危险时犹豫不决、惊慌失措等。行人的身体因素是指醉酒、疲劳、反应迟钝、年老体衰等。

(4)乘车人的原因

由于乘车人的原因引起的道路交通事故的比例较小,主要表现在把身体伸到车外或车辆没有停稳就上下车等。

2)车辆的因素

车辆在行驶过程中转向系统、制动系统、电气系统和行驶系统中的任何一个部件损坏或性能出现状况均可能造成交通事故,由于车辆原因造成的交通事故也可以称为机械事故。

由于车辆机械故障而造成的交通事故表现在以下两方面。第一,车辆在设计、制造和质量方面存在缺陷。第二,车辆在行驶过程中操作不当,保养不及时或错误。如由于汽车轮毂摩擦片的设计存在问题,使得汽车制动性能不良,造成制动系统反应时间长、制动力不足、解除制动不及时、制动跑偏等;汽车的转向系统出现失控,从而导致汽车在行驶过程中操纵不稳;轮胎质量差,在高速行驶时容易爆胎;照明系统人性化考虑不够,灯光易出现不明情况;驾驶超过期限仍在使用中的车辆、擅自进行改装的车辆;没有对车辆进行定期检查和维护。影响交通事故的车辆因素如图2-6所示。

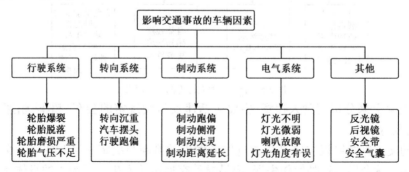

图2-6 影响交通事故的车辆因素

3) 道路因素

交通事故中道路因素是指道路的几何条件,主要包括交通基础设施的性质、种类及其环境,车道数、车道和路肩宽度、侧向净空、附加车道、设计车速等。影响交通事故的道路原因主要包括:交通流量、道路宽度、车道宽度、竖曲线半径、纵坡、分隔带宽度、行车视距、交叉口类型、路面摩擦系数、路旁建筑等。表2-1为道路主要构成因素对交通事故的影响。

道路主要构成因素对交通事故的影响  表2-1

| 因素 | 影响 |
| --- | --- |
| 交通流量 | 交通量与交通事故率的关系受道路车道宽、路肩宽、视距及路侧状况等因素的影响,交通事故的多少与道路上车辆速度的离散程度成正比,速度太快或太慢均易肇事 |
| 路面状况 | 路面冻结、湿润易造成打滑肇事 |
| 纵坡 | 下坡时,$2\% < i < 9\%$,事故率明显大,而$i < 2\%$时则相对较小($i$为纵坡坡率) |
| 路面宽度 | 道路交通事故的相对值随着路面宽度的减少而增加 |
| 路肩宽度 | 设置一定宽度的路肩并进行加固,对汽车安全具有良好的保障作用,路肩宽度在2.5m以上,其对道路交通事故的影响明显减小 |
| 路旁建筑 | 侧向净空(即路旁建筑与路面边缘距离)$D = 30m$时,对交通事故的影响已不明显 |
| 行车视距 | 视距不良路段往往是事故多发路段,尤其在高速行驶时,视距不足路段常具有较大的安全隐患 |
| 平面交叉口 | 平面交叉口的行车安全很大程度上取决于行进汽车对另一相交道路的视距的保证程度 |
| 立体交叉口 | 连接匝道上不正确的逆向行驶常引起严重的交通事故 |

4) 环境的因素

环境方面的因素包括自然环境和人工环境两个方面。自然环境的因素主要表现在:雨、雪、雾使得路面摩擦系数降低,能见度低;天气炎热情况下,驾驶人的心情容易烦躁;在雨、雪天气时,骑车者和行人的违章现象增加等。人工环境包括路面情况与周围环境不一致、路面存在障碍物和土地利用不合理等,容易造成驾驶人心理紧张和视觉负担,使视觉错误率上升,道路照明条件不良也易引发交通事故。

环境因素对交通事故的影响可用图2-7来表示。

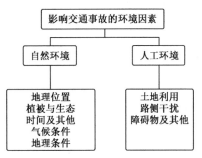

图2-7 影响交通事故的环境因素

5) 交通管理方面的因素

交通管理方面的因素包括交通法制不健全,交通的监控、管制、指挥水平低以及交通管理措施、交通标志标线设置不合理等。

道路交通安全在很大程度上取决于交通管理状况。为降低事故发生率,各相关部门不仅需要做好救援工作,还需要加强交通管制,包括:加强交通管理队伍建设;严格纠正和处理交通违章;加强机动车管理;严肃管理机动车驾驶证的考核,提高交通管理水平;加强交通安全设施建设,全面做好机动车投放市场前、投放市场后的管理工作。

综上所述,可以将影响道路交通事故的基本因素总结如表2-2所示。

影响道路交通事故的基本因素  表2-2

| 影响因素 | 道路交通事故影响原因构成 |
|---|---|
| 人 | 机动车驾驶人(80%~90%)、非机动车驾驶人、行人乘车人等 |
| 车 | 车辆结构与性能、状态(发达国家0.5%以下、中国5%) |
| 路 | 道路条件(几何参数、路面附着系数、城市道路安全设施、绿化、隔离带等) |
| 环境 | 交通流状态、恶劣气候(雨、雾、冰、雪)、夜间行车、道路景观 |
| 管理 | 机动车管理、驾驶人管理、车辆运行管理、运输企业管理 |

### 2.2.2 人与交通事故

交通事故在造成社会财产极大损失的同时,也对社会的安定团结产生一定的消极影响。交通安全工作与人们的生活密切相关,关系着每个人的切身利益,是一项既有经济效益,也有社会效益的工作。搞好交通安全工作,每个社会成员义不容辞。

交通事故是在特定的交通环境影响下,由于人、车、路、环境诸要素配合失调导致的。各要素之间相互依存、相互作用、相互影响,共同构成道路交通系统。其中人是主体,车是工具,路是基础和途径,运动是交通的本质,管理体制、执法环境、自然环境、人文环境等是交通管理活动开展的条件和载体,交通安全管理诸要素之间的相互协调是交通活动得以实现的基本条件。实践中,交通隐患、交通违法和交通事故是诸要素之间不协调或发生冲突引起的。

因此,分析交通事故成因最主要的是要分析人、车、路、环境要素对交通事故形成的影响。管理中要通过统筹兼顾的方法确保交通基本要素的协调;既要不断完善交通管理体制和管理法规,又要重视交通安全文化建设;既要重视交通参与者安全意识与遵章守法意识的不断提高,又要重视各类车辆安全技术水平的不断进步;既要重视道路条件的不断改善,又要重视道路环境的完善,保障交通安全管理的全面发展、协调发展和可持续发展。

人既是交通事故的制造者,又是交通事故的受害者。同时,人是交通安全中的一个能动因素,所以人是交通安全的主体。人对交通事故形成的影响主要表现在以下几个方面:

①自身的生理、心理状况不符合交通安全的要求。
②因自身违章行走、违章操作、违章装载、违章行驶等酿成事故。
③对他人的交通动态及道路变化、气候变化、车况变化疏忽观察或措施不当等引起交通事故的发生。

据统计,有90%以上的交通事故是由于人的违章行为造成的。这些人为责任事故的发生,原因是多方面的,其中有的是驾驶人思想麻痹、违章驾驶、操作失误,有的是因行人、非机动车驾驶人不遵守《道路交通管理条例》。

人的主观能动性是有效地消除事故的决定因素,交通参与者的价值取向和相应的交通行为以及人们对安全工作的理解,取决于个人应对安全危机的能力大小。相对于城市暴增的人口、快速增加的汽车,道路交通资源愈显紧张,交通供需矛盾日益突出。道路资源数量有限和交通服务质量不高的情况容易引发道路交通事故。公民个人应努力提高道路交通危机应对能力,适应现代道路交通的要求。

(1)反应迟缓

据有关资料统计,因反应迟缓或大意而引起的交通事故,约占交通事故总数的60%。驾驶人反应迟缓发生交通事故按其内容可以分为两类:注意力放在其他事情上,没有及时发现紧急情况;认为自己车辆的前后没有其他车辆和行人的威胁。这是由于心理或生理的原因,没有能够充分掌握情况,或者驾驶时思想不集中和人谈话或东张西望的结果。

因驾驶人出现差错,导致交通事故的因素有外部因素和内部因素:外部因素主要是指车辆、道路及交通条件、气象状况等;而内部因素则是指驾驶人自身的因素,包括生理、心理和技能三个方面,主要为驾驶人自身的感知、判断及操作等。外部因素有时对驾驶人的驾驶影响巨大,但它都是通过驾驶人自身因素而起作用的。因此,分析驾驶人产生差错事故的内部因素时,既要关注其心理过程各层面,又要对人格特征加以详细探讨,应从多层次、多侧面、多角度出发进行分析,这样才能更好地揭示导致交通安全事故的影响因素。

驾驶人驾驶心理行为过程如图 2-8 所示。

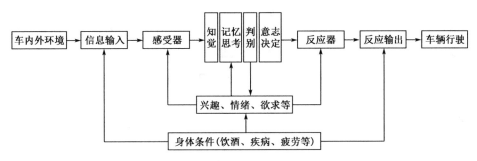

图 2-8 驾驶人驾驶心理行为过程

驾驶人在行车过程中把注意放在其他事情上的心理原因有:家庭和工作单位的烦恼;交通堵塞引起的长时间缓慢驾驶;强行超车和挤进汽车行列后的烦躁、焦急驾驶等。注意力放在其他事情上的生理原因有:疲劳过度、睡眠不足、饮酒过量、身体健康情况不佳等潜在性原因。

除上述两方面原因外,车外环境的变化和车内其他人员有趣的谈话等也会影响驾驶人的注意力,造成反应迟缓甚至酿成事故。

(2) 判断错误

据统计,由于驾驶人判断错误引起的交通事故,约占交通事故总数的 35%。这类事故按其内容可分为 5 类:凭自己的想象判断对方的行动;误识道路的形状和线形;错误判断对方车辆的速度和与对方车辆的距离;对自己的技术过分自信;对驾驶车辆的性能、速度和长度不熟悉或判断错误。

驾驶人的性格、经历等各不一样,所以即使是对同一对象也会因每个人的情况不同而做出不同的判断。即使是同一个人也会因时间、地点的不同而做出不同的判断,而驾驶人判断错误往往是交通事故的直接起因。

此外,驾驶人的身体状态及自身素质也与交通安全息息相关。驾驶人处于疲劳状态,会导致反应时间延长,对道路情况的反应不及时,操作的准确性下降,做出错误动作。疲劳引起的道路交通事故中,60% 是由于睡眠不足 4h 造成的。驾驶人的年龄会影响其感知、判断及操作能力。年龄在 10~17 岁时,判断能力和动作与反应速度均未达到 90%,在 18~29 岁时,人的判断能力和动作与反应速度均达到了最大值。尤其是 20~25 岁年龄段,反应速度为一生中最快。

(3) 操作错误

由操作错误引起的交通事故,主要是不能正确地踏制动踏板或加速踏板,或者是对方向盘转动过度或不足。虽然由于操作错误引起的交通事故比感知或反应判断错误所引起的交通事故少,但操作错误也是造成交通事故的原因之一。

由于操作错误引起的交通事故约占交通事故总数的5%,按其内容可以分为:由于驾驶技术不熟练而发生的操作错误;由于情绪不安而发生的操作错误;车辆保养不良,致使制动或回避动作不充分而发生操作错误等。

驾驶人操纵汽车不当,容易造成动作差错。如由于受训不够、动作不规范造成的动作不到位或动作错误;由于安全意识较差、违反操作规程引起的动作盲目或随意;由于经验不足、疲劳造成的动作不协调等都会造成驾驶人操作失误。近年来,我国私家车呈现逐年上升趋势,大量非职业驾驶人技术不熟练,也是导致交通事故量增加的原因之一。

在分析人的不安全行为与交通事故发生之间的关系时,还要研究避免交通事故的对策,通过多种形式对社会成员、企业员工进行交通安全教育,提高个人交通危机应对能力。更重要的是加强学习交通事故应急处置、防护和自救的方法,只有通过学习和教育才能获得交通安全文化方面的知识,才能提高交通危机应对能力,使人们认识到交通事故具有动态特征。虽然交通事故发生是不可预测的,但可以通过发挥自身能动性来加以预防。

总之,人是交通系统中最活跃、最积极和最有效的因素,人们在日常生活中反复练习形成的交通危机应对能力,可以渗透到事故预防、急救等各个环节,对防止交通事故发生和降低事故伤害有重要的作用。

### 2.2.3　车辆与交通事故

20世纪90年代以后,全世界每年机动车事故造成的死亡人数约为120万人,占全世界意外事故死亡人数的30%以上,道路交通事故每年造成的直接经济损失约为5180亿美元。随着我国城市化进程的不断加快,城市机动车保有量有了很快的增长,而交通事故呈不断上升趋势。据统计,从1990年到2002年,12年来我国交通事故发生的次数和经济损失情况来看,最近10年我国的道路交通事故次数和直接经济损失几乎呈指数增长,道路交通安全形势十分严峻。

由于车辆技术状况不良引起的交通事故比例并不高,但这类事故一旦发生,其后果一般都是比较严重的。这类事故的起因通常是由于制动失效、制动不良、转向失效、车辆装载超高超宽或货物未装牢固所致。另外,由于车辆长时间运行过程中各种机件的反复交变作用,当超过一定的限度时,车辆也会突然发生故障而酿成交通事故。除此之外,由于一些单位保修、保养制度不完善、不落实,车辆检验方法落后,致使一些车辆常常带病行驶而肇事,这也是车辆本身造成事故的原因之一。

我国机动车辆组成结构不合理,机动化水平低,车辆整体性能较差,也是交通事故率高发的原因之一。

另外,由于车辆保养、保修制度不完善、不落实,车辆检验技术方法落后,致使一些车辆常常带病行驶而肇事。一些人图便宜购买淘汰的、接近报废的车辆使用;有些不符合安全标准、没有进行安全技术检测的车辆仍在行驶;有些个体户的出租车昼夜兼程,只用不修,多拉快跑,导致车辆技术性能差,安全隐患多、故障多,很容易引发交通事故。由于车辆技术状况不良、保修未到位而引起的交通事故所占比例并不高,但这类事故一旦发生,一般都会带来车毁人亡的严重后果。

为了加强车辆技术管理,保证安全生产,原交通部颁布了《汽车运输业车辆技术管理规定》,并颁布了公路运输汽车综合性能检测的管理规定,对汽车的动力性、经济性、安全性和排放状况等进行检测,还对营运汽车实行强制维修保养,确保车辆技术完好。但由于车辆技术管理与交通监理部门的车辆检测有重叠的地方,而致使车辆综合性能检测成为一大难题。交通运输行政机关在车辆进行营运前,车况如何,尤其是非营运性的旧车转为营运性的车况如何,包括每年的"道路运输证"审验时,也都只要求车管部门年检合格就行,而交通监理对车辆年检与"道路运输证"审验在时间上相距很远,从而使一些接近报废的车辆也进入运输市场参运,导致交通事故的发生。

### 2.2.4 交通环境与交通事故

道路交通环境是影响交通安全的重要因素之一。道路交通环境主要包括道路、道路安全设施、交通标志、交通信号、噪声污染和气候环境以及交通管理。路况不佳,安全设施、交通标志设置不完善及交通信号失灵的情况,容易造成驾驶人道路安全警戒意识的麻痹松懈,从而使得道路安全性降低。

1) 道路环境与交通事故

道路状况不良也是引发交通事故的重要原因之一。我国的道路等级低,在我国具体的交通工程实践中,还普遍存在为了提高道路等级,简单地将道路路面硬化的做法,其结果是使驾驶人产生错觉,导致交通事故发生。

交通事故频繁发生的另一个重要原因是道路交通基础设施落后。现在,我国许多道路设计结构仍不合理,直线路段过长,对驾驶人友好的提示性路牌太少,道路景观过于单调,容易使驾驶人产生疲劳,注意力分散,在复杂的瞬间很难做出正确判断和反应,如汽车的转弯半径过小,易发生侧滑、侧翻;驾驶人的行车视距过小,视野盲区过大。此外,道路建设方面缺乏交通审计、评估分析,同时缺乏配套的管理措施、停车设施。路网结构不合理,市区道路网密度低,无法有效分流主干道的交通,增加了市区道路交通压力。道路质量较低、负荷大,交通安全性能差,道路狭窄或者黑点不能得到及时整治,人车混行,常常容易形成交通安全隐患,影响交通安全。

噪声和天气等外界环境对交通安全也有重要影响,例如在大雾、雨雪等恶劣天气条件下,道路交通行车的安全系数会下降很多。由于多种机动车在同一条道路上行驶,其动力不同,行车速度相差很大,特别是机动车和非机动车差异更大。人车混行,抢道先行,是我国道路交通一大难题,交通混杂率高成为交通事故发生的重要原因之一。

道路交通的安全状况取决于交通过程中人、车、路、环境之间是否保持协调,因此除了前两个因素以外,道路环境作为构成道路交通的基本要素对交通安全的影响不容忽视,在某些情况下也可能成为导致交通事故发生的主要原因。

2) 道路线形与交通事故

道路线形几何要素不合理以及各种不良线形组合,均可能导致交通事故的发生。

第一,线——过长的直线路段,容易使驾驶人对行进前方过于一目了然,且道路景观一般是静态的,容易因单调而产生疲劳,注意力不集中,反应迟缓,一旦发生意外情况,就会措手不及而导致肇事。另外,驾驶人为了尽快地驶出直线路段,往往高速行车,使车辆进入直线路段末端的曲线部分速度仍较高,这样遇到弯道超高不足,往往易导致发生翻车或其他类型的交通事故。

第二,曲线——据美国公路部门统计,在弯道上发生的事故次数约占全部事故的10%以上,特别是与陡坡和路面滑溜等情形加在一起,发生在弯道上的事故要比直线上多。

平曲线：平曲线与交通事故关系很大。调查表明：曲率越大，事故率越高，尤其是曲率在10以上时事故率急剧增高。原因是曲率越大，汽车在运行中的转弯半径越小，而所受的横向力越大，容易发生溜滑；同时驾驶人的行车视距变小，视线盲区增大。

竖曲线：道路的凸形竖曲线半径过小时，会影响驾驶人的视距，使其视野变小，也是酿成事故的原因。

纵坡度：坡道上交通事故率高的原因主要是下坡时有的驾驶人为节油而常常采取熄火滑行的操作方法，一旦遇到紧急情况来不及采取应急措施，这类事故约占坡道事故的24%；车辆下长坡时，由于重力作用使行驶速度过高，制动非安全区过长，遇有紧急情况不能及时停车，这种原因引起的事故占坡道事故总数的40%；车辆上坡行驶时，由于超越停放或功率较小的低速行驶车辆所造成的坡道事故占18%。

第三，线形组合——行车安全性的大小与不同线形之间的组合是否协调有密切的关系。下列不良的线形组合往往成为导致交通事故发生的重要原因：

①线形的骤变，如长直线的末端设置急弯曲线。

②在连续的高填方路段，如果没有良好的视线引导，驾驶人容易使车辆偏离车道中心线，可能冲出路面，酿成车祸。

③短直线介于两个同向弯曲的圆曲线之间，形成断背曲线，这样容易使驾驶人产生错觉把线形看成反向曲线，从而发生操作错误甚至酿成事故。

④在直线路段的凹形纵断面路段上，驾驶人位于下坡看到对面的上坡段，容易产生错觉把上坡的坡度看得比实际的坡度大。这样驾驶人就有可能加速以便冲上对面的上坡路段；同时在下坡路段看上行车，驾驶人觉察不出自己是在下坡，因而有可能发生事故。

⑤在凸形竖曲线与凹形竖曲线的顶部或底部插入急转弯的平曲线。前者因没有视线引导而必须急打方向盘；后者在超出汽车设计速度的地方仍然要急打方向盘，这些都是容易引起交通肇事的。

3）道路路面与交通事故

路面状况对交通安全的影响很大。美国宾夕法尼亚州通过交通事故调查发现，路面湿润时、降雪时、结冰时的事故率分别是干燥路面的2倍、5倍、8倍。

另外，不同类型的道路，由于车道数、车道宽度、公路路肩、中央分隔带等设置的不同，对交通安全的影响程度也不同，如表2-3所示。

各种类型道路上的人员受伤事故率　　表2-3

| 道路类型 | 事故率（次/$10^6$车公里） | 道路类型 | 事故率（次/$10^6$车公里） |
|---|---|---|---|
| 商业中心道路 | 5~8.1 | 两块板车道（乡村） | 1 |
| 居住区道路 | 2.5~4.4 | 两块板车道（城市） | 3 |
| 乡村道路 | 0.9~1.6 | 高速公路 | 0.4 |
| 三车道道路 | 1.3 | | |

4）道路交叉口与交通事故

交叉口是道路交通的枢纽，驾驶人在交叉口处要选择行车路线，从而与其他车辆交织或冲突，因而平面交叉口往往是交通事故的高发点。统计资料表明，平面交叉口的交通事故约占全部事故的50%。

这是由于交叉口附近的交通流既有汇聚又有分散，不同方向的车流在交叉口处形成了较多的冲突点和交织点。而且在平面交叉口,交通流的交叉、合流和分流冲突点的数量,随着平面交叉口的支路数的增加而急剧增加。

各种冲突的实质是车辆相对速度的冲突。即两个同方向、同速度的车辆在交通流中发生冲突的可能性最小。而两个方向相反的车辆,在交通流中发生冲突的可能性最大。因为前者相对速度小,后者相对速度大。所以,一般道路上都要求道路中央设置分隔带,将对向交通流进行隔离。

5) 交通信息特征与交通事故

汽车是在错综复杂的环境中行驶的。行驶过程中驾驶人总是通过自己的视觉、听觉、触觉等从不断变化的交通环境中获得各种信息,并通过对它们的识别、分析、判断和决策做出相应的反应。

不同的信息特征经驾驶人分析、判断后会产生不同的心理反应,也就是不同的安全感。驾驶人安全感与道路的安全保证的不同组合决定着道路交通安全程度的高低。

## 【案例训练】

6月3日6时50分,北京某物流有限责任公司朔州分公司一辆重型大货车,行驶到山西省右玉县至朔城区省道36km+43m处违法越过公路中心黄色虚线超车,与相向行驶的某汽车运输有限责任公司的客车(核载17人)正面相撞,造成22人死亡、3人受伤的重大道路交通事故。

[事故原因]

经初步分析,此次事故暴露出的主要问题:一是运输企业安全生产主体责任不落实。重型大货车驾驶人严重违法驾驶,客车核载17人、实载24人,严重超员;二是有关部门监管存在薄弱环节,货车违法超车、客车严重超员等违法行为没有得到及时查处和纠正。

[防范措施]

为切实吸取事故教训,坚决遏制重特大道路交通事故的发生,监管部门应采取有效的措施。

(1) 加强对运输企业的安全监督管理。地方人民政府要把道路交通安全工作纳入重要议事日程,明确各有关部门对运输企业的安全监督管理职责,地方各级人民政府安全生产委员会要督促有关部门做好对运输企业的安全监督检查工作,督促企业认真贯彻执行国家有关道路交通安全法律法规,建立健全安全生产责任制,切实落实企业安全生产主体责任,禁止驾驶人超载超速、违章超车等不安全行为,保证安全运营。

(2) 深化道路交通安全隐患排查治理。各地和有关部门要加大对运输企业、车辆、驾驶人、道路等各个环节安全隐患排查治理力度,对于查出的问题要及时进行整改,做到排查不留死角、整治不留后患。要加大路面管控、动态巡逻频率和密度,依法严厉查处和纠正各种道路交通安全违法行为。

(3) 严格落实事故责任追究制度。各地和有关部门要严格执行事故责任追究制度,要认真组织开展事故调查工作。对事故负有领导、监督、管理责任的单位和人员,必须依照有关法律法规严肃处理,并及时向社会公布处理结果。

(4) 加强道路交通安全宣传教育工作。采取群众喜闻乐见的形式,深入开展道路交通安全宣传。

# 【拓展提高】

在一山区道路中,一越岭公路断口左右相对而来的车辆,由于车速较快且视距较短,当发现对向驶来的车辆时来不及避让发生相撞。

[事故原因]

由于岭坡的视距较短,在远处行驶中两车的驾驶人没有来得及发现对方,发生事故。

[改进措施]

重新对该路段纵断面进行设计,挖掉少量的土方,增大两车的视距,并在该路段横断面上设置减速带,防止车速过快。

[道路安全改进建议]

(1)在道路设计时,各项标准除了满足相关技术规范外,还应满足如下要求:

注意线形指标与路面指标的协调性。良好的线形标准能够合理地引导驾驶人在道路上安全舒适地行驶,但是当路面指标高于线形指标时往往容易发生交通事故。特别是长直线的尽头配小半径曲线,且路面又采用较高的指标时往往会给驾驶人形成一种错误的诱导而容易引发交通事故。所以,建议在设计时路面指标应该低于线形指标。

注意公路与周围环境的协调性。恶劣的环境极易使驾驶人产生急躁的心情,而良好的公路环境能够给驾驶人创造一种舒适、愉悦的心情,使驾驶人犹如穿梭在美丽的风景中,所以应该注意公路与周边环境的协调。在建设时尽量不要破坏公路周边环境,必要时应进行公路景观设计,使道路与自然环境及人文环境相协调。道路交通环境也是影响交通安全的重要原因,主要包括道路交通标志、安全设施、天气气候、噪声污染和交通管理等。

(2)气候条件。恶劣的天气会使道路表面的附着系数显著降低或影响驾驶人的视野,容易发生交通事故。可以采取相应的措施来提高交通安全性。冰雪天气影响程度最大是在初冬,应该在这段时期提高驾驶人的警惕性和安全意识,在路旁设置预警标志和限速标志,而且要及时清理路面冰雪,保障行车畅通有序;通过限制车速的办法可以提高降雨天气的行车安全;在雾天天气下,可在多雾段安装发声电子显示屏,让驾驶人了解雾带的宽度、能见度和限定车速,提高驾驶人的警惕性。

(3)健全道路附属设施,切实保证行车环境。标志标线分配了机动车、非机动车和行人的路权,能有效降低事故发生率。设置隔离栅栏和修建地下过街通道或地上过街天桥,可以避免行人与其他交通流发生冲突。设置安全护栏和必要的防眩设施,可以给驾驶人提供一个良好的行车环境。

(4)对于超载,低等级公路上可以中途设置检查站,高速公路上可以在入口处设置不停车称重装置,查处超载行为。

(5)对于一些道路事故多发点,可采取强制减速带、隆生带等道路强制控速设施来进行通车车速的强制控制。

(6)增加公路沿途休息区的数量,并丰富休息区的娱乐内容,避免疲劳驾驶;在公路危险地段设置安全检查站。

(7)发挥大众媒体的宣传作用。若某条道路上发生交通事故,电台、电视台应及时地给驾驶人传递路况信息,使行驶在此路的后方驾驶人可以及早地采取措施,避免一连串交通事故的发生。

# 单元 2.3  道路交通安全

## 【案例导入】

3月9日,天气晴朗,某厂露天煤场上,运煤车辆你来我往,尘土飞扬,夹杂着引擎的轰鸣声,震撼人心。在这恶劣的环境中,为了有序进煤,煤调管理人员蒋某正悉心指挥车辆卸煤。

11时10分,柏果镇土城村驾驶人徐某,驾驶解放141型、载重4.5kg的电煤运输乙组189号自卸汽车,超载向某厂露天煤场运煤。当行至煤场时,不听从管理人员蒋某的指挥,并加速向蒋某站的煤场上倒车,蒋某被撞倒,该车后轮将蒋某站从脚到头全身压过,致蒋某当场死亡。

[事故原因]

(1)驾驶人违反某厂进煤管理规定,不服从统一调度指挥,擅自高速倒车,严重违反交通安全规则,在未查明车辆周围的情况下倒车,既未鸣号,也未发出任何倒车信息,是造成这次事故的主要原因。

(2)对运煤驾驶人缺乏有效约束和规范教育,也是埋下的事故隐患。

(3)现场指挥不规范,无有效指挥措施及适当设施和工具以及职工自我保护意识差,也是造成事故的一定原因。

[防范措施]

(1)制定强有力的约束办法,使运煤驾驶人进入某厂煤场自觉遵守其各项管理规定及听从现场管理人员的指挥调度。

(2)制定有效的指挥措施,在现场建筑固定的指挥平台,使卸煤车辆按某厂煤场规范的指挥信息卸煤。

(3)强化安全意识教育,提高某厂煤场职工自我保护意识。

## 【知识储备】

道路交通安全是构建社会和谐的一个重要具体体现指标,道路关系着每位国民的生命安全,构建和谐道路,才能创建和谐社会。

### 2.3.1  城市道路交通安全

1)道路交通堵塞

道路交通是城市的运输流通命脉,一旦畅通工程出现问题,会影响整个城市的经济建设。影响城市道路交通安全的集中表现是交通拥堵、交通事故、交通污染。

我国城市道路交通是以道路交通为主体的交通,交通要素主要包括人、车、路、环境。城市道路交通流机动车、非机动车、行人混行是我国城市道路交通的一个突出特征,城市道路交通结构不合理,交通管理设施落后,交通管理水平不高,现有交通设施的运输能力不足且得不到充分利用,以及人们交通法制意识淡薄,导致城市道路交通陷入普遍拥堵状态,交通事故率居高不下,交通环境污染日趋严重。

交通堵塞是指行驶中的车辆在道路的某一区段异常地密集或集中,导致后续的车队低速驾驶或停驶的状态。

城市道路交通堵塞标准如下。

一是城市道路信号灯控制交叉路口：3次绿灯显示未通过路口的为堵塞；5次绿灯显未通过路口的为严重堵塞。二是城市道路无信号灯控制交叉路口（包括环形交叉路口、立交桥）：交叉路口外的车行道上受阻排队长度超过250m的为堵塞；长度超过400m的为严重堵塞。三是城市道路路段：车辆在车行道上受阻排队长度超过1000m的为堵塞；排队长度超过1500m的为严重堵塞。

交通堵塞产生的主要原因是随着国民经济的高速发展和城市化进程的加快，我国机动车保有量及道路交通量急剧增加。车辆数量的增长速度与道路的增长速度严重失调，直接导致了交通堵塞现象的加剧。交通堵塞带来的燃料浪费、环境污染、时间浪费等问题也随之成为人们最头疼的问题。传统的观点认为，解决交通拥挤最直接的途径就是加大投资力度，修建更多、更宽的道路，然而，城市道路交通基础设施投资力度的增加，尤其是城市道路的建设，又会刺激机动车交通需求的迅速增长，道路交通拥挤现象可能不但得不到缓解，相反变得更加严重。

2) 城市道路交通安全管理

道路交通安全通常是指道路交通不会对人产生危害、不会导致危险事故的发生、不会造成社会和经济财产损失以及能够安全正常地运行等。因此，道路交通安全管理是指在一定的人力和财力投入下，为了达到公众满意的道路交通安全水平，对影响道路交通安全的各个因素进行有效的组织、合理的规划、及时的协调与控制等采取的一系列措施。

道路交通安全管理是国家公安机关交通管理部门根据国家的有关法律法规对道路交通事务所进行的管理活动的总和。公安机关交通管理部门是道路交通安全管理的主体，通过法律所赋予的行政权力干预道路交通事务，采用安全管理和安全监督等一系列方式保证道路交通安全有序地运行。

城市道路交通安全管理中面临的主要问题包括重特大交通事故、大范围的交通堵塞和城市道路上及道路附近的治安事件等，这些道路问题不仅严重地干扰了正常的城市交通秩序，而且极有可能产生影响道路交通安全畅通的重大灾害性事故。因此，城市道路交通安全管理的根本任务是维护城市交通秩序、保证城市交通安全与畅通，在此前提下，通过各种有效的措施，根据不同的交通安全事件采取不同的解决方案，适时地建立预警和快速反应机制，积极地协调各应急保障部门，以尽可能地保证人们的生命财产安全。

3) 城市道路交通安全管理的特征

城市道路交通安全事故的发生往往具有危险性、意外性和紧急性。在城市道路交通安全事故发生时，城市交通安全管理者通常面对的情况是各种信息不完整甚至不准确，信息反馈不及时等，因此使城市交通安全事故处理过程中，城市交通安全管理具有多样性、复杂性、快速性和动态性等特征。

(1) 多样性

城市道路交通安全管理过程中，不仅要在事故发生后进行应急处理，而且最好在事故发生前能够进行事故的预警处理，通过对事故发生的时间、地点等一系列数据的收集和分析判断，及时地将分析报告与相关部门进行交流，从而有效地预防事故的发生。同时，在事故应急处理之后，各相关部门应能够及时地总结经验教训，分析管理过程中的漏洞，避免相同事故再次发生。

（2）复杂性

当城市道路发生交通事故时，小则导致城市交通堵塞，大则导致城市交通完全瘫痪，与此同时，人员伤亡、财产损失等均不可避免。在城市交通事故处理中，交通事故发生的时间、地点等均会给事故应急处理工作带来影响，再加上某些意外的因素，同样也会阻碍救援工作的进行，如各救援部门协调不够会导致救援工作不能高效地完成；或者由于救援过程中，工作装备的损坏等意外情况的发生，延误救援的最佳时间等，所以城市道路交通安全管理具有相当的复杂性。

（3）快速性

城市道路交通事故发生时往往具有一定的意外性，许多因素都会导致城市道路交通事故的突然发生，如不可预知的自然灾害、无法把握的人为因素等。因此，城市道路交通安全管理部门必须时刻准备着，在城市道路交通事故发生的时候能够快速及时地做出反应，以减少人员的伤亡和财产的损失。

（4）动态性

城市道路交通安全具有一定的特殊性，它随着时间的变化而变化，又具有动态性，因此，就要求城市道路交通安全管理部门必须具有不同于常态管理的特征。

4）影响城市道路交通安全的因素分析

（1）人的交通安全特性对交通安全的影响

在影响城市道路交通安全的因素中，人是最为活跃也是最为重要的一个因素，因为交通是由人的出行行为产生的。这里所指的人包括行人、驾驶人和乘客等所有的道路使用者。在城市道路交通安全事故中，人为原因造成的交通事故居多，有的是由机动车驾驶人的操作失误或者违章行驶等原因造成的，也有的是由于行人违反交通法规造成的。在我国目前统计的城市道路交通安全事故中，最为突出的就是机动车驾驶人的不正常驾驶导致交通事故频发，这严重影响我国城市道路的交通安全。

统计资料显示，在交通事故发生原因方面，因驾驶人违章所导致的交通安全事故占据了一多半，驾驶人的原因在各类交通事故成因中的比例均是最高的。随着我国机动车驾驶人数量急剧增加，出现了大量新手，部分驾驶人综合素质不高，缺乏一定的职业道德、违章行驶等，这在一定程度上导致了城市道路交通安全事故的频繁发生，具体表现在以下几个方面：

第一，驾驶人违章驾驶或者操作失误。比如驾驶人无视交通信号灯乱闯红灯、对突发状况反应不及时不合理、不按交通规则驾驶、酒后驾驶等，都会造成交通事故的发生。

第二，新驾驶人技术水平不够。新驾驶人往往理论知识和驾驶经验不足，对驾驶机动车的危险性考虑不足，从而造成违章甚至导致交通事故的发生。

第三，老驾驶人思想水平不够。老驾驶人往往自以为驾驶技术水平足够高，容易导致思想上的懈怠，以致驾驶时思想精力不集中，从而导致交通事故的发生。

第四，驾驶适应性差。有些人身体素质和心理素质都不能达到职业驾驶人的要求，不适宜驾驶机动车辆，这样的驾驶人在面对突发事件时容易出现判断和操作失误等导致交通事故的发生。

此外，行人的违章现象也可能导致一些城市道路交通事故的发生。目前，我国人行天桥、地下通道、护栏、信号灯和交通标志等交通硬件设施都已日臻完善，但仍普遍存在着行人不走人行横道、人行天桥等而翻越护栏、横冲直撞、无视交通信号灯和交通标示牌等不安全行为，从而导致交通事故的发生。

(2)城市交通中车辆因素对交通安全的影响

车辆是道路交通系统中的主要组成元素,也是城市道路交通事故发生中的"主角"。随着车辆保有量不断增加,机动车俨然已成为衡量人们生活水平和质量的评价指标之一。机动车数量的迅速增加使得我国城市的道路显得非常拥挤,随之而来的就是城市道路交通堵塞和交通事故的频繁发生。

除此之外,车辆的技术状况是影响城市道路交通安全的主要原因。车辆的设计结构和工作性能与城市道路交通安全事故的发生数量有直接的关系。目前,我国机动车的种类繁多,工作性能和安全性能差别较大,并且在长期使用过程中,由于使用环境和使用强度不同,导致机动车零部件失灵或损坏。许多车辆在行驶过程中,往往带着某些隐患行驶。少数车辆明显不符合行驶标准,车辆技术状况极差,却依然行驶在道路上,还有一些个体出租车车主等为了谋取利润,采用多拉快跑、只用不修等驾驶方式导致车辆的技术状况严重不满足行车标准,如转向失灵、制动失效等,这在一定程度上危害着我国的城市道路交通安全。

(3)城市交通中环境因素对交通安全的影响

城市道路交通环境对城市道路交通安全也具有一定影响。城市道路交通环境包括两方面:一是自然环境,二是社会环境。自然环境是指一个城市的地形和自然天气等因素。不良的自然环境极易导致交通安全事故的发生,如在雨雪天气,路面湿滑,驾驶人驾驶车辆行进时容易发生车辆打滑或追尾等;在大雾天气,能见度低,机动车之间车距难以把握,很容易导致追尾等事故的发生。

社会环境是指一个城市的交通基础设施,如交通信号、交通标志等交通安全设施是否完善。在没有完善的交通设施的城市道路上行,容易导致驾驶人警惕性低,城市交通易堵塞,更严重的是导致交通事故频发。此外,我国在道路交通法律法规方面还不够完善,城市道路交通安全环境管理方面各部门不够协调,这也在一定程度上影响城市道路的交通安全。

5)城市道路交通安全管理事故预防

进入21世纪,科学技术迅速发展,许多高新技术也应用到了车辆的安全系统设计中,如驾驶人的注意力检测系统、偏离车道避免系统、轮胎低压力警告系统等,这些特殊的安全设备的应用在一定程度上优化了交通安全行驶的状况,减少了许多交通安全事故的发生。尽管在车辆方面已经取得了一定程度的进步,但预防城市道路交通安全事故必须坚持以人为本,改进车辆及交通管理技术,同时完善城市道路交通安全环境。

(1)提高人的交通安全意识,养成良好的交通安全习惯

城市道路交通安全事故的发生与交通参与者交通安全意识淡薄有明显的关系。要预防交通安全事故的发生,必须要提高人们的交通安全意识,提升人们的综合素质,使行人和机动车驾驶人等都能严格地遵守交通法律法规,按照交通指示行走和行驶,严厉抵制乱闯红灯、占道行驶等违章行为,养成良好的交通安全习惯。因此,积极地开展交通安全宣传教育对城市道路交通管理者来说是一项必须而且迫切的任务,特别是对中小学生和驾校学习生,管理部门应加强对他们的宣传教育,使学生和驾驶新手能够在开始就养成良好的交通安全观念和意识。对其他的城市居民,应根据不同的群体进行不同形式的宣传教育,使宣传效果发挥最大作用。

(2)加强交通安全管理和监督,完善城市道路交通安全环境

在城市道路交通安全管理中,首先要做到积极预防交通安全事故的发生,根据一系列的交通安全事故数据,总结经验教训,同时对全市车辆的维修保养情况进行统计,发现问题能及时整改;其次是在城市交通事故发生后,城市道路交通安全管理部门能够做到及时组织实施救

援,在保证人们的生命财产安全的同时使城市道路能够顺利通行。

除了加强交通安全管理之外,交通安全监督也是预防交通安全事故的重要环节,主要体现在以下四个方面:一是要对城市道路交通安全管理部门进行责任监督,二是对机动车驾驶培训机构进行监督,三是对机动车制造企业进行车辆出厂的监督,四是对城市道路交通安全环境进行监督。完善的城市道路交通安全环境能够有效地预防交通安全事故的发生,作为城市道路交通安全管理者,应在全社会的监督和努力下,加强城市道路交通安全管理,积极完善城市道路交通安全环境。

### 2.3.2 高速公路交通安全

高速公路沿线封闭、与外界隔绝,立体交叉,控制车辆的出入,只允许符合规定要求的车辆在规定的路口进出,避免了横向穿越,从而形成了高速公路上高速、稳定的车流,使车速的提高和行驶的安全有了保证。

高速公路安全管理涉及面广、内容多,主要包括:交通安全教育、法规建设、车辆建设、驾驶人管理、核查及审核机动车驾驶证、道路及其安全设施的验收与管理、道路治安管理及交通污染管理等。

高速公路交通安全的管理水平主要体现在管理体制、管理法规、管理人员的素质及执法情况等几个方面。确保高速公路的安全、快速运行,要有一套高效、合理的管理体制及切实可行的管理法规,而且管理人员要具有良好的政治素质和业务素质。

1)我国高速公路交通安全总体情况

高速公路以其高效、舒适、快捷、方便的特点在国民经济和人们日常生活中发挥着重要的作用,但是其高事故率、高死亡率也给社会带来了重大的负面影响。根据统计分析,近十年来,我国高速公路的交通事故4项指数中的3项(事故起数、死亡人数、受伤人数)持续保持高位增长。从中总结出我国高速公路交通安全情况具有以下两个特点:

(1)高速公路事故总量不断上升,交通事故致死率高、经济损失大。

随着经济的发展,我国高速公路的建设速度快,相应的事故起数、死亡人数、受伤人数和直接经济损失都有所增加。

(2)高速公路良好的交通安全设施未能获得相应的交通安全环境,安全性未能有效体现。

高速公路的设计同其他等级公路相比避免了横向干扰,同时配备了较为齐全的交通安全管理设施,理应是最为安全的。但是从高速公路里程所占公路总里程的比例来看,高速公路的事故总数、受伤人数、死亡人数和造成的直接经济损失却远远高于其他等级公路。我国高速公路的交通安全形势是不容乐观的。而且随着经济和社会的发展,以及汽车保有量和高速公路通车里程的增加,可以预见我国高速公路的交通安全形势将会变得越来越严峻。

2)与国外交通安全管理对比

与国外的高速公路交通安全管理措施相比,我国的高速公路交通安全管理则相对落后,其中系安全带、限制车速和安全教育方面相差不大,但是在急救医疗、降雨、雪、雾、驾驶疲劳、改进车辆与路以及重载车的限制方面却差距明显,主要是因为在科技和国情等方面的差异,导致我国高速公路交通安全管理措施与国外发达国家仍存在一定的差距。国外行之有效的高速公路交通安全管理措施见表2-4。

国外高速公路交通安全管理措施　　　表 2-4

| 项目 | 交通安全管理措施 | 效果 |
|---|---|---|
| 急救医疗 | 1. 构建交通事故负伤医疗网,对于不具备建立医疗网的条件的,培训高速公路沿线急救站点;<br>2. 法国、德国在驾驶人培训过程中,增加了急救训练一项,并且规定发生交通事故时,在医生未到达前驾驶人有义务做应急处理,否则将受处罚 | 由于交通事故负伤医疗网点覆盖面广,事故负伤人员半小时内便能得到急救治疗,治愈率高,降低了死亡率 |
| 系安全带 | 1. 履行汽车上人员佩戴安全带;<br>2. 据 PIARC 的调查报告:轿车前座人员都系安全带,则事故死亡率降低 40%,同时车前配备安全气囊,事故死亡率会进一步下降 5%;<br>3. 德国、法国、丹麦、瑞典以及奥地利规定前、后座人员都必须系安全带 | 有关部门统计表明,系安全带的事故死亡率是不系安全带的 1/4 |
| 限制车速 | 1. 合理布置限制时速的警示标志;<br>2. 路面画减速标线并注明最高车速的标识 | 行之有效 |
| 降雨、雪、雾 | 1. 对高速公路排水系统进行改善;<br>2. 修建排水性路面;<br>3. 路面设有一定的粗糙度,如刻浅槽以防滑;<br>4. 对于积雪路面,用除雪机清除或撒盐溶化积雪;<br>5. 德国规定雨天、雾天在高速公路上行驶的车辆上、下行方向各在一条车道缓行 | 良好的排水系统使得路面积水被快速排走,采取相应的措施排除积雪的危害,事故率相对降低,已有有效的例证 |
| 驾驶疲劳 | 1. 强制规定驾驶人连续行车若干小时后,应适当休息,保证体力与精神恢复后再行驶;<br>2. 针对商用汽车制定法定的工作和休息时间,并安装驾驶时间记录仪;<br>3. 对高速公路休息服务设施进行扩充 | 英国、德国试行:行驶 2h、5h、7h 后对应休息 5min、20min、1h |
| 改进车与路 | 1. 充分扩大驾驶视野,对汽车风窗玻璃进行改进;<br>2. 提高防滑性能,对轮胎进行改造;<br>3. 根据事故多发点现场分析,对线形、排水系统与路面条件等进行改进;<br>4. 德国、瑞典等地均设立汽车安全性能评价机构,可委托对新、旧汽车进行全面性检验 | 人、车、路实行三位一体,以保证人的安全为主要目的 |
| 重载车的限制 | 1. 欧美规定双向六车道及以上的高速公路上、下行方向的外侧两车道允许重载车通行;<br>2. 日本规定载重车只准许在外侧 1 条车道上通行 | 对于重载车进行限制能够有效地降低重载车的事故率 |
| 安全教育 | 1. 全面开展交通安全教育工作;<br>2. 在幼儿园、中小学增开交通安全课,从小培养交通安全观念;<br>3. 用典型案例和数据对驾驶人进行交通安全再教育,增强驾驶人的交通安全意识 | 内因重于外因,关键是从思想上引导驾驶人只有具有强烈的交通安全意识与责任感,才能保证行车安全 |

3) 高速公路交通安全的影响因素

高速公路不同于普通公路的显著特征是:路面宽阔、封闭立交、标志醒目、标线分明。由于高速公路采取了全线封闭立交等一系列安全措施,排除了行人、非机动车辆对交通过程的干扰,这为高速公路的行车安全提供了有效保证。总结交通事故发生的原因,不难发现,我国高速公路交通事故的高发生率与人、车、路、环境和管理有关。

所谓风险识别,就是对系统中尚未发生的、潜在的以及客观存在的各种风险进行全面的、连续的识别和归类。针对高速公路安全的风险识别是从人、车、路、环境的动态公路交通系统中,找出影响高速公路交通安全的影响因素,从已有研究中归纳总结的具体影响因素如图2-9所示。

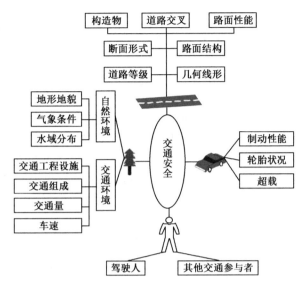

图2-9 高速公路交通安全风险因素

由高速公路交通安全风险识别归纳总结的具体影响因素分为五大要素:即是由人、车辆、道路、交通环境以及渗透在这四个要素之中的交通管理因素,系统中各个要素相互协调才能使系统正常运行。否则,系统中任何一个要素失调,都可能影响系统的正常运行,甚至会引发交通事故。既然高速公路交通事故是多因素联合作用的产物,也是高速公路交通系统各要素严重失调的后果,那么就应该从人、车辆、道路、交通环境以及交通管理这五个高速公路交通系统要素来探寻导致我国高速公路交通安全问题严峻的原因。

(1)人的因素

高速公路交通事故中,人的因素至关重要。人的因素包括驾驶人、乘车人、行人等。

①驾驶人。高速公路交通事故80%以上是由车辆驾驶人的原因引起的,由于高速公路全封闭、全立交,路况良好,路面环境变化小,车辆行驶时不需要驾驶人采取太多措施,导致驾驶人警惕性下降。对交通事故的分析发现,高速公路交通事故的主要原因为:驾驶人缺乏高速行驶的经验,驾驶人的交通安全法规意识薄弱,驾驶人缺乏高速公路交通常识。例如:驾驶人超速行驶、强行超车、酒后驾车、疲劳驾驶、不按规定车道行驶、遇紧急情况时反应迟钝或处理不当造成失误等。调查中发现,在发生事故的驾驶人中新驾驶人占大多数,并且绝大多数的驾驶人在正式进入高速公路前并没有接受过专门的高速公路驾驶训练。针对以上情况,目前必须采取强有力的措施提高驾驶人的行车技能和交通安全意识,提升驾驶人的整体素质,如图2-10所示。

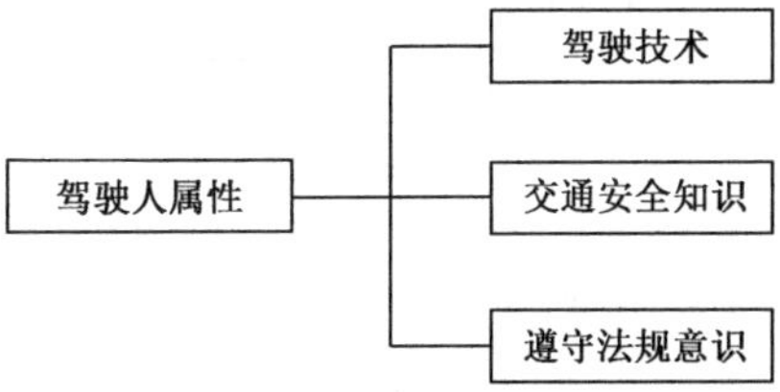

②乘客。高速公路客运系统中,乘客携带易燃易爆危险品上车或向车外抛杂物,在高速公路上随意上下车都可能引发交通事故。

③行人。高速公路采取了全线封闭立交,排除了行人和非机动车的干扰,但是高速公路沿线居民安全意识

图2-10 驾驶人属性

淡薄,违反高速公路交通法规,擅自进入高速公路行走或骑自行车的有之;高速公路养护、维修施工路段养护、施工人员违章作业,未按规定穿反光衣、随意走动,这些都成了引发交通事故的原因。

(2)车辆的因素

高速公路行驶的车辆要求车况状态良好,但有的驾驶人在高速公路上行驶前忽略了对车辆的维护和检查,车辆在高速行驶时,发动机、轮胎、制动系统及其他各分部机件都在高负荷下运转,燃料消耗显著增加,未检查的车辆在高速公路发生机械故障的可能性比一般公路大得多。

车辆技术状况较差的主要表现为:一是制动性能差,制动力不足,延长制动距离;二是安全结构差,转向装置、车胎状况不良等;三是操作稳定性差,车辆在高速公路上行驶过程中控制力不足;四是车辆照明不良或随车携带的标志不齐。高速公路上常见的车辆故障及其比例为:发动机过热占35.3%,轮胎损伤占19.0%,电气故障占13.6%,燃料用尽占12.2%,发动机故障占9.7%,其他占10.2%,其中轮胎爆裂是导致交通事故最普遍的原因。

调查显示,由于机动车自身的原因造成的交通事故占总事故的13%~14%,其中绝大多数事故是由于制动性能失效或者不良、转向失效、灯光失效等机械自身故障以及车辆的动力性小、轮胎质量差、制动性能差等车辆质量问题引发的,所以要对驶入高速公路的车辆加强技术性能检测与管理,禁止技术性能不符合要求的车辆驶入高速公路。其次,在我国车辆超载也是高速公路交通事故高发的原因之一。超载使得机动车超负荷运行,长时间处于疲劳状态,致使机动车的动力不足,制动性能差,使用可靠性下降,发生交通事故的概率加大。另外,长期的超载还会对驾驶人产生生理包括心理的损害。所以,必须加强道路监管的力度,严禁超载车辆进入高速公路行驶。

(3)道路因素

高速公路的线形设计、路面情况、道路交通安全设施与交通事故关系较大,如道路的曲率半径过小、直线距离过长、视距过小、纵坡过大、平纵线形不协调等。路面的稳定性、平整度和抗滑性也是影响高速公路安全行驶的因素。道路交通安全设施缺损,设置不合理、不完善也是造成交通事故的原因。

①道路线形。高速公路的道路条件中,线形设计与交通事故关系较大,通常一段路程不是只由直线或曲线构成,而是直线、曲线等诸多几何线形的组合,如道路直线路段太长,容易使驾驶人感觉疲劳,进而加快车速造成交通事故。道路线形的曲率半径过小、视觉距离过短、纵坡度过大、陡坡急弯、反向曲线(曲线路段分为平曲线和竖曲线,平曲线即弯道路段的最小半径)等因素以及竖曲线路段的变坡点处的曲率、坡长等因素与交通安全关系紧密,如果设计不合理容易引发交通事故。

高速公路工程主体特征见图2-11。

②路面情况。高速公路的路面情况主要由驾驶人对高速路面的认识、路面质量、路面宽度、路肩等因素决定。路肩宽度过窄、路面强度和稳定性差、路面平整度或粗糙度不够等也可能影响高速公路的安全行驶。首先,要求驾驶人具有对交通状况做出正确判断的能力。其次,道路的强度、平整性、稳定性、抗滑性应符合标准,路面的宽度、路肩宽度应设计合理。

③道路交通安全设施。道路交通安全设施,如交通标志、交通标线、防护设施、禁入设施、反光道标和防眩设施等缺损,设置不合理、不完全也是造成交通事故的原因,交通安全设施如图2-12所示。

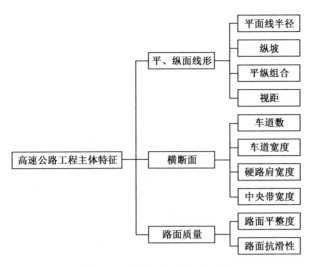 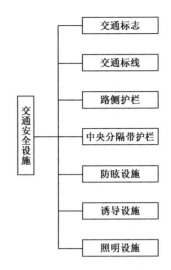

图 2-11 高速公路工程主体特征　　　　图 2-12 交通安全设施

(4) 交通环境

①交通环境。交通环境是直接为驾乘人员提供的行车通行空间环境,包括软件和硬件两个方面,即道路条件和交通条件两个方面。一是道路条件。设计上有缺陷的高速公路容易使驾驶人产生视觉上的错误,成为潜在不安全因素。二是交通条件。交通条件不良,如车流量较大、大车比例大,且超限车多,行人不遵守交通规则横穿高速公路等都会影响安全行车。

②自然环境。当前许多交通事故是由天气因素引起的。异常天气主要是指雨、雾、冰雪、风沙等。在天气异常情况下,路面的附着系数下降,机动车容易发生打滑、稳定性变差,制动距离延长,同时能见度低,再加上一些驾驶人疲劳驾驶、违规操作等因素,使得事故发生的概率增大,容易发生连环追尾等恶性事故。调查显示,雨天交通事故的发生率为30% ~40%,比例最高。由于在雪、雾等恶劣天气时多数高速公路路段强制封闭,有效减少了事故发生的概率。不良地质条件,如洪水、山崩、地震、泥石流、山体滑坡、沙害等灾害一旦发生,也会导致严重的交通事故。

③作业环境。驾驶人作业空间即车内的作业环境不良,如温度高易犯困,噪声大影响判断,人机交互设计有缺陷易感知作业疲劳等都是事故的致因因素。

(5) 交通管理因素

高速公路与普通公路相比,科技含量高、管理难度大,这就需要高速公路的交通管理人员应当具有充足的科学知识与管理知识,提高管理水平。而当前,我国高素质的道路交通管理人员相当匮乏。管理失误虽然是造成高速公路事故的间接原因,但它却是背景原因且是高速公路交通事故的本质原因。管理失误主要如下:

①养护巡查不力。道路病害不能得到及时发现,使病害加剧,对道路不良状况(路障、路面结冰等)不能及时清除,危及行车安全,养护维修不及时引起道路病害大面积爆发。

②公路清障不及时。

③路政巡查不严格导致损害路产路权的行为得不到及时的制止,增加人为破坏的概率,对超限车辆检查、遏制不力,致使超限比例不断增加,严重危害道路设施,危及交通安全。对沿线树木乱采滥伐、跨线桥或通道下乱堆乱放情况的处理力度不够。

④交通事故处理不及时,交通管制失误,对违章驾车执法不力,治安事件处理失控。

⑤收费员收费延误造成收费道口交通拥挤、堵塞,造成交通延误。对上路车辆把关不严致使隐患车上路,危害其他车辆以及自身车辆的行车安全。

⑥经营服务时,服务区安全管理不善,服务质量欠缺,使驾驶人和车辆得不到很好的服务,影响驾驶人的身体状况和车辆车况。

⑦通信设备故障发现、维修不及时,不能保证快捷、高效地通信。

⑧监控系统故障未及时修复,延误处理时间,无法在第一时间发现灾害及灾害的苗头,导致灾害的发生或扩大,当沿线发生重大交通事故、火灾、异常天气时,无法及时发布信息。

⑨对重大灾害认识分析不够,调度不及时贻误救援处理时间,造成更大损失或在确定调度方案时未能从全局出发合理调度机械,常常造成救援方后方空虚,抵抗新的灾害能力降低。另外,对突发灾害判断不够,导致下达错误的命令,产生严重后果。

高速公路相关的交通安全知识普及范围太小。随着全国高速公路的大规模建设、相关法规的不断出台,高速公路的交通安全知识普及已经变得十分迫切。对于所有的驾驶人,要通过一定的形式和手段,使他们真正了解并掌握有关高速公路安全行车的知识。除此之外,还可以通过广播、电视、报刊等媒介向广大群众宣传和普及与高速公路相关的安全知识,逐渐提高群众的交通安全意识。而对于一些驾驶人的不良驾车习惯,要采取教育与处罚相结合的手段,坚决予以纠正。高速公路的运输法规还不够完善。若要使高速公路健康、有序、不断发展,还要不断加强高速公路的运输法规建设,其内容主要包括技术标准和管理规范。

高速公路交通环境复杂,影响高速公路安全运行的因素也是多方面的。可以认为交通事故的发生不是一个孤立的事件,尽管它可能在某瞬间突然发生,却是一系列事件相继发生的结果。任何一个因素发生异变都可以引发交通事故,任何两个因素及多个因素之间的因果,也可能共同诱发交通事故。要提高驾驶人的整体素质,不断加强高速公路的交通安全教育力度,改善道路和环境质量,不断提高高速公路道路维护和保养水平,加强对进入高速公路段车辆技术性能的检测与控制管理,高速公路上应建立完备、高效的交通事故应急救援系统,只有这样才能有效提高高速公路交通安全水平(图2-13)。

图2-13 交通安全管理

4)加强高速公路安全管理

高速公路最大的特点是行驶速度快,通行能力相当大。为了保证高速公路行车安全,采取了一系列措施,所以交通事故率降低只有一般公路的1/3或1/4,但是高速公路上车速过快,一旦发生交通事故,其后果极其严重。据数据统计,高速公路事故的死亡率是普通公路的两倍。高速公路发生的重大特大事故,不仅对人身造成伤害,对经济损失和政治影响都十分大。面对目前的状况,高速公路安全管理变得十分重要。高速公路安全管理涉及面极广,在内容上也丰富。交通安全教育是安全管理中最重要的一点,各种媒体加大安全宣传教育,普及交通安全法律法规的常识和高速公路的安全使用知识,是预防交通事故最行之有效的措施。高速公路安全管理在事故高发的今天,变得极其重要。

高速公路交通安全包括静态交通安全管理和动态交通安全管理。动态交通安全管理是指在交通事故、灾害天气、大型活动等特殊情况下的交通安全管理与控制。动态交通安全管理具有动态性、实时性的特征,管理决策随着实际情况的变化而发生变化。静态交通安全管理则是指对一定时期内的交通问题进行管理与控制,因此具有周期性、相对稳定性的特征,即在一定的管理周期内,管理决策不随运营的实时状况而变化。

(1)高速公路交通安全管理内涵

高速公路交通安全管理是一个广义的概念,它既包括监管驾驶人和车辆、维护交通秩序、处理交通事故等直接工作,也涉及道路建设管理和使用、驾驶人的培训、车辆的投放与配置、运力运量的宏观调控以及道路高速公路各类专业技术人员的组织和安排等具有高速公路交通安全保障作用的间接工作。

高速公路一旦发生交通安全事故,就要反应迅速,及时、正确处理,始终确保高速公路的畅通、安全、形象和服务水平。处理过程应把握以下原则:①"以人为本,首重安全",始终将保障生命与财产安全作为最终目的;②"防控结合,共同应对",坚持预防为主,预防与控制相结合,及时发现和控制问题,防止事态扩大;③"依法处置,高效应对",提高应急规范化、制度化和法制化水平,形成"统一指挥,反应灵敏,功能齐全,协调有序,快速高效"的处理交通安全事件的反应体系。

依据我国目前的高速公路交通管理体制的职责分工,涉及的部门有公安、安全生产监督、交通、农机和城建等,因为对同一项业务的管理角度不同、侧重点不同,往往会出现多头管理的现象,导致协调困难,无法实行集中、统一、安全、高效的运作机制,容易形成管理混乱、重复管理、政令不畅的不利局面,这是对高速公路交通安全可持续发展的又一大挑战。

在道路交通安全管理中切实坚持以"预防为主"的原则。"预防为主"的原则,就是抓源头管理,源头管理具有根本性与决定性,对降低道路交通事故有事半功倍的效能。以"预防为主"的原则,就是要遵循我国现阶段道路交通安全的客观规律,确立道路交通安全管理的着力点。

(2)高速公路交通安全管理系统

高速公路交通安全管理系统功能包括高速公路交通安全管理信息采集与处理、高速公路交通安全状况分析与评价、高速公路交通安全状态预测、高速公路交通安全管理决策。

因此,高速公路交通安全管理系统是由这4个相互联系、相互制约的功能模块构成的有机整体,系统结构如图2-14所示。

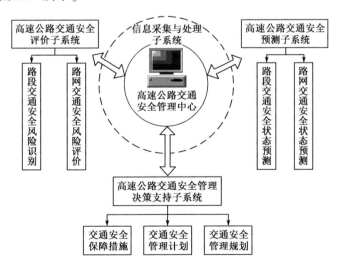

图2-14 高速公路交通安全管理系统结构

(3)重视高速公路交通安全管理周期分析

高速公路交通安全管理是对一定时期内的交通安全问题、改善对策及安全资源分配的研究,因此分析周期的长短对交通安全管理措施的效果有着重要影响。

高速公路交通安全管理的需求有如下三个方面。

①针对高速公路在事故多发点、事故多发段及潜在的安全隐患路段,提出快速有效的管理对策。

②针对年度公路网运营安全管理计划,研究年度管理目标和对策。

③针对分析周期内的公路网运营安全状况进行评价及预测,制定公路网运营安全管理规划方案。

根据高速公路交通安全管理的需要,管理周期可分为短期、中期及长期,分别对应交通安全管理需要的三个方面。一般短期管理以 3 个月为一个分析周期,中期管理以 1 年为一个分析周期,长期管理以 5 年为一个分析周期。

## 【案例训练】

在一弯道口附近一学生从公交车下车,其另一边的小汽车右转,由于遮挡未及时发现学生,导致该名学生伤残。

[事故原因]

从现场的勘探来看,造成事故的一方因为没有来得及发现受害者而将其撞倒,对该路口现场观察发现,该事故点的曲率较大且对其道路车速来讲容易发生事故。

[改进措施]

应在明显位置设置警示牌或者反光镜,提示驾驶人减速慢行。

# 单元 2.4 道路交通安全法规

## 【案例导入】

7 月 31 日 7 时 25 分,驾驶人罗某驾驶大型客车(经检验车辆制动性能不合格)载客从坦洲往中山市城区方向行驶,途经 Y003 线 2km+100m 路段处,遇右前方冯某骑自行车从右往左横过机动车道,大客车避让不及与自行车发生碰撞。事故造成冯某当场死亡及车辆损坏。

[事故调查]

经过现场勘查和调查取证证实,冯某骑自行车横过机动车道时,不按规定通行,违反《道路交通安全法实施条例》第七十条第一款规定;罗某驾驶制动不良的机动车上道路行驶,违反《道路交通安全法》第二十一条规定。

根据《道路交通事故处理程序规定》第四十六条第一款第(二)项规定,冯某承担此事故的主要责任,罗某承担此事故的次要责任。

[相关法律条例]

(1)《道路交通安全法实施条例》第七十条第一款规定:驾驶自行车、电动自行车、三轮车在路段上横过机动车道,应当下车推行,有人行横道或者行人过街设施的,应当从人行横道或者行人过街设施通过;没有人行横道、没有行人过街设施或者不便使用行人过街设施的,在确认安全后直行通过。

(2)《道路交通安全法》第二十一条规定:驾驶人驾驶机动车上道路行驶前,应当对机动车的安全技术性能进行认真检查;不得驾驶安全设施不全或者机件不符合技术标准等具有安全隐患的机动车。

## 【知识储备】

作为现代社会中重要的、不可或缺的元素,道路交通行为必须在科学有效的法规体系之下运转,才能维持道路交通基本的安全运行,这一点在国际社会早已达成共识。它与人口素质、社会经济发展等分别从不同的角度影响着道路交通安全水平。而法律、法规体系是更为直接,也是更为敏感的指标,因为不论是一个国家的宏观道路交通系统的运作,还是一个交通个体的微观交通行为都在随时遵循着道路交通安全法规的轨迹。没有道路交通安全法规的约束,一个现代的道路交通系统将陷入无序的瘫痪状态。没有科学高效的道路交通安全法规的引导,道路交通行为将出现混乱状态,造成以道路交通事故为首的一系列的道路交通问题。

### 2.4.1 道路交通安全法的内涵

1) 道路交通安全法概念

道路交通安全法,从狭义上理解,是指国家立法机关制定的,专门规范人们的交通行为,维护道路交通秩序的法律规范的总称;从广义上理解,是泛指调整与道路交通安全有关的人、车、路、环境等参与交通的各要素的法律规范的总称。

狭义的道路交通安全法是专门的法律,例如《道路交通安全法》,也有学者称之为道路交通安全的法典。广义的道路交通安全法不仅包含狭义的《道路交通安全法》法典,还包括国家行政法、民法、刑法及经济法中有关道路交通安全的法律规范,例如刑法中的交通肇事罪,民法中的道路交通事故损害赔偿,行政法中的汽车产品质量法等。

2) 道路交通安全关系

道路交通具有鲜明的"双刃剑"特性,它在带给人们快速、便捷的同时也带给了人们侵害和被侵害的危险性。

因此,道路交通安全关系便应运而生。为了避免或减轻道路交通的伤害,维护道路交通秩序,确保道路的畅通,必须对道路交通关系进行规范和调整。道路交通安全法就是调整道路交通安全关系的法律规范的总称。任何人只要参与道路交通活动就会形成道路交通安全关系,如行人与车辆使用者、道路交通安全管理者之间形成道路交通安全关系;车辆使用者与道路交通安全管理者之间形成的道路交通安全关系;车辆使用者与行人或其他车辆使用者在道路交通活动过程中发生交通事故时,彼此之间形成的道路交通安全关系;车辆使用者发生道路交通事故,对道路造成损害时,与道路管理者之间形成的道路交通安全关系;车辆使用者发生道路交通事故时,如道路规划、设计、建设、管理者的原因与有关方面形成的道路交通安全关系等。

道路交通安全关系是一种内容十分丰富的社会关系,按其性质可分为道路交通安全行政关系、道路交通安全民事关系、道路交通安全经济关系、道路交通安全刑事关系。

(1) 道路交通安全行政关系,主要指所有的道路交通安全管理的相对人与道路交通安全管理机关之间形成的道路交通安全关系,以及道路交通参与者与道路规划、设计、建设、管理机关之间形成的交通安全关系等。

(2) 道路交通安全民事关系,主要指道路交通参与者之间以平等主体身份发生的诸如对人身伤害、财产(如车辆、道路及其安全设施)损坏,涉及的赔偿损失、停止侵害等交通安全关系。

(3)道路交通安全经济关系,如由于道路交通安全设施基本建设中的招标、投标、工程监理、合同仲裁等形成的道路交通安全关系,也包括企事业单位、机关等内部形成的道路交通安全关系。

(4)道路交通安全刑事关系,主要指道路交通参与者违犯道路交通安全法规,触犯刑律,需要追究刑事责任时肇事者与国家司法机关之间形成的道路交通安全关系等。

道路交通安全法按其内容是否具有涉外因素分为道路交通安全的国际关系和国内关系。道路交通安全国际关系,主要指在道路交通过程中发生的涉及国家之间的道路交通安全关系,例如出入境汽车运输的安全、国际道路联合会的一些协定等。

3)道路交通安全法特征

道路交通安全法是道路交通法的一个相对独立的法的部门,既有一般法的共同特征,又有区别于其他部门法的特有属性。

(1)法是由国家权力机关或其授权的国家机关制定或认可的并由国家强制力保障实施的社会规范,它体现的是国家意志,这是法的一般特征。

道路交通安全法是法的一个分支,它体现的是国家对道路交通安全关系进行调整的意志,这是道路交通安全法的特有属性。

(2)道路交通安全法是道路交通安全管理经验的总结,是道路交通安全管理的基础。道路交通安全法是在长期的道路交通安全管理实践基础上,由经验上升为政策,由政策上升为稳定性较强的国家法律。道路交通安全法一经颁布,即具有普遍约束力,又成为道路交通安全管理的准则,成为人们发生道路交通安全关系时应遵守的行为规范。

(3)道路交通安全法有自己独特的法律体系,因而道路交通安全法有广义和狭义之分。

(4)道路交通安全法是以道路交通安全关系为调整对象的,这是道路交通安全法与其他法的根本区别。

(5)由于道路交通安全法的调整对象,如人、车、路、环境等具有较高的自然科学的安全技术性能,所以道路交通安全法律规范的技术性具有法律和自然科学的双重性,这是道路交通安全法的重要特征。

4)道路交通安全法的地位

(1)道路交通安全法的基本构成

道路交通安全法是以道路交通安全为核心和纽带形成的部门法,主要包括:《中华人民共和国公路法》《道路交通安全法》《中华人民共和国道路交通安全法实施条例》等,是集行政法、民法、经济法、刑法等有关内容为一体的,调整人、车、路、环境等交通各要素关系的法律规范的总称。

从道路交通安全管理的性质看,既有行政管理的内容,又有技术管理的内容。行政管理内容主要包括车辆及驾驶人员的登记、行驶证及驾驶证的发放、交通事故的处理、交通秩序的维护等。技术管理内容主要包括车辆管理部门对车辆技术状况的检验、对驾驶人员的技术考核等。道路交通安全管理的这种性质决定了道路交通安全管理法规既有一般的伦理性法律规范又有技术性法律规范。伦理性规范往往是与人们的伦理道德观念相一致的规范。如交通事故引起的赔偿、救助等,而技术性规范则是基于某种目的而由人们设计出来的一些规范,如有关交通标志、信号、标线等的规定。道路交通安全法规主要是一些技术性规范。

道路交通是一个综合性服务行业,具有技术和涉外性强及涉及面广等特点。基于道路交通的特点和各国的实际情况,各国逐步形成了各自的法律体系。由于各国的国情不同,道路交通发展水平不一,其道路交通安全法律体系包含的内容也不尽相同,道路交通越发达的国家其道路交通安全法规也就越完备,但基本上都是由宪法、行业基本法、各种单行法规和具有法律效力的国际公约4个方面构成。

由于法律的强制性和相对稳定性,各国道路交通安全法的建设都经历了一个漫长的过程,少则几十年、多则上百年,这一法规体系是随着形势的发展不断充实、完善和更新的过程。

(2)道路交通安全法与有关法的关系

由于道路交通安全法调整手段的多样性、对象的复杂性,决定了道路交通安全法与有关法既有联系又有区别。

①道路交通安全法与刑法、刑诉法的关系。刑法是规定犯罪及刑罚的实体法,刑诉法是规定犯罪和刑罚运用步骤的程序法。有关道路交通的犯罪,例如交通肇事罪的构成及追究内容,既是刑法、刑诉法的组成部门,也是道路交通安全法的重要内容。

②道路交通安全法与民法、民诉法的关系。民法是调整平等主体公民之间、法人之间、公民与法人之间的财产和人身关系的实体法,民诉法是规定民事纠纷诉讼步骤的程序法。有关道路交通事故民事侵权赔偿、运输合同违约赔偿、保险合同赔偿的内容,既是民法、民诉法的组成部分,也是道路交通安全法的重要内容。

③道路交通安全法与行政法、行政诉讼法的关系。行政法是规定政府行政管理权利与义务的实体法,行政诉讼法是规定行政管理机关与相对人纠纷解决步骤的程序法。有关车辆的登记、检验、行驶规则、违章处罚,公路规划、建设、养护、路政等内容,既是行政法中的部门法的内容,更是道路交通安全法的主要内容。

④道路交通安全法与经济法的关系。经济法是调整经济主体内部关系的法律,例如公司法等。有关事业单位交通安全责任制、安全合同等内容,既是经济法的内容,也是道路交通安全法的内容。

(3)道路交通安全法在法律体系中的地位

道路交通安全法是道路交通法的重要内容和有机组成部分,是我国法律体系中独立的部门法。既不能以交通业是国民经济的组成部门为由,把道路交通安全法归属于经济法体系之中,也不能以道路交通安全管理实质是国家对道路交通的管理为由,把道路交通安全法归属于行政法的范畴,否则都失之偏颇。道路交通安全法之所以成为相对独立的法律体系,并在道路交通法乃至交通法中占有重要地位,原因如下。

①道路交通安全法调整的对象是独立的。道路交通安全法是以道路交通安全关系为调整对象的法律规范。道路交通安全关系是一种兼容性很强的社会关系,在内容上包括道路交通安全管理机关与在道路上行驶的机动车驾驶人员、非机动车使用者、车辆乘坐人员、行人以及与交通环境有关的人员等之间的管理与被管理的不对等的道路交通安全行政关系;以及发生道路交通安全事故引发的与事故有关的双方或多方之间的平等的民事关系,如责任车辆向受损车辆及受损人赔偿问题产生的民事关系等;如果道路交通安全事故损伤重大,造成重大人员伤亡或道路设施严重受损,还要追究刑事责任,从而引发责任人与国家司法机关之间的刑事关系。可见道路交通安全关系是一种独立的社会关系,是其他社会关系所不能替代的,简单地把道路交通安全法归属于民法、行政法、经济法或刑法等,都不能全面、准确地描述出道路交通安

全法的调整对象。

②道路交通安全法的调整手段是全面的。道路交通安全法的调整手段包括行政法手段、民法手段、经济手段、司法手段、国际法手段等，道路交通安全法的调整手段不是某一个部门法的单一手段，而是将各个部门法的手段囊括其中，具有全面性。

③道路交通安全法律规范自成体系。从道路交通安全法的形式和内容看，道路交通安全法是一个门类齐全、内容丰富、品种多样的法律，要使道路交通安全活动基本上做到有法可依，道路交通安全法应该起到作为部门法的重要分支所应起到的规范一种社会关系的作用，具备部门法的基本功能。

④道路交通安全法有自己独特的基本原则。道路交通安全法除了具有一般法律的共同原则外，还有着不同于其他法的基本原则，如安全管理原则、安全隐患预防原则、义务的强制性原则等，因此道路交通安全法也具备了作为部门法独立分支的内在条件。

### 2.4.2 道路交通安全立法

1) 道路交通安全法的渊源

(1) 宪法

宪法是一个国家的根本大法，是一切国内法规的源泉，具有最高的法律效力。在美国、英国、德国、澳大利亚、日本等发达国家的宪法中均可找到有关道路交通安全方面的条文，我国宪法规定了公民享有生命健康权。宪法的规定为政府制定道路交通安全法规提供了法律依据。它既是制定道路交通安全法规重要的法律依据，也是道路交通安全法律体系的组成部分。

(2) 法律

由于各个行业特点不同，对于宪法等国家法律难于统一地由行业基本法补充。各国根据本国国情和不同时期道路交通安全状况及其特点，制定了一系列的道路交通安全行业基本法。如美国1887年的《州际商务法》；日本1952年的《道路法》和《道路运输法》；英国1920年和《道路法》和1980年的《道路交通安全法》；我国的《中华人民共和国公路法》等都属于行业基本法。行业基本法是行业管理的基本法规，具有综合性和时效长的特点，法规条文的修改也有严格的程序，同时需要较长的时间，保证了法规的稳定性。

我国关于道路交通安全方面的法律主要有：《中华人民共和国刑法》《中华人民共和国道路交通安全法》《中华人民共和国公路法》等。

(3) 行政法规

在道路交通发展过程中，许多国家根据客观需要或针对新出现的一些安全问题，通过委托立法或授权立法程序制定一系列单行法规和条例，解决所面临的问题。这些单行法规和条例与行业基本法不同之处在于，具有操作性强、针对性强、等级低的特点，但它们起到了补充和完善行业基本法的作用，是道路交通安全法律体系中必不可少的组成部分。有关道路交通安全的单行法规和条例名目繁多，涉及面很广。

我国的立法体系中国务院有权制定的有关道路交通安全方面的规范性法律文件即行政法规，其表现形式主要有条例、规定、办法三种方式。关于道路交通安全的行政法规目前主要有《中华人民共和国公路管理条例》《中华人民共和国道路交通安全法实施条例》等。

(4) 地方性法规

地方性法规主要是在我国各省、自治区、直辖市的人民代表大会及其常委会，省、自治区人民政府所在地的市和经国务院批准的较大的市的人民代表大会及其常委会制定和颁布的在本地区内发生效力的道路交通安全方面的规范性文件,称之为地方性法规。在目前关于道路交通安全的全国性法规尚不完备的情况下,地方性法规对于保护地方交通安全起着重要的作用。

(5) 部门规章

在我国国务院各行政管理部门依据宪法、法律、道路交通安全方面的单行法规和条例制定的规范性文件,称之为部门规章。由于数量较多,这种类型的法律规范在我国的道路交通安全法律体系中占有重要地位。如原交通部发布的《交通行政处罚程序规定》,公安部发布的《道路交通事故处理程序规定》《高速公路交通管理办法》等。

(6) 地方性规章

在我国各省、自治区、直辖市以及省、自治区人民政府所在地的市和经国务院批准的较大的市的人民政府,根据法律、行政法规、地方性法规等制定的本地区内发生效力的道路交通安全方面的规范性文件,称之为地方性规章。目前我国各地区均制定了大量的有关道路交通安全方面的地方规章,这些地方规章为保障各地区道路交通安全事业的健康发展起到了非常重要的作用。

(7) 国际公约、条约和协定

涉外性是道路交通的重要特征,道路交通涉及双边和多边关系。为了解决在国际道路交通中出现的安全问题和统一国际交通规则,促进国际交通发展,有关国际组织及国家之间制定了一系列国际公约、条约和协定等。

2) 道路交通安全法的立法主体和原则

道路交通安全法的制定是道路交通安全整个法制系统的一个不可缺少的重要环节和组成部分,是道路交通安全法制的前提条件和重要内容。所谓法的制定,就是指法定的国家机关,依照法定的职权和程序,创制、认可、修改或废止法律和规范性法律文件的活动。所以,道路交通安全法有其特定的立法主体,遵照特定的指导思想和原则。

(1) 道路交通安全法的立法主体

立法的主体是法定的国家机关,它是代表国家行使权力的,不是任何的国家机关都可以进行立法活动。它是国家机关的法定职权活动,是宪法和法律规定的专门国家机关的职权活动。就是说,并不是任何法定的国家立法机关可以立任何法,具有立法权的国家机关只能在法律规定的立法权限内立法或者被合法授权的机关在授权范围内立法,不能认为有权立法就意味着可以制定任何法。

所以说,道路交通安全法的立法主体可以是国家立法机关,如西方国家的联邦议会和联邦成员的各个共和国或者州的议会;我国的全国人民代表大会及其常务委员会,各省、自治区、直辖市的人民代表大会及其常委会,省、自治区人民政府所在地的市和经国务院批准的较大的市的人民代表大会及其常委会。道路交通安全法的立法主体也可以是国家行政机关,如我国国务院和各省、自治区、直辖市以及省、自治区人民政府所在地的市和经国务院批准的较大的市的人民政府。

道路交通安全法的立法主体也可以是国家道路交通安全行政管理机关。由于我国公安部和交通运输部都有道路交通安全管理的职权,所以都是道路交通安全法的立法主体。

由于各个国家的道路交通安全管理体制不同,道路交通安全法制水平不同,其相应的立法主体的地位和作用也不一样,如美国等道路交通安全法制比较完备的国家,其立法主体主要为联邦和州议会。由于我国的道路交通安全法规体系不健全,管理体制也比较分散,目前发挥主要作用的立法主体为中央、省两级政府和国务院道路交通安全管理机构。

立法是一项具有专业性、技术性和综合性的活动。立法既是一项法定国家机关进行的严肃的、具有权威性的活动，也是一项专业性较强和技术性较高的，从而需要特殊知识、手段、方法和技巧的活动。鉴于道路交通安全法的立法目的和法律内容及其调整的法律关系的特殊性，在道路交通安全法的诸多立法主体中，应该以国家立法机关和中央政府为主，特别是要发挥后者的作用。

(2) 道路交通安全法的立法原则

立法原则是指在法的制定过程中贯彻始终的行为准则或准绳，它是立法指导思想的规范化和具体化，是指导思想体现的形式和落实的保证。

从技术层面上看，道路交通安全法的一般立法原则如下。

①与宪法和法制统一原则。任何立法活动都要遵守宪法，要维护法制统一，这是维护和保障立法合法性的重要原则。宪法是其他一切法律、法规存在的基础和依据。所以道路交通安全的一切法律、法规、规范性法律文件以及非规范性法律文件的制定，必须符合宪法的规定或者不违背宪法的规定。在所有道路交通安全法的法律渊源中，下位法的制定必须有宪法和上位法作为依据，下位法不得同上位法抵触。在道路交通安全法的不同类法律渊源中、同一类法律渊源中和同一个法律文件中，规范性法律文件不得相互抵触。道路交通安全法同其他法律部门之间的规范性法律文件不得冲突、抵触或重复，应该相互协调和补充。坚决避免和防止部门保护主义和地方保护主义对道路交通安全立法的干扰和破坏。

②安全原则。由于道路交通的危险性较大，为了防止不合格的交通主体进入道路交通领域，而构成道路交通事故的隐患，道路交通安全法应该规定进入道路交通领域的各个交通主体必须从技术上达到能够防止及抵御来自自然和人为的各种风险的能力和水平，并对危及道路交通安全的诸要素做出强制性的规定。所以道路交通安全法的各项制度和法律文件都应该体现这一基本原则。

③遵循道路交通安全规律的原则。由于道路交通是由人、车、路、环境等交通要素组成的动态集合体，各个交通要素都有自己独特的交通特性，并交融形成道路交通安全特有的规律。道路交通安全法只有遵循了这一规律，才能科学规范地调整交通流诸要素之间的交通安全关系，才能保障交通流诸要素关系的协调和友好。

④道路交通主体协调原则。尊重道路交通主体，保障行人、机动车、非机动车的路权，协调交通流各要素的交通关系，发挥道路上各种交通方式的优势，保证道路交通社会、经济效益的最大化。为此，道路交通安全法的立法必须坚持道路交通安全的综合治理，遵守道路交通主体协调的原则。

⑤用路者权益保障原则。从某种意义上讲，道路交通安全法好比是道路交通环境中的"消费者权益保护法"。因为道路使用主体都是纳税者，有些还缴纳了道路通行费，这就使他们实际上成了消费者，道路管理实际成了服务提供者，提供给用路者安全、高效、舒适的道路交通条件。如果出现了用路者生命财产安全受到侵害的事件，道路交通安全法应该保护其合法权利并且惩处相应的责任人，以使道路交通系统的服务秩序和服务水平得到维持。

⑥利益平等和弱者保护原则。随着社会经济的发展，机动化程度越来越高，机动车似乎已经成为交通流的优势主体。但是在道路交通行为中，除了应该维护机动车的正常运行外，还要兼顾行人、非机动车等交通个体的利益，从道路交通客观规律出发，界定各自的权利和义务范畴，以达到法律固有的平等原则。另外，道路交通安全法宜彰显弱势群体的交通出行权利，例如残障人士有要求道路交通系统合理设置无障碍设施的权利。又如在校园区和居住社区内，

行人(尤其是老人和儿童)相对于汽车是弱者,那么就应该对其实施相应的保护,实行诸如限制车辆速度与行驶区域、限制车辆鸣笛等措施。

### 2.4.3 我国道路交通安全法律体系

1)我国道路交通安全法律体系的组成

我国现行的道路交通安全法律体系主要由以下四部分组成。

(1)独立的道路交通安全法规

所谓独立的道路交通安全法规,是指国家各级权力机关和行政机关为道路交通安全管理制定的专门法规。这是我国目前道路交通安全法规的主要组成部分,主要如下。

国务院和各级地方人民政府制定发布的道路交通管理的法规。如国务院发布的《道路交通管理条例》;各级地方人民政府为加强当地的道路交通管理而制定的补充规定、实施细则,以及发布的有关交通管理的通告、通令、通知等。

各级道路交通管理机关为实施政府发布的道路交通管理法规而制定的规定和办法。如公安部制定发布的《交通管理处罚程序规定》《高速公路交通管理办法》;各省、自治区、直辖市公安机关,为具体实施交通管理而制定的措施等。

其他国家机关制定发布的有关道路交通管理的法规。如国家标准化管理委员会发布的《道路交通标志和标线》(GB 5768—2017)、《机动车运行安全技术条件》(GB 7258—2017)等。

(2)非独立的道路交通安全法规

所谓非独立的道路交通安全法规,是指在内容上涉及道路交通安全管理,但在归类上属于其他部门法的法规。这类道路交通安全法规中有关内容是道路交通安全管理不可缺少的组成部分,同样是实施道路交通安全管理的执法依据。包括:①国家基本法和其他法律中有关道路交通安全管理的规定,如《中华人民共和国刑法》关于交通肇事罪的规定,《中华人民共和国民法通则》关于民事损失赔偿责任的规定,《中华人民共和国治安管理处罚条例》关于违反交通管理处罚的规定。②其他行政法规中有关交通管理的规定等。

(3)有关行业规章、行政法规

我国交通行业主管部门颁发的部门规章、行业规范等对道路交通安全法规实现了有力的补充,是道路交通安全法规体系的有机组成部分。例如原交通部颁布实施的《汽车运输危险货物规则》(JT 617—2004)、《汽车旅客运输规则》等都对交通行为进行了有效的约束和管理。

(4)地方性法规

各级地方权力机关和行政机关,根据上位法的精神结合本地区的具体情况,制定在本地区适用的道路交通安全法规,这是我国现行道路交通安全法规体系重要的组成内容。以北京市为例,先后颁布了《北京市化学危险品道路运输管理办法》《北京市道路交通管理规定》等地区性法规,并且结合全国性的法规体系的执行,联系自身特点颁布了诸如《北京市实施〈道路交通事故处理办法〉若干规定》等增补性法规文件,有效地加强了相关法规体系在北京市实施的精度、力度和可操作性。

2)我国道路交通安全法律体系的主要内容

(1)现行的道路交通安全法律体系分析

目前我国现行的与道路交通安全相关的法规有《中华人民共和国道路交通安全法》《中华

人民共和国道路交通安全法实施条例》《中华人民共和国公路法》《中华人民共和国公路管理条例》，以及地方制定的实施办法、细则等 90 多种，这些道路交通安全法规均由国家强制力来保证贯彻实施。

1988 年 3 月 9 日国务院发布的《中华人民共和国道路交通管理条例》已经废止，其调整内容已被第十届全国人民代表大会常务委员会第五次会议于 2003 年 10 月 28 日通过的《中华人民共和国道路交通安全法》和国务院于 2004 年 4 月 30 日发布的《中华人民共和国道路交通安全法实施条例》代替。

《道路交通安全法》于 2003 年 10 月 28 日第十届全国人民代表大会常务委员会第五次会议通过，2004 年 5 月 1 日正式颁布实施，并于 2007 年 12 月 29 日与 2011 年 4 月 22 日作出两次修订。其内容主要是涉及目前公安部所属行业管理范畴的交通行为规则、交通事故处理及责任认定等，客观上反映了较实际的社会现实与当前的交通行为特点。

（2）道路交通安全法规主要内容分类分析

道路交通安全法规数量大、内容多、涉及面广，按其主要内容及其调整的对象可以分为五大类：道路交通秩序管理、车辆和驾驶人管理、道路交通违法行为处理、道路交通事故处理和道路安全质量保障与监督。

①道路交通秩序管理。道路交通秩序管理是道路交通安全法规最基本的内容，在道路交通安全法规中占据核心地位，其主要内容是对道路上的交通活动或与此有关的其他活动进行管理和制约，包括行车秩序管理，车辆装载管理，行人和乘车秩序管理，对道路的占用、使用管理，违章处罚等。其主要法规是国务院发布的《道路交通管理条例》。

②车辆和驾驶人管理。在现代交通活动中，车辆已成为人们的主要交通工具，也是威胁人们生命财产安全的主要因素。车辆技术状况好坏和驾驶人的素质高低，直接关系到道路交通安全与畅通与否。因此，车辆和驾驶人管理是道路交通安全法规必不可少的重要内容。

有关车辆和驾驶人管理的法规主要是《中华人民共和国道路交通安全法实施条例》。车辆管理的另一个重要标准是《机动车运行安全技术条件》（GB 7258—2017）。它对机动车辆（含挂车）的整车及其发动机、转向系、制动系、行驶系、传动系、车身、安全防护装置、照明、信号装置和其他电器设备等，均规定了运行安全技术要求并且对特种车辆的附加要求、汽车废气排放、噪声控制等也作了明确规定。

③道路交通安全违法行为处理。道路交通安全违法行为防碍正常交通秩序，影响道路通行，严重者可能导致交通事故，必须依法处理。其主要法规是《中华人民共和国道路交通安全法》中第七章法律责任的有关条款和规定，主要对道路交通安全违法行为处罚的事项作了明确的规定。

④道路交通事故处理。道路交通事故也是道路交通活动中的常见现象，已成为当前对人民生命财产安全威胁最大的一种灾害性事件，不仅有碍正常的道路交通秩序，而且侵犯或损害了公民的合法权益，所以必须依法处理。

交通事故处理的主要法规有《中华人民共和国道路交通安全法实施条例》和《道路交通事故处理程序规定》。

⑤道路安全质量保障与监督。《中华人民共和国公路法》中，具有针对公路的建设与路政管理的条款中涵盖了公路安全质量保障、公路建设规程、公路产权保护等，是创造安全稳定的行车道路环境的前提条件，因此也应成为道路交通安全法规的有机组成部分。例如《中华人民共和国公路法》中对于公路施工规程以及交通组织有明确的规定，确保施工中的行车

安全。《中华人民共和国公路法》中对道路养护的规程则是保障公路维持基本安全状态的条款。

《中华人民共和国公路法》中规定了监督检查的实施主体与规程,也明确了相关各方的法律责任。

3)我国道路交通安全法律体系框架分析

(1)道路交通安全法在道路交通法律体系中的地位

我国现行道路交通安全法规的形式多样,层次结构复杂,为了使其表现形式及结构严谨且避免与各种法的冲突,从内容和表现形式上看,道路交通安全法律体系的宏观构成如图2-15所示。

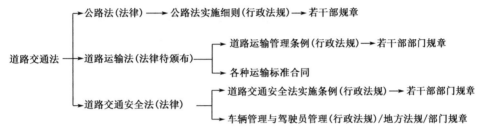

图2-15 道路交通法的构成

现对以上三部分内容分述如下。

①道路法律体系:主要包括公路的建设、养护、管理等内容。调整公路关系的法律规范统称为公路法。

②道路运输法律体系:主要包括道路运输中的行政关系和民商道路运输关系。调整关系的法律规范统称为道路运输法。

③道路交通安全法律体系:主要包括道路交通标志、信号,行车规则及交通事故处理等。调整道路交通安全关系的法律规范统称为道路交通安全法。

当然,这种体系划分过于狭隘,三个法律体系之间实际上又相互交叉。

(2)道路交通安全法的体系框架

我国现行的道路交通安全法律体系已具有独立的科学内容,其法律体系的构成主要可分为以下几类:

①道路交通安全法的法律规定;

②道路交通安全管理的行政法规;

③道路交通安全管理的行政规章;

④道路交通安全管理的地方性法规和规章;

⑤道路交通安全管理的涉外法规;

⑥道路交通安全管理的技术规范和标准。

### 2.4.4 道路交通安全法的实施

制定好的法律并严格实施这种法律,被古希腊思想家亚里士多德认为是法治的两个重要条件。法的实施也叫作法律的实施,是指法在社会生活中被人们实际施行。它使得法从书本上的法律变成行动中的法律,使其从抽象的行为模式变成人们的具体行为,从应然状态进到实然状态。

1) 执法主体和原则

法的执行,简称执法,是指掌管法律,手持法律做事,传布、实现法律。道路交通安全执法,从广义上讲是指国家行政机关、司法机关及其公职人员依照法定职权和程序实施法律的活动;从狭义上讲是指国家行政机关及其公职人员依法行使管理职权、履行职责、实施法律的活动。通常讲的法的执行是狭义的法的执行,即经常把行政机关称为执法机关。

道路交通安全法的执行主体,简称执法主体,是指国家行政机关及其公职人员。按照目前我国对执法主体的通常分类方法,道路交通安全执法主体,一是指中央和地方各级政府,包括国务院和地方各级人民政府;二是指各级政府中的行政职能部门,即各级人民政府的道路交通安全管理部门。我国现行的道路交通安全管理体制下,道路交通安全管理职能分散在公安、交通、农业3个部门,以公安部门为主。所以我国现行的道路交通安全法的执法主体主要是各级政府中的公安部门以及交通、农业部门,按照职责分工各负其责。

法的执行原则,简称执法原则。按照我国现行的执法主体格局,主要遵循下列原则。

(1) 依法行政的原则

道路交通安全的执法主体,必须根据法定权限、法定程序和法治精神进行道路交通安全管理活动,越权无效。这是现代法治国家行政活动的一条最基本的原则。首先,有利于指导执法主体正确实施对道路交通安全的管理。只有依法行政,使道路交通安全执法主体依照体现了人们对道路交通安全规律认识的法律行事,才能避免、克服道路交通管理活动本身可能产生的任意性和偶然性。其次,防止执法主体滥用职权。道路交通安全法一方面规定了执法主体通过法律手段对道路交通安全活动进行管理的方式、方法,为执法主体的管理活动提供了法律依据;另一方面又对执法主体管理权限的行使规定了限度、限制和程序,从而在实体上和程序上防止滥用权力。因此,只有依法行政,公开、公平、公正执法,才能保证执法主体正确行使法律所赋予的职权,实现立法的目的。

(2) 讲求效能的原则

这是指执法主体应当在依法行政的前提下,讲求效率、主动有效地行使其权能以取得最大的行政执法效益,同时也要避免以追求执法效率为名,导致行政权力的无限扩张。所以说,讲求效能的原则与依法行政的原则是相辅相成的,不能偏颇。

(3) 分工协作,各司其职的原则

由于我国道路交通安全管理职能分散,执法主体要按照各自的职责分工,按照法律的有关规定执法,但是要注意在分工下的密切协作,保证道路交通安全法的全面、有序执行,保证其效益的最大化。按照国际惯例,统一执法或者说综合执法是大势所趋。在此强调两点,一是要整合道路交通安全管理部门,实现人、车、路的统一管理;二是要把道路交通秩序维护和交通事故现场勘察权单列出来,由交警按照道路交通安全法规统一负责。

2) 影响道路交通安全法实施的因素分析

我国是以制定法为法律渊源,但法治文化基础较薄弱,法律实施问题比较突出。一般影响法律实施的因素概括起来主要有人的因素、体制因素、环境因素和法律本身的因素。影响道路交通安全法实施的因素也不外乎这4个因素,由于每个国家的具体情况不一样,这4个因素的影响力可能不一样。在我国影响道路交通安全法实施的最主要因素是体制问题,其次是法律本身的问题。

(1)体制方面的因素

体制方面的因素,一般是指有关法律执行、适用、监督机关的组织、机构是否健全、合理、有效。由于我国道路交通安全管理体制不顺的原因,职责、权限分工不合理,有的甚至互相矛盾或制肘,造成执法真空或交叉执法;执法主体的多元化,造成执法力量分散,有的执法主体缺乏执法手段或者是执法力度不够。这一因素是目前道路交通安全执法混乱的主要根源。

(2)法律本身的因素

法律本身的因素,一般包括法律内容和形式两个方面。法律内容方面,一是指法律在本质上是否反映了社会大多数人的根本利益和共同意志。在此方面,由于我国现行的道路交通安全法规位阶很低,制定时考虑部门利益和便于管理的因素较多。二是法律制定的权利义务是否合理,法律内容是否符合社会实际发展水平。由于我国现行的道路交通安全法规有些还比较陈旧,当时制定时考虑的情况现在发生了很大的变化,有些条款甚至脱离实际或者是权利和义务不对等,考虑管理者的权利多一些,被管理者的义务多一些。法律形式方面一般是指立法质量,由于我国道路交通安全法的立法还很不健全,至今还没有龙头法,加之多头立法,立法主体存在部门利益化倾向;特别是立法人员对道路交通安全规律研究不透,对道路交通安全法的法理掌握不准,导致目前道路交通安全法规分散且法规质量不高。这些因素严重影响了道路交通安全法的执行效果。

(3)人的因素

人的因素,一般是指行为受法律调整和负有执法、司法职责的个人的法律意识和法治观念水平及其理想、道德、文化、纪律等综合素质水平。由于我国还处在社会主义初级阶段,社会成员的道路交通安全意识,特别是人们自觉守法的意识还很淡薄。职业驾驶人的文化程度也不高,尤其生活在农村的社会成员的文化水平普遍较低,这些因素影响着人们对道路交通安全法的自觉遵守。执法人员的素质高低直接影响着对道路交通安全法是否正确理解和公正行事。目前我国基层执法人员素质不高、有法不依、执法不严、执法不公、野蛮执法的现象比较普遍,严重影响了道路交通安全法的施行效果。

(4)环境因素

环境因素,一般是指有关道路交通安全法实施的经济环境、政治环境、文化环境和自然环境。经济环境一般包括基本的社会经济制度、经济体制、某一具体的经济制度的状况以及经济发展水平和经济利益关系格局等。比如社会主义市场经济是我国道路交通安全法实施的必要经济条件。政治环境包括执政党的路线、方针和政策、国内的阶级斗争、民族关系、其他社会矛盾、政治局势稳定与否和国际关系等。比如中国共产党十一届三中全会以来的路线、方针、政策等,是我国现行道路交通安全法施行的必要政治环境。文化环境指道路交通安全法实施的文化条件、社会氛围、社会舆论倾向,是否存在一种相信法律的权威,崇尚平等、公正、法治并尊重人权的社会风气。自然环境包括自然资源、人口、地理等资源条件。由于各国经济、政治、文化、自然环境不同,其对道路交通安全法的影响也不同。同一个国家由于经济、政治、文化、环境等的不断变化,各影响因素的影响程度也在不断变化。

3)道路交通安全法律责任

法律是通过惩罚、救济、预防三个功能来达到权利、义务、权力、自由的实现。法律责任一般是指行为人由于违法行为、违约行为而应承受的某种惩罚的法律后果。它与一般社会责任相比具有两个特点,一是承担责任的最终依据是法律,二是具有国家强制性。

道路交通安全法律责任,是指道路交通安全法律关系主体因违反道路交通安全法规定的义务或者违反道路交通安全法的约定,而应承受的某种惩罚的法律后果。由于道路交通安全法集行政法、民商法、刑法为一体,因此道路交通安全法律责任也分为道路交通安全行政责任、民事责任和刑事责任。

(1)道路交通安全行政责任

道路交通安全行政责任,是指道路交通安全法律关系主体因违反道路交通安全行政法而应承担的法律责任。

承担道路交通安全行政责任的主体,是道路交通安全法律关系行政管理主体和行政相对人。道路交通安全法律关系行政管理主体,是指拥有行政管理职权的行政机关及其公职人员,即道路交通安全行政管理机关及其公职人员。道路交通安全法律关系行政相对人,是指负有遵守道路交通安全法义务的普通公民、法人。

根据《中华人民共和国行政处罚法》和国务院《道路交通管理条例》等有关法规,道路交通安全行政责任主要包括行政处分和行政处罚。

道路交通安全行政处分,是指道路交通安全执法主体对其工作人员在道路交通安全管理活动中违反行政法,基于内部管理关系而给予的警告、记过、记大过、留用察看、开除等惩戒。

道路交通安全行政处罚,是指道路交通安全执法主体,基于一般管理关系,对于违反道路交通安全法规定的管理相对人所给予的惩戒,包括警告、罚款、没收违法财产、没收非法所得、暂扣证照、吊销证照、行政拘留等。

(2)道路交通安全民事责任

道路交通安全民事责任,是指道路交通安全法律关系主体因违反道路交通安全民事法律规范和约定而应承担的法律后果。道路交通安全民事责任主要是侵权责任和违约责任。

道路交通安全侵权责任,是指道路交通安全法律关系主体因违反道路交通安全民事法律规范,侵害了他人的人身权、财产权而应承担的法律后果。民事侵权责任的承担形式主要包括:返还原物、恢复原状、排除妨碍、停止侵害、消除危险、赔偿损失、返还不当得利等。

道路交通安全侵权民事责任的方式主要有赔偿损失、恢复原状(例如修理被损坏的道路附属设施)、消除危险等。

道路交通安全违约责任是道路运输的承运人与旅客、承运人与托运人之间建立的运输合同中约定的违反约定后承担的责任。这种约定除依照《中华人民共和国合同法》规定的约定外还包括当事人在不违法基础上"契约自由"的约定。《中华人民共和国合同法》规定的违约责任方式包括继续履行,支付违约金,赔偿损失,定金罚则等。

如果道路交通安全侵权民事责任和违约民事责任竞合后,根据《中华人民共和国合同法》的规定,当事人可以要求责任方承担侵权责任,也可以要求责任方承担违约责任,二者可以选择。例如运输企业的出租车载客中发生事故,旅客可要求按侵权责任方式承担,也可要求按违约责任方式承担。

(3)道路交通安全刑事责任

道路交通安全刑事责任,是指道路交通安全法律关系主体,因违反道路交通安全的刑事法律规范而应受到的刑罚处罚,刑罚的方式包括:管制、拘役、有期徒刑、无期徒刑、死刑5种主刑;罚金、没收财产、剥夺政治权利3种附加刑。刑法中涉及道路交通安全的刑事犯罪主要有交通肇事罪、重大生产责任事故罪等。

4)道路交通安全法的执法手段

由于道路交通安全关系是一种内容十分丰富的社会关系,道路交通安全法调整着道路交通的所有参与者之间的安全关系,其调整对象既有交通行政关系、交通经济关系,又有交通民事关系、交通司法关系,因此道路交通法的调整手段也是多样化的,概括起来包括:

(1)行政法手段,如道路交通安全管理机关颁发机动车行驶证、驾驶证,机动车检验和登记,行政处罚等;

(2)民法手段,如对毁坏道路及其安全设施的恢复原状、赔偿损失、停止侵害等;

(3)经济法手段,如道路交通安全设施基本建设中的招标、投标、工程监理、合同仲裁等;

(4)司法手段,如对违犯道路交通安全法规者的诉讼、证据保全等;

(5)国际法手段,如扣押财产、报复、国际协作等。

【案例训练】

## 连霍高速公路河南三门峡重大道路交通事故

2012年8月31日8时48分,灵宝市某汽车客运有限责任公司驾驶人郭某驾驶大型普通客车(核载29人,实载27人),沿连霍高速公路(G30)自西向东行驶至784km+420m处河南三门峡境内,因遇大雨,车辆发生侧滑,翻至道路右侧沟中,造成大客车上8人当场死亡,2人经抢救无效死亡,15人受伤。

[教训与启示]

当高速行驶的汽车发生碰撞或者遇到意外紧急制动时,将产生巨大的惯性力,这个惯性力可以超过驾驶人、乘车人自身体重的20倍(不同的行车速度及撞击程度有所不同),使驾驶人及乘车人与车内的方向盘、玻璃、座椅靠背、车门等发生碰撞,极易造成对驾乘人员的伤害。美国每年有超过1万名驾驶人因为使用安全带而保住生命,欧洲通过使用安全带每年挽救超过5000人的生命。我国对于驾驶人和乘车人使用安全带有明确规定。《道路交通安全法》第51条规定,机动车行驶时,驾驶人、乘坐人员应当按规定使用安全带。交通运输部明确要求,2012年7月1日起没有配备安全带的客运车辆不得上高速公路行驶。

此次事故中,肇事车座位虽然全部装有安全带,但40%的座位配备安全带不能正常使用,存在缺少安全带锁扣等问题;客运车驾驶人在发车前未履行安全告知义务,提醒乘车人系安全带,客运站也未对出站车辆乘车人系安全带情况进行检查。从事故的后果来看,车辆左前部直接撞击地面的部分变形较为严重,车体大部分变形不严重,未影响内部生存空间,大部分乘员是先被甩出车外,后被事故车辆砸压致死。如果能够有效使用安全带,必然会大大减少伤亡人数。

【拓展提高】

## 新《中华人民共和国安全生产法》中与道路交通安全有关的内容

第十二届全国人民代表大会常务委员会第十次会议,表决通过了关于修改《中华人民共和国安全生产法》的决定,新安全生产法(以下简称新法)于2015年12月1日正式实施。新法的条款在原法基础上新增17条、修改63条。通过修订,进一步明确了有关行业、领域的安全监管职责,强化了生产经营单位的主体责任,赋予了行业安全监管执法权和相应执法手段,加大了违法行为的责任追究和处罚等。新法的出台对交通运输行业安全生产工作提出了新的更高的要求,也提供了克难攻坚的有利条件和机会。

### 一、综合治理,五位一体

**新法第一章第三条**:安全生产工作应当以人为本,坚持安全发展,坚持安全第一、预防为主、综合治理的方针,强化和落实生产经营单位的主体责任,建立生产经营单位负责、职工参与、政府监管、行业自律和社会监督的机制。

新法保留了"安全第一、预防为主"的安全生产工作方针;同时,将"综合治理"纳入了安全生产工作方针,进一步强化了"综合治理"在安全生产工作中的地位,强调生产经营活动必须强化红线意识、底线思维,必须把安全放在首位,决不能以牺牲人的生命、健康为代价换取发展和效益;强调当前安全生产工作必须由事故管理转向风险、隐患管控,强化源头控制,加强安全生产风险预防预控;强调做好安全生产工作必须加强政府各部门监督管理合作,强化生产经营单位落实安全生产主体责任,充分发挥社会及媒体等各方监督作用,形成政府部门协同(联合)监管、企业诚信经营管理、社会公众参与监督的综合治理局面,充分运用行政、经济、法治、科技等多种手段,惩戒违法违规、警示失信失德。

新法确立了"企业负责、职工参与、政府监管、行业自律、社会监督"的"五位一体"安全生产工作机制,"五位一体"的工作机制是对安全生产方针的诠释。企业负责,强调了生产经营单位的主体责任;职工参与,强化了职工及工会在安全生产实践中的地位;政府监管,进一步明确了政府有关部门,特别是有安全生产监督管理职责的部门在安全生产监督检查工作中的责任;行业自律,要求行业协会引导行业组织开展安全生产工作;社会监督,引导公众、媒体实时监督安全生产工作。"五位一体"的综合治理机制的确立,进一步明确了各方在安全生产工作中的职责。

### 二、三个必须,细化分工

**新法第一章第九条**:国务院安全生产监督管理部门依照本法,对全国安全生产工作实施综合监督管理;县级以上地方各级人民政府安全生产监督管理部门依照本法,对本行政区域内安全生产工作实施综合监督管理。

新法修订体现了"三个必须"——管行业必须管安全、管业务必须管安全、管生产经营必须管安全,进一步明确了负有安全生产监督管理职责部门的执法地位和职权。这意味着交通运输主管部门是交通运输行业的安全生产监督管理部门。

新法要求县级以上地方政府,根据本行政区域内的安全生产状况,组织有关单位按照职责分工,对本行政区域内容易发生重大生产安全事故的生产经营单位进行安全生产检查。明确安全生产监督管理部门综合安全监督管理的法律地位,强调其应当按照分类分级监督管理的要求,组织开展年度监督检查,并及时处理已发现的隐患。明确政府其他对有关行业、领域的安全生产工作实施监督管理的部门在各自职责范围内对安全生产的监督管理职权。新法明确安全生产监督管理部门和其他对有关行业、领域安全生产工作实施监督管理部门统称为"负有安全生产监督管理职责的部门",应对生产经营单位执行法律、法规、国家标准或者行业标准的情况进行监督检查,行使进入生产经营单位进行检查、对所发现安全生产违法行为要求纠正或限期改正、对相关违法违规行为作出行政处罚,直至责令暂时停产停业、查封或者扣押不符合相关安全标准的物品等权限。

### 三、健全制度,狠抓落实

**新法第二章第十九条**:生产经营单位的安全生产责任制应当明确各岗位的责任人员、责任范围和考核标准等内容。生产经营单位应当建立相应的机制,加强对安全生产责任制落实情况的监督考核,保证安全生产责任制的落实。

新法新增了生产经营单位应当建立安全生产责任制和相应的机制,明确各岗位的责任人员、责任范围和考核标准等内容,加强对安全生产责任制落实情况的监督考核;强调企业必须保证安全生产的资金投入、加强安全生产培训、及时消除安全生产隐患等。特别是规定了生产单位负责人建立健全本单位安全生产责任制、组织制定本单位安全生产规章制度和操作规程、组织制定并实施本单位安全生产教育和培训计划、保证本单位安全生产投入的有效实施等7项职责。

交通运输生产经营单位应建立健全安全生产责任制,建立、完善相应的安全生产责任考核机制,保证安全生产责任制的落实。一是要求交通运输生产经营单位按照"党政同责、一岗双责"的原则,建立包括党委书记、董事长或总经理及普通员工在内的纵向到底、横向到边的安全生产责任制;责任制要求明确各岗位安全生产职责、工作任务、履职标准等,以保证安全生产工作职责明确、各负其责。二是要求交通运输生产经营单位建立、完善相应机制,此类机制包括企业安全生产委员会机制,协调解决企业安全生产中遇到的各类问题和困难;企业安全生产责任制监督、考核、奖惩的相关制度,督促各岗位落实安全生产责任,做到各岗位安全生产情况与奖惩挂钩;工会参与企业安全生产的机制,发挥工会代表在安全生产方面献计献策的作用,听取企业职工对安全生产工作的意见,充分发挥从业人员自身对企业安全生产状况的监督作用;安全生产应急处置机制,完善相应的应急预案,确保安全生产事故能够得到及时妥善的处置。

### 四、增加配置,强化督查

**新法第二章第二十一条**:矿山、金属冶炼、建筑施工、道路运输单位和危险物品的生产、经营、储存单位,应当设置安全生产管理机构或者配备专职安全生产管理人员。前款规定以外的其他生产经营单位,从业人员超过一百人的,应当设置安全生产管理机构或者配备专职安全生产管理人员;从业人员在一百人以下的,应当配备专职或者兼职的安全生产管理人员。

新法在有关单位设置安全生产管理机构或者配备专职安全生产管理人员等方面作了修改。一是增加了道路运输单位应当设置安全生产管理机构或者配备专职安全生产管理人员的规定,即矿山、金属冶炼、建筑施工、道路运输单位和危险物品的生产、经营、储存单位,应当设置安全生产管理机构或者配备专职安全生产管理人员。二是在有关生产经营单位设置安全生产管理机构或者提高配备专职安全生产管理人员的标准,生产经营单位从业人员超过100人的,应当设置安全生产管理机构或者配备专职安全生产管理人员;从业人员在100人以下的,应当配备专职或者兼职的安全生产管理人员。

交通运输管理部门监管的道路运输企业和具有危化品储存业务的港口企业,应当按照新法的要求,设置安全生产管理机构或者配备与经营业务相关的安全生产管理人员,并履行新法第23条关于安全生产决策应听取安全生产管理机构和人员意见,安全生产管理人员任命应告知主管的负有安全生产监督管理职责的部门。同时也要求安全生产管理机构及人员应当严格履行新法第 22 条规定的 7 项职责。交通运输管理部门对交通运输企业实施安全监督检查时,应当按照新法设定标准,检查企业安全管理机构或专兼职安全管理人员的设置情况;同时,要对企业履行新法第 22 条、第 23 条有关要求的情况进行监督检查。在对企业进行监督检查过程中,发现未按照规定设置安全生产管理机构或者配备安全生产管理人员的,应按新法第 94 条的规定处理。

### 五、新增客体,重点培训

新法第二章第二十四条:**生产经营单位的主要负责人和安全生产管理人员必须具备与本单位所从事的生产经营活动相应的安全生产知识和管理能力。**

**危险物品的生产、经营、储存单位以及矿山、金属冶炼、建筑施工、道路运输单位的主要负责人和安全生产管理人员,应当由主管的负有安全生产监督管理职责的部门对其安全生产知识和管理能力考核合格。**

新法规定危险物品的生产、经营、储存单位以及矿山、金属冶炼、建筑施工、道路运输单位的主要负责人和安全生产管理人员,应当由主管的负有安全生产监督管理职责的部门对其安全生产知识和管理能力考核合格。相对原法,新法新增了考核的客体,即道路运输单位主要负责人和安全生产管理人员;同时,明确了考核主体,即主管的负有安全生产监督管理职责的部门。同时,按照审批制度改革的要求,删除了考核合格后方可任职的规定。新法"法律责任"部分明确了"相关人员未取得考核合格"的处罚规定。按照相关法律法规及"三定规定",交通运输管理部门负责道路运输及港口生产相关工作,因此交通运输管理部门是主管道路运输单位和港口危险物品储存的监督管理部门,应当按照本条规定,认真研究并针对本辖区道路运输和港口危险物品储存单位的安全生产管理特点,组织本辖区内的有关单位,开展安全生产和管理能力的考核工作,并督促未通过考核的人员强化教育培训,对未取得考核合格的单位及人员,按照新法的规定给予处罚;考核工作应当纳入本部门的预算,严格按照新法的要求考核不收取费用。同时,相关交通运输生产经营单位亦应认真研究国家有关安全管理的法规政策,研究行业安全管理的特点,按照"党政同责、一岗双责""管生产必须理安全"等有关要求,有计划、有重点地对本单位党委书记、董事长或总经理以及相关副总经理和安全生产管理人员进行培训,并按照相关管理部门的规定参加考核,不断强化本企业相关人员的安全生产知识和管理能力,提高安全生产水平。

### 六、科学制定,提高效率

新法第四章第五十九条:**县级以上地方各级人民政府应当根据本行政区域内的安全生产状况,组织有关部门按照职责分工,对本行政区域内容易发生重大生产安全事故的生产经营单位进行严格检查。**

**安全生产监督管理部门应当按照分类分级监督管理的要求,制定安全生产年度监督检查计划,并按照监督检查计划进行监督检查,发现事故隐患,应当及时处理。**

新法规定,"安全生产监督管理部门应当按照分类分级监督管理的要求,制定安全生产年度监督检查计划,并按照年度监督检查计划进行监督检查,发现事故隐患,应当及时处理"。根据该规定,安全生产监督管理部门在履行监督检查职责时,应当采取相应措施。一是要对生产经营单位进行分级分类监督管理。二是制定本部门年度安全生产监督检查计划,并按照计划实施监督检查。

尽管该条款所指"安全生产监督管理部门"并非各行业主管部门,即本条款不适用于交通运输管理部门,但针对交通运输安全监督管理工作涉及公路、水路运输和工程建设等多部门,既存在综合安全监督检查,又存在单领域的专项安全监督检查的情况,交通运输管理部门应参照本条款的规定,制定交通运输年度监督检查计划,减少多头检查、重复检查情况的发生,增强监督检查的规范性和针对性,最大限度减轻企业负担,提高安全监督检查的效率。

在制定安全监督检查计划时,交通运输管理部门应当综合考虑本地区各类生产经营单位的分布、安全管理特点、生产规模、安全管理状况等实际,结合各领域执法人员的数量、装备配备等因素科学、合理制定年度监督检查计划,并负责组织计划的实施。监督检查计划应包括检查的生产经营单位数量和频次、检查的方式、重点等内容。

## 七、发现问题,报告处理

**新法第三章第五十六条:从业人员发现事故隐患或者其他不安全因素,应当立即向现场安全生产管理人员或者本单位负责人报告;接到报告的人员应当及时予以处理。**

新法增加了对重大事故隐患报告和处理的要求。一是规定安全生产管理人员发现本单位存在的事故隐患,有向本单位负有安全监督管理职责的部门报告的义务;二是规定从业人员发现事故隐患,有向现场安全管理人员或本单位负责人报告的义务;三是明确了接到报告人员有及时处理安全问题或事故隐患的责任;四是规定了企业负责人未及时处理安全管理问题或事故隐患的罚则。

存在安全问题及事故隐患,将会导致安全生产事故发生,这是事物发展的客观规律。因此,在安全生产工作中,要建立能够及时发现安全问题或事故隐患的工作机制,并努力消除安全问题与隐患。然而,我国所处发展阶段决定了个别企业安全生产意识淡薄,对安全问题或事故隐患的整改工作存在误区,认为个别小问题或隐患不会导致事故发生。这就要求交通运输管理部门,运用风险管理的理念,制定相关制度,细化相关交通运输管理部门、有关生产经营单位报告安全生产问题和事故隐患的有关要求,明确隐患整改的相关规定,加大对企业的监督,督促企业提高对安全问题与隐患整改的认识,监督交通运输企业完善本单位安全生产问题或事故隐患报告和处理的相关制度,并按照新法的要求严肃处理未按要求整改安全问题或事故隐患的单位和人员。

## 八、强制执行,消除隐患

**新法第四章第六十六条:负有安全生产监督管理职责的部门依法对存在重大事故隐患的生产经营单位作出停产停业、停止施工、停止使用相关设施或者设备的决定,生产经营单位应当依法执行,及时消除事故隐患。**

新法赋予了行业安全监管部门相应的强制执行手段,规定依法对存在重大事故隐患的生产经营单位作出停产停业、停止施工、停止使用相关设施或者设备的决定,对拒不执行的生产经营单位,采取通知有关单位停止供电、停止供应民用爆炸物品等措施。

原法未赋予交通运输管理等部门"责令停产停业"等强制执行手段,交通运输相关法律法规也只赋予了交通运输管理部门"吊销经营许可"等行政手段。交通管理部门认为存在重大安全生产隐患,需停产停业时,只有申请法院强制执行,难以适应及时有效避免事故发生的紧急要求。新法赋予了交通运输管理等部门"责令停产停业"等强制执行手段,交通运输主管部门的安全监管执法地位和相关行政职权得到了确认,并被赋予强制执行手段,这将有利于对行业安全生产工作加强监管。在预防安全生产事故方面,新法要求县级以上地方各级政府负有安全生产监督管理职责的部门,应当建立健全重大事故隐患治理督办制度,督促生产经营单位消除重大事故隐患。

新法赋予的强制执行权,既是交通运输管理部门新增的职权,也是交通运输管理部门需尽的职责。在"发展决不能以牺牲人的生命为代价"的形势下,交通运输管理部门应不断加强安全生产监督检查力度,及时发现管辖区域内相关单位存在的安全生产问题或事故隐患,并综合运用经济、法律手段,督促相关生产经营单位及时整改安全生产问题、消除事故隐患。否则,将按照新法第87条的规定给予相关的处分,直至追究刑事责任。

### 九、提高要求,建立平台

**新法第四章第七十四条**:负有安全生产监督管理职责的部门应当建立安全生产违法行为信息库,如实记录生产经营单位的安全生产违法行为信息;对违法行为情节严重的生产经营单位,应当向社会公告,并通报行业主管部门、投资主管部门、国土资源主管部门、证券监督管理机构以及有关金融机构。

新法增加了违法信息记录、公告、通报制度,主要包括三个方面的内容,一是负有安全生产监督管理职责的部门应当建立安全生产违法行为信息库,如实记录生产经营单位的安全生产违法行为信息;二是对违法行为情节严重的生产经营单位,应当向社会公告;三是对违法行为情节严重的生产经营单位,应当向行业主管部门、投资主管部门、国土资源主管部门、证券监督管理机构以及有关金融机构通报。

建立安全生产违法行为信息库是完善违法生产经营单位惩戒机制的基础,也是我国社会诚信体系建设的现实需求,建立交通运输违法行为信息库,可以对交通运输企业安全生产诚信进行综合评估,并纳入交通运输企业诚信记录;向社会公告违法行为情节严重的生产经营单位属于信息公开的特定方式,各级交通运输管理部门应制定相应的管理制度,建立相应的平台,向社会公布交通运输企业诚信记录和严重违法违规情节,实现以"市场"为手段督促企业提高安全生产水平的目标。同时,交通运输管理部门还应当按照新法的要求,建立与相关部门的通报机制,将违法情节严重的生产经营单位通报投资、金融等相关部门,建立企业信用联合惩戒机制。

贯彻落实新法相关规定,一方面,交通运输行业应制定行业安全生产违法行为信息库管理相关制度,规范交通运输违法信息的分类分级管理工作,明确相应违法信息的入库程序、标准以及相关管理细则等,如实记录,必要时向社会公告相应的违法违规行为。另一方面,交通运输管理部门应当与公安、安监、金融等有关部门建立违法违规行为相互通报机制,以达到信息共享、共同惩戒违法违规行为的目的,不断提高交通运输企业安全生产水平。

### 十、制定预案,完善体系

**新法第五章第七十七条**:生产经营单位应当制定本单位生产安全事故应急救援预案,与所在地县级以上地方人民政府组织制定的生产安全事故应急救援预案相衔接,并定期组织演练。

应急预案、救援组织、人员和物资的配备等是事故应急救援工作的重要环节,也是安全生产监督管理工作的重要内容。新法进一步强化了该方面的工作,一是强调政府组织有关部门制定本行政区域应急预案,建立应急救援体系;同时,进一步强调了地方政府和负有安全生产监督管理职责的部门及主要负责人的应急救援职责,即按照预案的规定立即赶赴事故现场,组织救援;二是要求生产经营单位制定本单位生产安全事故应急救援预案,与所在地县级以上地方人民政府组织制定的应急救援预案相衔接,并定期组织演练;三是对危险品的储存、城市轨道交通运营单位应急队伍建设提出了明确要求,即建立应急救援组织,生产经营规模较小的城市轨道交通运营单位至少应当指定兼职应急救援人员;四是对危险物品储存、运输单位以及城市轨道交通运营单位应急器材配备做出了规定,要求此类单位应当配备必要应急救援器材、设备和物资。

新法对安全生产应急救援工作提出了明确要求,交通运输管理部门应按照新法的要求,了解当地政府对应急工作的相关要求,同时根据当地总体应急预案,修订交通运输专项应急预案,确保部门预案与政府预案相衔接,保证本部门负责人能够按照预案的要求,及时处置突发事件。交通运输行业相关生产经营单位应急按照新法的要求,认真研究本单位安全生产风险和突发事件的特点,结合政府相关应急预案,有针对性地完善本单位的应急预案,配备相应的应急物资,并组织开展演练。

### 十一、加大力度,落实责任

新法加大了对安全生产违法行为的处罚力度和责任追究。首先,加大了罚款处罚力度。维持罚款下限基本不变、将罚款上限提高了2~5倍,并且大多数罚则不再将限期改正作为罚款处罚的前置条件。其次,规定了事故行政处罚和终身行业禁入。一是将行政法规的规定上升为法律条文,按照两个责任主体、四个事故等级,设立了对生产经营单位及其主要负责人的八项罚款处罚;二是大幅提高对事故责任单位的罚款金额,其上限达到了2000万元;三是提升了对企业负责人的行政处罚,明确主要负责人对重大、特别重大事故负有责任的,终身不得担任本行业生产经营单位的主要负责人。最后,建立了严重违法行为公告和通报制度。负有安全生产监督管理职责的部门要对违法行为严重的单位向社会公告,并通报相关管理部门和金融机构。此外,还增加了对直接负责的主管人员和其他直接责任人员的处罚规定,强化了对安全生产管理人员的责任追究;加重了对中介机构违法行为的处罚;确定了对事故隐患的行政处罚等。

## 单元2.5 职业心理健康与调适

【案例导入】

### 疲劳驾驶是"帮凶"卧铺客车敲警钟
### ——包茂高速公路陕西延安特别重大道路交通事故

2012年8月26日2时31分,内蒙古包头市驾驶人陈某驾驶一卧铺大客车(以下简称大客车),沿包茂高速公路由北向南行驶至K484+95处,与河南省焦作市孟州市驾驶人闪某驾驶的重型罐式半挂汽车列车(以下简称汽车列车)发生追尾碰撞,致罐式半挂车内甲醇泄漏并起火,造成大客车内36人当场死亡,3人受伤。

[教训与启示]

驾驶疲劳是指驾驶人在长时间连续驾驶机动车后,产生生理机能和心理机能的失调,而在客观上出现驾驶技能下降的现象。在驾驶疲劳状态下继续驾驶机动车,就是疲劳驾驶。驾驶人睡眠质量差或者不足、长时间驾驶车辆,容易出现驾驶疲劳。驾驶疲劳会影响驾驶人的注意、感觉、知觉、思维、判断、意志、决定和运动等方面。疲劳后继续驾驶机动车,会感到困倦瞌睡,四肢无力,注意力不集中,判断能力下降,甚至出现精神恍惚或者瞬间记忆消失,出现动作迟误或者过早、操作停顿或者修正时间不当等不安全因素,极易发生道路交通事故。因此,《中华人民共和国道路交通安全法实施条例》明确规定连续驾驶机动车超过4h要停车休息且时间不得少于20min。2012年国务院下发《关于加强道路交通安全工作的意见》(国发〔2012〕30号),明确要求驾驶人24h累计驾驶时间不超过8h。

根据车载GPS卫星定位装置记录,此次事故中,陈某连续驾驶时间达4h22min,中途未停车休息,造成驾驶时精力不集中,反应和判断能力下降,未及时发现前方汽车列车从匝道违法驶入高速公路且在高速公路上违法低速行驶的险情,未能采取安全、有效的避让措施,导致事故发生。根据事后实验,大客车驾驶人有足够的时间发现汽车列车,如能采取有效的避险措施,可以避免事故的发生。

## 【知识储备】

人的认识活动、情感和意志行动都有它形成发展的过程,在心理学上统称为心理过程,简称知、情、意。它们是彼此既有区别,又有机联系的心理活动的三个组成部分,是心理学研究中的一个重要方面。

### 2.5.1 心理学与交通安全

人的心理现象比自然现象和生物现象更为复杂,其表现形式各种各样,它们之间的关系也较为复杂,但是心理现象能为人类所正确认识。

心理过程是心理活动的基本形式,也是心理表现的主要方面。最基本的心理过程是认识过程、情绪和情感过程以及意志过程,它们都是人脑对客观现实的反映过程。感觉、知觉、记忆、想象和思维都属于对事物的认识活动,都是为了弄清楚事物的性质和规律而产生的心理活动,这种人脑对客观事物的认识活动统称为认识过程。人们在认识客观事物时不是冷漠无情、无动于衷的,而总是伴随着满意或不满意、愉快或不愉快等鲜明的态度体验,充满着情感色彩,这称为情绪和情感过程。此外,人在认识世界时,不仅是认识事物,产生情绪或情感,而且还要对环境做出应答性的活动。有意识地反作用于现实的活动称为意志行动,意志行动中下定决心、制定计划和克服困难等内部心理活动称为意志过程。

人在参与交通活动的过程中,正是通过如下一系列心理活动过程,进而决定自己的行为目的。人的交通行为正确与否与人的心理活动过程有较大关系。

1)认知过程

认知过程是指人通过大脑对客观事物的现象和本质进行反映时的心理活动过程。认知过程包括感觉、知觉、记忆、思维、想象等心理现象。

认识世界是从感觉开始的。研究看到的形状和颜色,耳朵听到的各种音响,鼻子嗅到的气味,舌头品尝到的滋味,皮肤触摸到的物体的温冷软硬,以及身体感受到的饥渴等信息,都是通过感觉获得的。

感觉是人脑对客观事物个别属性的反映,但客观存在的事物却具有多种属性,每一物体都是具有多种属性的综合体,我们在识别它们的时候需要多种感官进行综合的活动,这种对客观事物进行整体的综合反映的过程,叫作知觉。感觉与知觉有密切联系,人们常把它们合称为感知觉。

人们不仅能感知当前的事物,在一定的情境下还能在头脑中再现出过去所感知过的事物。大脑这种保留经验的功能,就是记忆。记忆对于人类的生存十分重要,它还是从感性认识向理性认识过渡的中间环节。

思维是人类智慧的核心,它能使人透过表面现象去认识事物的本质属性和内在联系。思维是人所特有的高级认识过程,是人类心理与动物心理的根本区别之一。

伴随认知过程还存在着一种心理现象,叫作注意。它不是一种心理过程,而是认识过程中各种心理因素共有的特性。没有它的参与,任何一种心理过程都难以顺利进行。

2)情绪情感过程

人们在认识客观事物的时候并不是冷漠无情、无动于衷的,而是伴随着喜、怒、哀、惧等情绪情感。情绪情感是人们在认识世界、改造世界的时候基于客观事物与主体需要之间的关系而在人的主体所产生的一种态度和体验。它在人的活动中有非常重要的作用,是心理学要研究的重要内容。

3)意志过程

人类不仅要认识世界,还要改造世界,这也是人与动物的区别所在。意志是人类自觉地确立目的、支配行动,克服困难以实现预定目标的心理过程,是人类改造世界的重要心理因素。它也是心理学所要研究的重要内容之一。认识过程、情绪情感过程和意志过程并不是孤立的。它们是相互联系、相互制约、融合在一起共同进行的。

### 2.5.2 安全心理学

安全心理学是一门研究与安全工作有关的、个人的、群体的及组织的心理行为现象和规律的学科。它是心理学和安全学科结合的产物。

1)安全心理学的研究内容

从某种意义上说,安全心理学是心理学在安全领域的延伸。它主要是从心理学的角度来研究事故原因,研究人在事故发生过程中和事故发生时的心理状态、群体特点及组织行为规律等,试图通过研究发现人的因素与事故发生的关系,进而从心理学的角度提出如何有效地对人进行安全教育,干预人的不安全行为、疏导人的不正常心理状态、矫正人的不良态度,实施安全心理素质选拔技术,进行灾后心理辅导,以及在劳动组织、劳动制度、操作规程、机器设备、作业环境等方面制定有效的预防措施和实施符合工效原则的设计,避免操作人员操作错误及行为不当,预防事故发生,保证人员的安全和生产的顺利进行。

2)安全心理学的主要研究方法

安全心理学的研究内容广泛,研究方法也十分丰富,经常用到的有:观察法、调查法、实验法、测量法、个案法、事故分析及关键事件分析、职务分析等。

从工业心理学之父闵斯特博格开始关于电车司机安全心理方面的研究以来,国内外关于安全心理学的研究范围已十分广泛,在进行基础理论揭示事故发生的心理学原因研究的同时,人们一直在尝试探索安全心理学在预防事故、保障安全、工作舒适高效等方面的实践价值,安全心理素质选拔、行为干预、安全心理训练等的研究和实践已取得了一定的成效。

3)从安全心理学看事故预防

虽然人是事故预防科学关注的焦点和中心,但这并不意味着在事故预防中只关注人。实际上,对事故发生的机制和作为事故背景的各种要素也必须有相当充分的理解。每个人都明白,事故虽然是由具体肇事者的心理和行为的异常或失控而造成的,但不能光着眼于肇事者个人,还要考虑行为人所处的物质环境、与他人的关系、规章制度、组织规范等社会环境条件。只有全面地把握问题,才能建立起预防的观点。就预防事故的观点而言,可以从以下三个方面来考虑问题:

(1)状态设定的物理条件;
(2)管理制度等方面的社会条件;
(3)教育、训练方面的个人行为条件。

4)人为因素涉及领域

在城市公共交通中,有各个不同的要求考虑人为因素的领域。考虑的主要领域如图2-16所示。

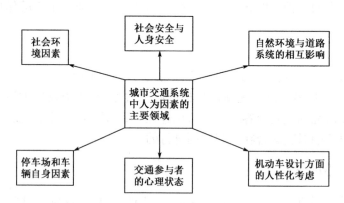

图2-16 城市交通系统中应考虑的人为因素涉及领域

对各方面所包含的内容作如下说明:

(1)交通参与者的心理状态

包括驾驶人的个性特征、心理特征、反应特性等心理状态。

(2)机动车设计方面的人性化考虑

包括驾驶室环境、空气质量、驾驶座位的舒适性、操作台等的照明条件等有利于驾驶人长时间进行驾驶的人性化设计。

(3)自然环境与道路系统的相互影响

包括自然环境的污染程度、噪声的影响以及交通路况等因素。时间、气候和地理位置的变化对驾驶人驾驶的车速会产生不同程度的影响。道路设计过程中应尽量做到使驾驶人只需做出一次反应而无须做出选择,给驾驶人提供一个宽松的驾驶环境,此外还应考虑到驾驶视野等方面的因素。

(4)社会安全与人身安全

包括事故发生时的善后工作、事故的风险等。交通事故善后工作如果做得不及时将会导致更多的人员伤亡。社会发展落后的地区,因设施比较落后,易导致大量不必要的人员参与交通,增加了发生交通事故的概率。如果该地区医疗条件不够完善,交通参与者在发生交通事故时将不能及时得到救护医治。由此种种都是交通中关系到人身安全的社会问题。

(5)社会环境因素

包括个人的空间、选择同行伙伴时的独立性、不受干扰的独处等。

(6)停车场和车辆自身因素

包括服务的频率、时刻表的可靠性、旅行时间、有关安排日程的信息等,为交通参与者提供尽可能详尽的信息,节约时间,提供一个良好的服务环境。

### 2.5.3 对交通参与者的心理健康调适

人的交通安全是行为上的问题,车辆的行驶安全是技术问题。而参与交通的人,有机动车驾驶人、行人、乘车人及非机动车驾驶人。人的交通行为的正确与否,直接决定了交通安全状况的良好与否。因此,为保证城市道路交通安全,就应当要求人自身具有规范的交通行为、控制能力和在遇到各种危险的交通情况时的应急能力以及在交通事故中的救护能力。

以人为核心,研究各类交通行为的安全性,其内容的定位是由人身安全和交通管制的要求决定的,因为不同类型的人,其交通行为的安全意识和自身防御能力是不同的。

人是动作的执行者,人的因素是道路交通系统中最值得关注的因素。人是道路交通系统中决定性的因素。人的交通行为,直接决定了交通安全状况。对交通参与者进行相关的教育培训对于降低事故发生率是必要的。

1)对行人的心理健康调适

步行是人们最基本的出行方式之一。不论交通工具有多发达、有多方便,交通环境有多好,"步行"都会作为人们出行的方式之一而存在。然而人、车混行的交通状况使得车辆运行效率降低,且交通事故时常发生,行人出行也缺乏安全感。因此,研究行人的交通心理特性对于交通安全具有实际的意义,现分析行人交通心理特性如下。

(1)省时、省力、抄近路。一般而言,行人总是相信,驾驶人经过驾驶培训后,技术上过关,并信赖机动车驾驶人能遵章行驶。因此,他们常随意横穿马路,即使斑马线就在前方不远处,他们也不愿意往前走一点点,而是肆意地穿过车流行走、在人行横道以外斜穿;或不顾交通信号灯,看到路上车较少时就抢行。突出的表现为,即使听到鸣笛或者有车驶近身边,也不避让,照样横越道路。在交通拥堵的时候表现得尤为明显。车堵在马路上了,行人贴着车头穿过马路,在车流中危险穿行。两辆车之间的距离也就一个人刚好能过的间距。试想,如果驾驶人也是个急性子的人,看到前方车子动了就立马发动汽车的话,行人被撞到的可能性有多大。

(2)从众心理。人毕竟是弱者,这点行人也知道,假若单独一个人过马路行人就会感到人单势孤,是弱者,一般都小心翼翼、左看右看,并能遵守交通规则;而当有较多的人等在路边或人行横道时,只要有一人带头不遵守交通规则,其余大部分人便一拥而上,即使汽车行驶到眼前还照样往前走。而且很多行人会抢行在人群中间,似乎周围的人是一道屏障,在心理上产生盲目的安全感。

(3)有些行人因心理素质不够好,又缺乏交通经验、不了解交通法则,在遇到突然出现的或复杂的交通情况时,不能作出及时、准确的判断、处理,惊慌失措、踌躇不定,打乱了步调,驾驶人因避让不及而最终导致车祸的发生。此外,老年人由于生理机能衰退,步行时行动迟缓,加上其视力不好、听力不好,因此老年人在过马路时较为谨慎,有时在横穿马路时犹豫不决,有时甚至行至马路中央又返回或停止不前,使得驾驶人员无法判别其走向,措手不及。而少年儿童天真活泼,好奇心强,敢玩敢动,但自控能力和应变能力较差,遇到紧急情况难于应付。如果没有成年人带领,也会因其不定性行动而使驾驶人无法做出及时、准确的判断。

行人在参与交通时,本身既无任何防护装置,又完全依靠自己的体力行走。他们是交通的弱者。但凡是人都喜欢走捷径、有唯我为先的思想,因此对行人应采取的措施如下:

首先,要加强对行人的交通法规和交通安全常识的宣传教育。在我国,除了对机动车驾驶人员进行交通安全法规培训外,对于其他交通参与者几乎没有安全知识宣传教育。对于中小学生和幼儿的宣传教育,应从小抓起,把遵守交通规则列为纪律品德、学生守则和少先队员活动的内容,让他们从小明白不遵守交通规则将导致怎样严重的后果。机关、团体、企事业单位和城区居委会应利用会议、广播、报道等手段,宣传交通法规知识,使人们自觉维护交通秩序,保障道路安全畅通。通过种种宣传手段,强化人们的交通安全意识,使人们头脑中时刻树立交通法制观念,自觉依法参与交通;同时应让他们知道,遵守交通规则是保证自身安全的前提。

其次,要注意加强对儿童和老年人的保护和管理。据统计数据表明,儿童的行人交通事故死亡率仅次于老年人,儿童发生交通事故的可能性是成人的8倍,老年行人在交通出行中的危险性与他们的生理和心理特性有关。因此,应对他们加以特殊保护,驾驶人员在遇到他们过人行道时也应尤其注意。

最后,要加强对行人的违章处理。"不以规矩,不成方圆",因此,为彻底整治我国的城市道路交通秩序,保障行人的安全和步行秩序管理,严厉查处行人交通违章将是今后交通管理工作的重点之一。

2) 对驾驶人的心理健康调适

驾驶人的安全意识是影响驾驶的重要心理特征,驾驶人的安全意识不同,表现出来的驾驶行为也不同,安全意识不强易导致交通事故。易发生交通事故的驾驶人通常具有以下心理特性。

(1) 理想的驾驶人员的心理特点

①高度的责任感、高尚的情操和充分的安全意识。

②长时间地保持注意力,并善于分配注意力和转移注意力,好奇心不强。

③能进行熟练的和灵活的操作,动作准确、协调性好,能把各种经常反复的连续的动作连贯完成。

④识别能力和判断能力好,包括视觉、听觉、触觉和运动感觉等。

⑤具有独立判断的能力,能及时处理紧急情况、突发事件等。

⑥具有坚强的毅力,能忍受不良感觉,具有忍耐力。

⑦情绪较为稳定,不会因一时的不愉快而影响整个驾驶过程。

(2) 不利于驾驶人员安全行车的心理活动

在驾驶人培训的过程中,因具体操作过程中的一些实际问题,并不是每个驾驶人都能达到以上的心理要求,虽然他们的技术过关了。驾驶人在驾驶过程中的一些不利于安全行车的心理活动分析如下:

①好胜心理。汽车在速度和运载方面,具有超越于常人的力量。因驾驶人员的好胜心理,加上上级部门对于他们的工作量规定(公共汽车驾驶人员等在这方面是有一定的规定的)等因素,在城市道路上常常可以看见两辆庞大的公共汽车并排行走,为了就是抢道、超车,拉到更多的乘客。此外,当驾驶人在交接班时,想尽早下班而超车、超速行驶。

②抵触心理。每个人都有每个人的特征,每个人的行事风格也不同。但人总是喜欢对自己不看好、不欣赏的人的作风等方面作出评价。因此,驾驶人极有可能会被车上的乘客作一番评价,被评头论足,或褒或贬。当驾驶人的车开得稍不尽人意,车上乘客则意见纷纷。假若驾

驶人自控能力比较好,心胸宽广,不计较个人得失,则他仍然能很好地进行驾驶;反之,则可能因驾驶人有不可控制的、失去理智的行为发生而最终导致车祸的发生。

③侥幸心理。侥幸心理是指企图偶然地获取成功或意外免去不幸。有些驾驶人明知汽车存在不安全因素,但不及时排除故障,结果导致事故地发生;有些驾驶人认为违章操作并不是每次都会发生事故,因此就贪图方便而不照章行驶。交通事故的存在有其"偶然性"和"必然性"。驾驶人的这种侥幸心理使得事故的发生有了"可能性"。

驾驶人本身的心理素质以及在特定行车环境中的心理活动,既包括主观上的因素,如个性、心理应激、智力等因素,也包括受外界人为或特定环境影响下的情绪变化因素。因此,对驾驶人应采取如下措施:

首先,要进行职业道德教育。主要是要提高驾驶人交通道德水平、安全行车的自觉意识,力求礼貌行车,并能有保护交通弱者的自觉意识,疏理安全质量第一的思想,增强遵章守法的自觉性。驾驶人培训机构应通过驾驶人驾驶适宜性检验,对驾驶人进行筛选,从而进行有的放矢的培训、教育和管理。此外,还应对驾驶人进行心理训练,提高其心理素质。

其次,要进行安全教育。主要是让驾驶人认真学习交通规则,认识到遵守交通规则对于保证交通安全、畅通的意义和作用。以人为本,根据驾驶人自身特点,组织驾驶人学习交通心理学、车辆安全行驶基本原理以及车辆安全性能等方面的内容。还应组织驾驶人员学习安全行车常识,相互间交流安全行车经验;交通管理部门还应向驾驶人员分析一些典型事故的原因及在行驶过程中一些不当操作存在的隐患,通过学习、交流,逐步掌握安全行车规律,取得安全行车的主动权。俗话说,知己知彼,百战不殆,驾驶作业中也一样,驾驶人对车辆构造性能应进行彻底的研究,并练习维修保养,排除故障,在驾驶过程中碰到故障时就能及时、完美地加以解决,对复杂交通情况也能有较强的判断、应变能力。此外,还可通过开展形式多样的安全知识竞赛,提高驾驶人正确处理交通信息,实现最佳控制车辆的能力,在思想上、技术上全面提高驾驶人安全素质,达到安全行车的目的。

(3) 对驾驶人应采取的措施

通过对各种交通事故案例的分析、研究,总结出如下一些提高驾驶人安全行车能力,降低事故发生率的措施。

①提高自身应变能力。面对人、车、路、环境构成的复杂的道路交通状况,其因素的不确定性和变化性,决定了交通事故的随机性和偶然性。因而要求驾驶人有机敏、冷静的头脑,熟练的驾驶能力,确保安全行车。驾驶人在驾驶车辆时,遇到紧急情况应迅速决断,快速采取措施。同时要求驾驶人还应具备化险为夷或尽量减少损失的技术素质和化复杂情况为简单情况的能力。这就要求驾驶人必须具备较好的心理素质。驾车时最重要的是须对四周环境提高警觉性。注意提防因其他事情而分神或不专心驾驶的驾驶人;提防使用移动电话或与别人交谈、被车上的其他乘客分散注意力,以及驾驶时表现得不稳定的驾驶人。

在会车时应做到"礼让三先",即先让、先慢、先停。夜间在照明不良的道路上会车,须距对面来车150m以外互闭远光灯改用近光灯。在会车中,为了看清行驶路线可短暂开远光灯,但应与对面来车错开时间开灯,当车头交会后,即可开远光灯。迎面而来的车辆前大灯令自己目眩时,可以略向右看以避开刺眼的灯光,或者以道路设施作为行车的标准,若灯光实在太强,在必要时可逐渐减速。

②增强自制能力。在社会这个大系统中,人每天都会遇到各种各样的事情,复杂的社会现象和各种各样的矛盾都会影响驾驶人员。因此,就要求驾驶人必须能克服这些外界干扰因素,

控制好自己的情绪,保持良好的心态,专心致志地驾驶好车辆。在行车中驾驶人如果带着个人情绪驾车而不能集中精神的话,就有可能导致交通事故的发生造成无法弥补的损失。

③超车时的注意事项。超车要选择视线良好的道路。超车时的车速不得违反交通法规规定的时速限制。连续超车(俗称串车,被超的车多、线长,超越的时间和距离都长,在这样的情况下不宜超越)如能保证安全,在具备良好的超车条件下方可加速连续超越。超越停驶车辆时,应减速鸣喇叭,注意观察,防止停使的车辆突然开启车门有人下车或其他行人和非机动车从停驶车辆前窜出。这种情况在机动车驶过人行横道时应尤为注意。在夜间、雨天、雾天视线不良时,按交通法规规定,严禁超车。

④转弯时的注意事项。汽车驶近转弯处要提前降低车速再转弯。转弯时驾驶人必须估计本车的内轮差,否则会使后外侧轮越出路外,造成车身刮蹭行人或障碍物等。汽车在右转弯时,遇到右前方有直行的自行车不能强行截头转弯,应减速让自行车先行。

⑤掉头时的注意事项。汽车在掉头时,在保证安全的前提下,尽量选择广场、立交桥、岔路口或平坦、宽阔、土质坚实的地段进行。应尽量避免在坡道、狭窄路段或交通拥挤之处进行掉头。不能选择桥梁、隧道、涵洞、城门或铁路交叉道口进行掉头。

⑥停车时的注意事项。应选择道路宽阔、不影响交通的地方靠道路右侧停车。在坡道上停车,车停好后应挂上低速挡或者倒挡,拉紧手制动,垫上三角木。在冰雪路上停车,应提前减速,尽量运用发动机的牵制制动或灵活地运用手制动。在寻找停车位的时候应最大限度地减少寻找车位的时间,以免发生交通拥堵的状况。

⑦在宽敞直路上行驶。由于路宽笔直,景观单调,操作简单,思想容易麻痹,产生疲劳感,事故易于发生,所以驾驶人在宽敞直路上行车时不能放松警惕,不能盲目开快车。如果直路上有开设人行横道,驾驶人更应该提高警惕以免受突然出现的行人的影响,而紧张失措致使交通事故的发生。

⑧在弯路行驶时。机动车运行速度较高,运行中有较大的惯性力和离心力。车速越高,方向打得急,汽车离心力越大,在这种情况下容易造成汽车侧滑。如汽车重心较高,路面附着条件较好,则可能造成汽车侧翻事故。应提前减速再转弯,对障碍物、险情要提早发现,根据情况作相应的处理。

⑨在交叉路口。交叉路口车辆行人密度大容易引发交通事故,驾驶人此时应高度重视。在有交通信号控制的路口,可按交通信号的规定通行。在通过无信号控制的路口时,应在进入路口之前的一段距离内,看清行人和车辆的动向,以便安全顺利地驶过路口。在发生交通拥堵的情况下,驾驶人应相互谦让而不是都一拥而上,致使已经混乱的交通秩序更加难以维持,使得交通拥堵的状况愈加严重。

⑩在繁华地区行驶。繁华地区行人拥挤,车辆繁多,交通情况复杂多变,行人横穿马路愈加频繁,种种情况给安全行车带来更多干扰因素,所以驾驶人必须注意力集中,谨慎驾驶,严密注意行人和车辆动态,正确判断交通情况变化,依次序行驶,严禁超车。

⑪在雨天行驶。出车前要认真检查制动器、雨刷器、灯光、喇叭、转向等组件,确认良好方可出车。行车时,车速要酌情放慢,前后车距要适当拉大,一般不要超车。遇到情况要及早采取措施,不要紧急转向和紧急制动,以防车辆横滑侧翻。车辆通过积水路段时,通过前应探明水情,水深不能超过排气管;通过时车速要缓慢以免水花飞溅到过往的车辆或者人行道上的行人。

⑫在刮风天气行驶。刮风对机动车行驶影响不大,但对非机动车和行人的影响较大。大

风天气影响行人视线,易造成事故。在这种情况下驾驶人应减速慢行,随时做好避让或停车准备。

⑬在雾天行驶。雾天能见度低,视线模糊,驾驶人难以看清道路情况,行车危险性大,除打开防雾灯和尾灯外还应以很慢的速度行驶。

⑭在夜间行车。夜间行车,要做到灯光齐全、有效、符合规定。根据可见度控制车速,尽量不超车;必须超车时应事先连续变换远近灯光。在允许鸣喇叭的地段,必要时可使用喇叭配合,在禁鸣喇叭的路段则应在确定前车让路允许超越后再进行超车。另外,骑车人和行人在来车灯光照射下发生目眩,看不清路面,所以在驶过人行横道时还必须注意骑车人和行人的安全。

⑮如何提高对盲点的警觉。在车辆的左右两边都有外后视镜照不到的地方,在改换车道之前应先转头看看旁边车道的交通情况。不要在另一车道驾驶人的盲点范围内驾驶,应改换车辆的位置,这样旁边驾驶人就可从后视镜看到你。

⑯紧急情况下该如何制动。不可猛踩制动踏板,因为这将导致车辆侧滑(没有 ABS 的车)。如果车辆没有安装防抱死系统,连续快速地踩踏制动板能让车辆安全地停下。如果是以高速行驶,应该立刻踩踏制动踏板并尽快退至低排挡。

⑰有备无患保安全。由于无人可预测何时发生意外事件,因此在驾驶过程中必须提高警惕,保持冷静,在车辆的四周留有一定的安全的驾驶活动空间,如紧急事件发生时驾驶人可有足够的时间和空间做出反应,当车速为每小时 10km 时与前面的车辆应保持一个车身的距离;当车辆时速每增加 10km,车与车之间的距离也应随之增加一个车身的距离。另外,应确保车辆长期保持最佳状态,因为车辆的电器部分及配备机件失灵也可造成意外。因此应定期做汽车检测,万不可因为检测过程有些烦琐或必须缴纳一定的费用而不执行有关部门的规定,逃避检测。

⑱保持车距。当紧跟在其他车辆后面时应该时常保持清醒,提高警惕。驾驶时千万不能分神,预先以信号灯示意,以便让其他驾驶人知道你的驾驶意图。采取预防性驾驶方法,预测其他交通参与者的意图并在车辆四周保留一个椭圆形的空间。集中注意力,不要做与驾驶车辆无关的事情。

⑲避免酒后开车。据统计,交通事故总数的一半都涉及饮酒。酒精会麻痹人的思想,影响驾驶人处理突发情况的应对能力。为了保全性命,也为了其他人的生命安全,应意识到即使一杯酒也可能影响到一个人的警觉,千万不能酒后驾车。如果确实已饮了酒,则应安排他人开车。

⑳驾车时系安全带的作用。研究表明,使用安全带的乘客和驾驶人生存的机会比不使用安全带要大得多,而且被抛离座位或撞出风窗玻璃而受重伤的机会也很小。在熟悉的路线上行驶易分神,如果不系安全带事故造成的损伤要大得多。

3) 对其他交通参与者应采取的措施

我国大多数城市里有很大一部分居民使用自行车、摩托车等作为出行工具。据局部统计,骑自行车的人因交通事故死亡的人数,占总死亡人数的 40% 左右。他们虽然是交通弱者,但在日常生活中,他们的违章行为不在少数,主要表现为与机动车抢道、横穿机动车道和违章驮物等。就目前而言,开辟出专门的自行车道,对保证骑车人的安全、提高车流速度是有很大帮助的。

摩托车的行驶速度较自行车更快些,他们的行驶速度常常令人胆战心惊,尤其是在下雨天,大家都在赶路而摩托车仍不顾雨天行驶的危险性,全速行驶,此时发生交通事故的可能性大为提高。应合理组织非机动车流,实施交通总量控制和流量均分措施;将自行车交通与公共交通相结合,组织好"零换乘"交通,实现绿色交通。此外,对骑摩托车的人进行交通安全知识教育也是必需的。

## 【案例训练】

### (一)综合案例

【案例1】 2016年1月1日,李某在未取得驾驶证的情况下驾驶小型面包车由丘北县消防大队方向经文秀路驶往普者黑大街方向,1时27分许行驶至文秀路23号门口路段处时,其所驾车辆与行人张某及停于道路南侧的轻型普通货车相撞,造成张某当场死亡,两车不同程度损坏的道路交通事故。事故发生后李某驾驶车辆沿普者黑大街往文翠路方向逃离事故现场,2016年1月1日1时32分,逃离至文翠路与新民街交叉路口处时,其所驾车辆在左转进入新民街过程中将路口处摆设的烧烤摊撞毁后继续往彩云街方向行驶,行驶至新民街与彩云街交叉路口处时,该车又将路口处的早点摊撞毁,之后李某继续驾车逃逸。当日1时41分,该车辆行驶至丘北县锦屏镇桥头水寨加油站路段处时驶入道路北侧泥塘内。2016年1月1日5时30分,丘北县公安局交通大队民警在桥头水寨加油站路段将李某(肇事逃逸,构成犯罪)抓获归案。

【案例2】 2016年1月15日22时21分,熊某由好客酒店方向步行前往农贸市场方向,在其横过道路时,被陶某(无信号道路不避让行人、未取得驾驶证驾驶机动车)驾驶的无号牌二轮燃油车撞倒,倒地后于22时23分被刘某(饮酒后驾驶机动车、无信号道路不避让行人)驾驶的轻型自卸汽车碾压,造成熊某当场死亡,陶某受伤的道路交通事故。事故发生后,陶某及刘某驾驶车辆先后离开现场。

【案例3】 2016年1月17日,谢某(未取得驾驶证驾驶机动车)驾驶普通二轮摩托车载黄某、王某、吕某由西畴县兴街镇驶往西畴县莲花塘乡方向,0时36分行至西畴县文天线K66+800路段与道路右侧石墩发生碰撞,造成谢某、黄某、王某、吕某受伤,黄某被送往兴街镇卫生院途中死亡,车辆损坏的道路交通事故。

以上三起事故中,主要违法行为包括:1起为肇事逃逸造成的道路交通事故;1起为无信号道路不避让行人造成的道路交通事故;1起为未取得驾驶证造成的道路交通事故;其中有3人无驾驶证、1人饮酒后驾驶。

### (二)重大交通安全事故分析

(1)肇事逃逸。交通肇事后逃逸是严重违法行为。交通肇事逃逸是指发生交通事故后,交通事故的当事人为逃避法律的追究,驾驶车辆或者遗弃车辆逃离交通事故现场的行为。交通肇事逃逸造成的危害:一是致使被害人因得不到及时救助加重伤情,甚至因此而死亡。二是受害者无法得到及时有效的保护和相应赔偿。三是严重影响正常的道路交通安全和社会秩序。

《道路交通安全法》第七十条规定:"在道路上发生交通事故,车辆驾驶人应当立即停车,保护现场;造成人身伤亡的,车辆驾驶人应当立即抢救受伤人员,并迅速报告执勤的交通警察或者公安交通管理部门。"第九十九条规定:"造成交通事故后逃逸,尚不构成犯罪的,由公安机关交通管理部门处二百元以上二千元以下罚款,可以并处十五日以下拘留。"《中华人民共和国刑法》第一百三十三条规定:"违反交通运输管理法规,因而发生重大事故,致人重伤、死亡或者使公私财产遭受重大损失的,处三年以下有期徒刑或者拘役;交通运输肇事后逃逸或者有其他特别恶劣情节的,处三年以上七年以下有期徒刑;因逃逸致人死亡的,处七年以上有期徒刑。"

(2)无证驾驶。《道路交通安全法》第十九条规定:"驾驶机动车,应当依法取得机动车驾驶证。"驾驶人必须经过培训,达到规定的学时和里程,掌握了熟练驾驶技能,考试合格并取得了驾驶证,才能开车上路,无证驾驶是严重交通违法行为,是重大交通安全隐患之一。无证者大多未经过正规的培训和考试,未取得驾驶证,缺乏必要的交通安全知识、基本驾驶技能和安全驾驶心理,一遇突发情况,惊慌失措、手忙脚乱,引发交通事故,甚至车毁人亡,其危害主要有四点:

一是扰乱道路交通秩序。无证人员缺乏交通安全法律知识,加之日常驾驶时规避执法检查的心理而超速超员、闯红灯和不按规定车道行驶等现象司空见惯,影响到其他道路参与者正常通行和道路交通管理秩序工作的正常开展。二是严重威胁自己和他人生命财产安全。因缺乏必要的交通安全知识和驾驶技能,不遵守交通规则,而引发交通事故造成自己和他人的伤害,威胁自己和他人生命财产安全。三是败坏社会风气。无证人员藐视法律,无视交通规则,轻视他人生命财产安全,此类现象的存在严重影响道路交通秩序,弱化群众法制意识和安全意识。四是诱发违法犯罪。因诸多原因,无证驾驶人员往往欠缺合法驾驶要件,加之车辆本身来源不明、手续欠缺等更易滋生和诱发超员超速、闯红灯、酒后驾驶、交通肇事、盗抢等违法犯罪案件。

《道路交通安全法》第九十九条规定:"有下列行为之一的,由公安机关交通管理部门处二百元以上二千元以下罚款:

(一)未取得机动车驾驶证、机动车驾驶证被吊销或者机动车驾驶证被暂扣期间驾驶机动车的……

行为人有前款第一项情形的,可以并处十五日以下拘留。"

(3)车辆不避让行人。《道路交通安全法》第四十七条规定:"机动车行经人行横道时,应当减速行驶;遇行人正在通过人行横道,应当停车让行。"尤其是当人行横道上有行人通过时,机动车应当停车让行。

(4)酒后驾驶。无数血的教训告诉我们,酒后驾驶严重影响交通安全。在我国,每年因酒后驾车引发的交通事故多达数万起,每年因酒后驾驶造成的死亡人数占全部死亡人数的2%~2.4%。为切实遏制这一严重交通违法行为带来的危害,保障人民群众生命财产安全,全国人大常委会于2011年审议通过《刑法修正案(八)》和新修改的《道路交通安全法》,将醉酒驾驶从普通交通违法行为提升到犯罪高度,即"醉驾入刑",并于2011年5月1日起正式施行,醉酒驾驶机动车和驾驶机动车追逐竞驶纳入犯罪行为范畴进行严厉打击。对于较轻的酒后驾驶则处以罚款、扣分、吊销驾照、拘留等。据《车辆驾驶人员血液、呼气酒精含量阈值与检验》规定,饮酒驾车是指车辆驾驶人员血液中的酒精含量大于或等于20mg/100mL,小于80mg/100mL的驾驶行为。醉酒驾车是指车辆驾驶人员血液中的酒精含量大于或等于80mg/100mL的驾驶行为。据专家测算,20mg/100mL大致相当于一杯啤酒,80mg/100mL则相当于三两低度白酒或者两瓶啤酒。

**酒后驾驶安全隐患分析**

(1)触觉能力降低。饮酒后驾车,由于酒精的麻醉作用,人的手、脚的触觉较平时降低,往往无法正常控制加速踏板、制动踏板及转向盘。

（2）判断能力和操作能力降低。饮酒后，对光、声刺激反应时间延长，本能反射动作的时间也相应延长，感觉器官和运动器官如眼、手、脚之间的配合功能发生障碍，因此，无法正确判断距离、速度。

（3）视觉障碍。饮酒后可使视力暂时受损，视像不稳，辨色能力下降，因此不能发现和正确领会交通信号、标志和标线。同时饮酒后视野大大减小，视像模糊，眼睛只盯着前方目标，对处于视野边缘的危险隐患难以发现，易发生事故。

（4）心理变化。在酒精的刺激下，人有时会过高地估计自己，对周围人的劝告常不予理睬，往往干出一些力不从心的事。

（5）疲劳。饮酒后易困倦，表现为行驶不规律、空间视觉差等疲劳驾驶的行为。

研究显示，当驾驶者血液中酒精含量达 80mg/100mL 时，发生交通事故的概率是血液中不含酒精时的 2.5 倍；达到 100mg/100mL 时，发生交通事故的概率是血液中不含酒精时的 4.7 倍。即使在少量饮酒的状态下，交通事故的危险度也可达到未饮酒状态的 2 倍左右。所以，饮酒驾车，特别是醉酒后驾车，对道路交通安全的危害是十分严重的。

2011 年修订的《道路交通安全法》规定："饮酒后驾驶机动车的，处暂扣六个月机动车驾驶证，并处一千元以上二千元以下罚款。因饮酒后驾驶机动车被处罚，再次饮酒后驾驶机动车的，处十日以下拘留，并处一千元以上二千元以下罚款，吊销机动车驾驶证。醉酒驾驶机动车的，由公安机关交通管理部门约束至酒醒，吊销机动车驾驶证，依法追究刑事责任；五年内不得重新取得机动车驾驶证。

饮酒后驾驶营运机动车的，处十五日拘留，并处五千元罚款，吊销机动车驾驶证，五年内不得重新取得机动车驾驶证。醉酒驾驶营运机动车的，由公安机关交通管理部门约束至酒醒，吊销机动车驾驶证，依法追究刑事责任；十年内不得重新取得机动车驾驶证，重新取得机动车驾驶证后，不得驾驶营运机动车。

饮酒后或者醉酒驾驶机动车发生重大交通事故，构成犯罪的，依法追究刑事责任，并由公安机关交通管理部门吊销机动车驾驶证，终生不得重新取得机动车驾驶证。"

**【拓展提高】**

## 从众心理与交通行为

遇到红灯时，你在等待。如果有十个人在你之前闯红灯，你还能坚持吗？

许多人并非原来就想闯红灯，只是看到别人都闯了，自己才跟了上去，也"闯"一回。一件事本来不大好，做的人多了，会让旁边的人也不自觉地跟着做起来。行人如此，驾车也如此。

请结合自身实际，应用所学知识写一篇 3000 字的论文。

# 单元 3　道路交通事故处理及紧急救援

## 知识目标

1. 掌握道路交通事故的内涵及分类。
2. 了解交通事故损失与分类。
3. 掌握事故求援系统的内涵及流程。

## 能力目标

1. 能够对现场交通事故进行类型判别。
2. 能够对交通事故的预防提出适宜的对策。
3. 能够有效地实施事故紧急救援。

## 引言

我国道路交通事故率和死亡人数长期居高不下,给社会及人民的生命财产带来了巨大损失。社会各界对交通安全问题高度重视,交通安全问题研究已作为一个专题被列入国家中长期科技发展规划。机动车驾驶员是导致交通事故发生的关键因素之一。据统计,我国有80%~90%的道路交通事故是人为因素造成的,其中,由于驾驶员自身差错所造成的交通事故占70%~80%。各国的研究也都表明,在导致道路交通事故的所有因素中,驾驶员是最重要的影响因素。如何从驾驶员角度预防和控制交通事故,改善道路交通安全状况已成为人们普遍关注的问题。

## 单元 3.1　道路交通事故

【案例导入】

### 千次超速警告视若无物　无视安全生命化为无形
### ——四川马尔康重大道路交通事故

3月13日12时28分,四川省阿坝藏族羌族自治州马尔康县驾驶人王某驾驶金龙大客车从成都驶往马尔康县,该车核载35人,实载21人,行至马尔康县境内317国道K295+138一连续下坡且转弯处,翻坠于垂直高度65m的山沟下,造成15人死亡,6人受伤。

[教训和启示]

《道路交通安全法》规定,机动车驾驶人应当遵守道路交通安全法律、法规的规定,按照操作规范安全驾驶、文明驾驶。此次事故中,驾驶人王某置道路交通安全法律、法规于不顾,每月交通违法行为千余次,平均每天超过50次。交通运输部、公安部、国家安全监管总局联合下发的《关于印发道路旅客运输企业安全管理规范(试行)的通知》中明确要求"道路旅客运输企业应当规范卫星定位装置及监控平台的安装、管理、使用工作,履行监控主体责任""道路旅客运输企业应当配备或聘请专职人员负责实时监控车辆行驶动态,记录分析处理动态信息,及时提醒、提示违规行为"。而金龙大客车所属公司、马尔康县客运站不履行源头管理责任,任由王某肆意违法超速行驶,为此次事故埋下了祸根。

经调查,事发当日,金龙大客车未被安排发班,发车未进站报班,属私自运营。事发路段设有40km/h的限速标志。据该车车载GPS显示,事发时车速为83km/h,超速100%。金龙大客车所属公司对严重交通违法行为查处不力,管理松懈,对超速达到50%以上的,才视为"恶意超速",予以停班和罚款处罚,对大多数的超速不足50%的一律不处罚。该车及其日常停靠的马尔康县客运站设有GPS监控系统或平台,但对该车超速、超员等交通违法行为等问题未起到应有的动态监控作用。2012年1月发现交通违法行为1674次,2月达1930次,但该站监控平台均未发出任何警示,予以纠正。

## 【知识储备】

随着我国经济社会的发展和城市化进程中路网规模的不断扩大,交通运输业对于城市功能的正常运作起着其重要的作用,但交通事故频发对人民的财产和生命安全造成了严重威胁,影响了社会的发展。只有在道路交通安全能够得到保证的情况下,才能确保交通运输快捷、有序、高效运行。近年来,我国道路交通运输行业以科学发展为主题,以调整结构、转变发展方式为主线,全国交通运输安全与质量工作持续扎实推进,事故率逐年下降,但形势依然复杂严峻,任务艰巨。每年因交通事故死亡人数均超过10万人,居世界第一,平均每5min就有一人丧生车轮,每1min都会有一人因交通事故而伤残,道路交通的事故问题越来越受到广泛关注。

研究城市道路交通事故的处理工作,首先要了解交通事故及其紧急救援系统的基本概念,掌握道路交通事故的定义、分类、原因和具体形式以及紧急救援系统的定义和内涵。

### 3.1.1 道路交通事故的内涵

1)道路交通事故的定义

道路交通事故是指车辆驾驶人员、行人、乘车人以及其他在道路上进行与交通有关活动的人员,因为违反《道路交通管理条例》和其他道路交通管理法规、规章的行为、过失造成人身伤亡和财产损失的事故。交通事故必须具备六个要素:车辆、道路、车辆运行状态、违章行为、过失、损害后果。

学习和辨清道路交通事故的定义,是事故处理工作的前提。从上述定义可以看出交通事故的本质是一种侵权损害事件,这种侵权事件有其特定的构成要素和条件。其要素为:道路要素、违章要素、损害后果要素和过失要素。

(1) 道路要素

道路是指在公用的道路上,即《道路交通管理条例》规定的"公路、城市街道、胡同(里巷)以及公共广场、公共停车场等供车辆、行人通行的地方。"道路有其特性,就是形态性、客观性、公开性。形态性是指与道路毗连的供公众通行的地方;客观性是指道路尚未完工,但却是为公众通行所建;公开性是指交通管理部门认为是供公众通行的地方,都可视之为道路。只供本单位车辆和行人通行的,交通管理部门没有义务对其进行管理的,不能算道路。因此,厂矿、企业、机关、学校、住宅区内不具有公共使用性质的道路不在此列。此外,还应以事态发生时车辆所在的位置,而不是事态发生后车辆所在的位置,来判断是否在道路上。

(2) 违章要素

发生道路交通事故的原因必须是由于车辆驾驶人员、行人、乘车人以及其他在道路上进行与交通有关活动的人员,违反《道路交通管理条例》和其他交通管理法规、规章的行为。因此,没有违章行为而出现损害后果的事故不属于交通事故;有违章行为,但违章与损害后果无因果关系的也不属于交通事故。

(3) 损害后果要素

道路交通事故必须是有人身伤亡、财产损失的后果,如果没有损害后果的不能称为交通事故。

(4) 过失要素

过失是当事人因疏忽大意没有预见到应该预见的后果或已经预见而轻率地自信可以避免,以致发生损害后果。即造成事态的原因是人为的,而不是因为人力无法抗拒的自然原因,如地震、台风、山崩、泥石流、雪崩等造成的事故。行人自杀或利用交通工具进行其他犯罪,以及精神病患者在发作期间行为不能自控而发生的事故,均不属于交通事故。

构成交通事故除了以上四个要素以外,还有三个条件:即驾驶人员条件、运动中条件和交通性质条件。

驾驶人员:交通事故的各方当事人中,至少有一方当事人为驾驶车辆的人员,如果各方当事人均为行人,发生的事故不能作为交通事故来对待。

运动中:至少一方当事人在运动中、在起步中、行驶中或停车过程中。

交通性质:军事演习、体育竞赛过程中发生的事故,不能作为交通事故。

简单地说,交通事故是在人的快速通行的需要与自然和社会对这种需要不能有效满足而产生的矛盾。交通事故就是在特定的交通环境下,因人、车、路、环境所构成的动态系统在某些环节上的失调,所引发的意外事件。因此,要保证交通的安全,就必须使公路上的人、车、路、环境等基本要素相互协调,处于受控平衡状态。

2) 道路交通事故演变规律

道路交通事故的发生不仅给我国社会带来了重大经济损失,同时也给人民生命财产安全和健康造成了严重的危害,公众的目光越来越关注于道路交通的安全问题。

道路交通事故演变过程一般呈现波峰线型,即由逐渐上升达到高峰,然后逐渐下降,并趋于平稳。示意线型如图3-1所示。区间为交通事故上升期,$a$点位置为高峰期,$ab$区间为事故下降期,$b$点以后为平稳期。

交通事故是在特定的交通环境影响下,由于人、车、路、环境诸要素配合失调发生的。因此,分析交通事故成因最重要的是要分析人、车、路、环境对交通事故形成的影响。

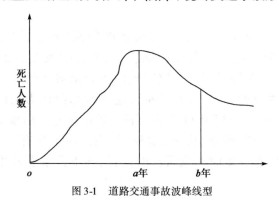

图 3-1　道路交通事故波峰线型

3)道路交通事故的特点

全世界每年有近 130 万人死于道路交通事故,2000 万~5000 万人在道路交通事故中受到永久性伤害。同时,道路交通事故每年造成全球经济损失高达 5000 多亿美元。每天有 3000 多人在交通事故中丧生,其中半数以上不是汽车驾驶人,年龄在 15~44 岁之间的年轻成人占到全球交通事故死亡人数的 48%。低收入和中等收入国家的机动车保有量占全世界机动车总数的 54%,但 90% 的道路交通死亡事故却发生在这些国家,大部分受害者是行人或骑自行车和骑摩托车者。世界卫生组织已发出警告,如不采取紧急行动,到 2030 年道路交通事故将造成每年 240 万人死亡,道路交通伤害将成为人类非正常死亡的第五大诱因。

面对如此严峻的道路交通安全形势,借鉴世界各国一些成功的经验,我们必须在分析掌握道路交通事故规律的基础上,有的放矢地制定和采取能有效预防道路交通事故的措施,改善道路交通安全现状迫在眉睫。

(1)道路交通事故的发生具有普遍性、随机性

道路交通事故具有普遍性的特点,正如前文的数据显示,联合国 178 个成员国都不同程度地遭受到交通事故的伤害,道路交通事故已成为世界问题。无论是在经济发达地区还是经济落后地区,无论是男人还是女人,无论是贫穷还是富有,无论是年轻还是年老,无论是开车还是行走,只要参与到道路交通活动中,都有可能遭遇到道路交通事故。同时,每一起道路交通事故的发生都是一个随机事件,谁也无法用模型或经验去准确预测它,每一起事故都具有其独特性,正因如此,给道路交通事故预防工作带来巨大困难。

(2)道路交通事故成因呈现出综合性、复杂性

道路交通系统是一个由人、车、路、环境所构成的动态系统,交通事故的发生就是由于该动态系统在某些环节上的失衡所引发的意外事件。但每一起交通事故的发生,都是人、车、路、环境等多因素综合作用的结果,这些因素与道路交通事故的关系相当复杂,它们彼此之间也存在着错综复杂的关系,很难清楚界定。综上,道路交通事故的原因具有典型的综合性、复杂性特点。

(3)道路交通事故分布呈现出一定的规律性

虽然每一起道路交通事故的发生都是随机的,每一起事故都是独特的,但通过对大量事故数据资料的整理分析,发现交通事故的分布在时间上、空间上、发生人群、事故形态、事故原因等方面呈现出明显的规律性。这里以时间和空间举例。

①交通事故的时间分布规律。通过对全国道路交通事故数据进行统计,发现交通事故无论是在年分布、月分布、周分布还是小时(日)分布上都呈现出不均衡分布特性,并出现了明显的分布规律。以 2015 年为例:从事故月份分布情况看,四季度事故多发,其中 10 月、11 月事故死亡人数分别占总数的 9.5%和 9.3%(图 3-2);从 24 小时分布情况看,夜间 18~21 时是事故的高发时段,这 3 小时的死亡人数占总数的 19%。

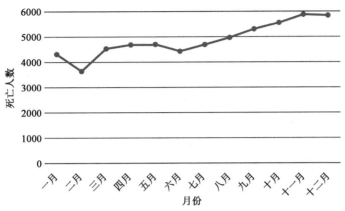

图 3-2　2015 年月交通事故死亡人数示意图

②交通事故的空间分布规律。由于不同地方的交通环境、出行结构、交通行为特性不同,所以交通事故在空间上呈现出显著的不均匀分布特点。就世界范围而言,90%的道路交通死亡发生在低收入和中等收入国家。就我国而言,以 2015 年为例,东部地区死亡人数占47.84%,明显高于西部地区的 28.35%和中部地区的 23.81%。同时各省、直辖市、自治区的交通事故分布也存在明显差异,广东省 2015 年交通事故死亡人数 5562 人,占全国的 9.59%。西藏自治区 2015 年全年交通事故死亡人数为 168 人,占全国的 0.29%。同一省内各市的交通事故分布也呈现出明显的分布不均匀,一般省会城市明显高于其他城市,以陕西省 2015 年为例(图 3-3),从图中可以看出西安市的交通事故死亡人数明显高于其他城市。

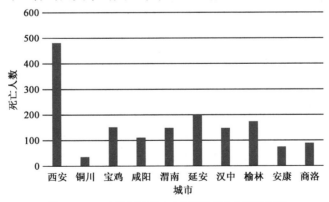

图 3-3　2015 年陕西省各市交通事故死亡人数示意图

### 3.1.2　道路交通事故的分类

为了更好地分析交通事故,需要对交通事故进行分类。不过分析的角度不同,对事故的分类也会有所不同。给交通事故分类,主要目的是:为了探寻交通事故的形成原因,给交通事故分类有利于及时发现交通事故的形成、发生内在规律;为了探寻交通事故的预防策略,给交通事故分类有利于事故统计分析,容易找到更有实施效果的交通事故预防策略。

对交通事故进行分类,目的在于分析、研究和预防、处理交通事故;同时,也便于统计和从各个角度寻找对策。分析的角度、方法不同,对交通事故的分类也不同。通常交通事故分类方法主要有以下 6 种:

1)按事故责任分类

根据交通事故主要责任方涉及的车种和人员,在统计工作中常将交通事故分为 4 类。

(1)机动车事故

机动车事故是指事故当事方中汽车、摩托车、拖拉机等机动车负主要以上责任的事故。但在机动车与非机动车或行人发生的事故中,机动车负同等责任的,也视为机动车事故,因为在道路上行驶,机动车相对为交通强者,而非机动车或行人则属于交通弱者。机动车驾驶人员违反交通法规而发生的事故包括:违反安全驾驶规程,违反限制车速的规定(如超速行驶等),强行超车、逆行,通过交叉路口不减速,左右转弯及掉头不适当,违反停车或临时停车规定,违反优先通行的原则,路口闯红灯,与前车不保持安全间距,装载不适当,酒后开车,机械故障,过度疲劳,违反铁路岔口通行规定以及摩托车、轻骑驾驶员违反交通法规行车等所造成的交通事故。

(2)非机动车事故

非机动车事故是指自行车、人力车、三轮车、畜力车、残疾人专用车等按非机动车管理的车辆负主要以上责任的事故。在非机动车与行人发生的事故中,非机动车一方负一半责任的应视为非机动车事故。因为非机动车与行人相比,非机动车属于交通强者,而行人则属于交通弱者。其中,骑自行车人违反交通法规,包括在快车道上骑车,逆行,骑快车,左右转弯时无视来往机动车而猛转,在交叉路口闯红灯,双手或一只手离开车把骑车,车闸失效,雨天骑车打伞,骑车带人,在人行道上骑车以及载物不当等。

(3)行人事故

行人事故是指在事故各方当事人中,行人负主要责任以上的事故。行人违反交通法规,包括无视交通信号,在快车道或慢车道上行走,随意横穿公路、斜穿公路,在停车车辆前后横过公路,儿童在街上玩耍,行人在公路上作业或行走时精神不集中等。

(4)其他事故

其他事故是指其他在道路上进行与交通事故有关活动的人员负主要以上责任的事故。如因违章占用道路造成的事故等。

2)按事故后果分类

根据《道路交通事故处理办法》第六条规定:"根据人身伤亡或者财产损失的程度或数额,交通事故分为轻微事故、一般事故、重大事故和特大事故。具体标准由公安部制定。"自 1992 年 1 月 1 日起开始实施此规定,事故统计和处理中统一使用的交通事故等级划分标准为轻微事故、一般事故、重大事故和特大事故。具体规定见表 3-1。

(1)轻微事故

轻微事故是指一次造成轻伤 1~2 人,或者财产损失机动车事故不足 1000 元,非机动车事故不足 200 元的事故。

(2)一般事故

一般事故是指一次造成重伤 1~2 人,或者轻伤 3 人以上,或者财产损失不足 3 万元的事故。

交通事故按情节轻重和伤亡损失大小分类表　　　　表 3-1

| 事故类型 | 人员伤害 | 财产损失 |
|---|---|---|
| 轻微事故 | 轻伤 1~2 人 | 机动车事故<1000 元，非机动车事故<200 元 |
| 一般事故 | 重伤 1~2 人，或轻伤 3 人以上 | <3 万元 |
| 重大事故 | 死亡 1~2 人，或重伤 3~10 人 | 3 万~6 万元 |
| 特大事故 | 死亡 3 人以上，或重伤 11 人；死亡 1 人以上，同时重伤 8 人以上；死亡 2 人以上，同时重伤 5 人以上 | 6 万元以上 |

(3) 重大事故

重大事故是指一次造成死亡 1~2 人，或者重伤 3 人以上 10 人以下，或者财产损失 3 万元以上不足 6 万元的事故。

(4) 特大事故

特大事故是指一次造成死亡 3 人以上，或者重伤 11 人以上，或者死亡 1 人，同时重伤 8 人以上，或者死亡 2 人，同时重伤 5 人以上，或者财产损失 6 万元以上的事故。

按照国家统计局批准的交通事故统计范围，轻微事故只作处理，不作统计。其中事故等级划分标准中的死亡事故，是指因道路交通事故而当场死亡和受伤后 7 天内抢救无效死亡的。在事故统计中，1987 年公安部《关于做好交通管理统计工作的通知》中规定的统计范围不变动。死亡，仍以事故发生后 7 天内死亡的为限。

重伤，主要是指下列情况：

①使人肢体残废或者毁人容貌的；

②使人丧失听觉、视觉或者其他器官功能的；

③其他对人身健康有重大伤害的。

具体重伤的确定按司法部、公安部、最高人民法院、最高人民检察院发布的《人体重伤鉴定标准》执行。

轻伤指表皮挫裂、皮下溢血、轻度脑震荡等情况，具体按司法部、公安部、最高人民法院、最高人民检察院发布的《人体轻伤鉴定标准》执行。财产损失是指交通事故造成的车辆、财产直接损失折款，不含现场抢救(险)、人身伤亡善后处理的费用，也不含停工、停产、停业等所造成的财产间接损失。

在事故处理中，死亡不以事故发生后 7 天内死亡的为限；重伤、轻伤同样按上述统计标准；财产损失还应包括现场抢救(险)、人身伤亡善后处理的费用，但不包括停工、停产、停业等所造成的财产间接损失。

日本的交通事故是根据事故后果分为死亡事故、重伤(Ⅰ类、Ⅱ类)事故、轻伤事故和物损事故。死亡事故是指交通事故发生后 24h 内死亡的事故；Ⅰ类重伤事故是指交通事故负伤后治疗期在 90 天以上者；Ⅱ类重伤事故是指交通事故负伤后治疗期在 30 天以上者。

3) 按事故原因分类

任何交通事故的发生都有其原因。因此，从原因上可以把交通事故分为主观原因造成的事故和客观原因造成的事故两类。

(1) 主观原因造成的事故

主观原因是指造成交通事故的当事人本身内在的因素,如主观过失或有意违章,主要表现为违反规定、疏忽大意和操作不当等。

违反规定是指当事人由于思想方面的原因,不按交通法规规定行驶或行走,致使正常的道路交通秩序混乱,发生交通事故。如酒后开车、非驾驶员开车、超速行驶、争道抢行、故意不让、违章超车、违章超载、非机动车走快车道、行人不走人行道等原因造成的交通事故。

疏忽大意是指当事人由于心理或生理方面的原因,没有正确地观察和判断外界事务而造成的失误。如心里烦躁、身体疲劳都可能造成精力分散、反应迟钝,表现出瞭望不周,采取措施不当或不及时;也有的当事人凭主观想象判断事物,或过高地估计自己的技术,过分自信,引起行为不当而造成了事故。

操作不当是指驾驶车辆的人员技术生疏、经验不足,对车辆、道路情况不熟悉,遇有突然情况惊慌失措,引起操作错误。如有的驾驶员制动时误踩加速踏板,有的骑自行车人遇到紧急情况不知停车等而造成的交通事故。

(2) 客观原因造成的事故

客观原因是指车辆、环境、道路方面的不利因素而引发了交通事故。客观原因在某些情况下往往诱发交通事故,特别是道路、环境和气候方面的因素。对于道路和环境方面的因素目前还没有很好的调查和测试手段,所以,事故分析中往往会忽视这些因素,这一点需要引起人们的重视。

任何一起交通事故都有其促成事故发生的主要情节和造成事故损害后果的主要原因。绝大多数交通事故都是因为当事人的主观原因造成的,客观原因占的比例比较小。

4) 按事故第一当事者或主要责任者的内在原因分类

这类交通事故一般分为三种,即由于交通事故第一当事者或主要责任者的观察错误、判断错误以及操作错误所引起的交通事故。

(1) 观察错误

观察错误是指由于当事人心理或生理方面的原因,对外界环境的客观情况没有进行正确的观察;或由于道路条件不好,交通标志不清,以及由于交叉路口冲突区域太大等引起的观察错误。

(2) 判断错误

判断错误包括对对方车辆的行动、对道路的形状和线形、对对方车辆的速度以及自驾车辆与对方车辆的距离判断有误,或过分相信自己的技术以致对自驾车辆的性能和速度估计判断有误。交通事态判断过程常发生在极短的时间内(一般为1/10s级)。根据国外的统计资料,由于判断错误而引起的交通事故约占30%(日本统计资料为35%)。

(3) 操作错误

操作错误主要是技术不熟练,特别是初学驾驶的人员,由于对车辆和道路都不熟悉,遇到紧急情况时就不能应付自如,容易出现慌乱,发生操作错误而引起交通事故。除此以外,由于车辆本身机械故障(如制动方面失灵),更易导致操作错误。

5) 按事故的对象分类

(1) 车辆间的交通事故

车辆间的交通事故即车辆之间发生刮擦、碰撞而引起的事故。碰撞又可分为正面碰撞、追尾碰撞、侧面碰撞、转弯碰撞等。刮擦是车辆侧面接触的现象,刮擦可分为超车刮擦、会车刮擦等。这类事故在发达国家发生较多,约占事故总数的70%以上。

(2)车辆与行人的交通事故

车辆与行人的交通事故即机动车对行人的碰撞、碾压和刮擦等事故。包括机动车闯入人行道,以及行人横穿道路时发生的交通事故。其中,碰撞和碾压常导致行人重伤、致残或伤亡。刮擦相对前两者后果一般比较轻微,有时也会造成严重后果。这类事故在发达国家较少出现(占10%~20%),我国公安部1994年统计为26.35%。

(3)机动车对非机动车的交通事故

由于我国公路交通主要是混合交通,因而这类事故在我国主要表现为机动车碾压骑自行车人的事故。我国是"自行车王国",自行车的保有量居世界之首,有关自行车的交通事故在我国交通事故总数中所占比率超过30%,伤亡人数占交通事故伤亡总人数的25%左右。

(4)车辆自身事故

车辆自身事故即机动车没有发生碰撞、刮擦等的翻车和坠落事故。例如,车辆由于行驶速度太快,或车辆左右转弯或掉头时所发生的翻车事故,以及在桥上因大雾天气或因机器失灵而产生的机动车坠落的事故等。

(5)车辆对固定物的事故

车辆对固定物的事故即机动车与道路两侧的固定物相撞的事故,其中固定物包括道路上的作业结构物、护栏、路肩上的水泥杆(灯杆、交通标志杆等)、建筑物以及路旁的树木等。

6)按事故发生地点分类

交通事故发生地点一般是指道路等级,城市或郊区以及乡村三种。

在我国,道路分为高速公路、一级公路、二级公路、三级公路、四级公路5个等级;也可分为公路与街道。前者是指郊区和乡村道路,后者是指城市道路。另外,还可按在道路交叉口和路段所发生的交通事故来分类。

其他分类方法还有:按伤亡人员职业类型分类;按肇事者所属行业分类;按发生事故时的气候分类;按发生事故的道路类型、线形、路面类型、路面状况等分类;按肇事驾驶员所持驾驶证种类、驾龄分类。

### 3.1.3 交通事故预防对策

预防交通事故是我国道路交通管理的方针之一,也是交通管理的基本任务。近年来,我国道路交通事故频发,事故总数和死亡人数居高不下,在国内因交通事故死亡人数超过了各种生产事故非正常死亡的总和。道路交通事故给人民的生命财产安全造成了巨大的危害。因此,做好交通事故预防工作具有重要的意义。

1)加强交通事故预防的科学研究

积极开展交通安全科学研究。深入研究道路交通事故的成因、规律、预测方和预防对策,对于更加科学、有效地预防事故有着极其重要的意义。同时这项工作也为各项交通管理业务和制定交通法规提供了可靠的依据。交通事故预防的研究应立足于我国道路交通的实际情况,着眼于法制、科学管理和科学技术,借鉴世界先进经验,引进先进技术,研究我国的道路交通安全科学原理、交通事故预测方法、交通安全控制系统和交通安全信息系统。努力从理论上和技术上解决我国道路交通事故的预防问题,改变目前被动治理交通事故的状况,向着主动预防交通事故发生的方向努力。

2)加强道路交通安全管理

在交通安全管理中采用计划、执行、检查、总结、评比的管理方法。首先,要制定一定时期的交通安全管理总的工作计划,提出总的奋斗目标和措施;其次,将制定的计划和措施具体组织实施;第三,把计划执行的情况与预定指标进行对比、检查,发现情况和问题;第四,总结经验和教训;第五,进行评比,评比属于反馈环节,目的是增加交通安全管理的反馈作用,以便鼓励先进,激励后进。同时,加强道路交通秩序管理和点面控制,加强动态巡逻,严格取缔交通违章;加强监控手段,装备电视监控、电子警察、雷达测速、乙醇检测等先进设备。在交通安全管理中,要坚持以预防为主的方针,深入有车单位和车辆保修部门,检查交通安全管理工作和车辆维修保养情况,总结经验,予以推广,发现问题及时整改。

3)提高交通参与者的安全素质,加强安全文化建设

预防交通事故的一项重要内容,就是全面提高交通参与者的安全交通素质。不但要解决交通参与者的交通安全知识、技能、意识问题,还要从交通参与者的观念、伦理、情感、态度、认识、品德等人文素质入手。增强交通参与者主动预防意识,纠正不良的交通心理及其行为、习惯。为此,道路交通管理部门要在深入开展交通法规和交通安全知识教育的同时,充分依靠社会各方力量,进行多种形式的宣传教育,强化交通安全意识,使其遵守交通法规,使安全交通成为交通参与者的自觉的行为。

4)深入开展交通安全教育宣传

预防交通事故应加强交通安全教育,积极开展交通安全宣传,普及交通安全知识,增强全民交通安全意识。

交通安全应从幼儿开始就进行系统的教育。在高中以前的各个教育阶段都将其列为必修课,使学生从接受教育开始就不断地树立交通法制的观念、交通安全的观念、交通道德的观念和培养安全参与交通的实际能力。

对社会各层面的交通安全教育,要针对不同对象,采取不同的方式方法,有的放矢地进行。

5)提高汽车安全性能

汽车安全性能是指汽车以最小的交通事故概率和最少的公害适应使用条件的能力。汽车安全性能直接影响到人的生命安全,以及汽车和运输货物的完好,是构成交通事故的重要原因之一。改善车辆的直接视野和间距,安装倒车灯和倒车警报器;提高风窗玻璃的透视性能;采取防目眩的措施,提高前照灯的照度;改善车辆的制动性能,如采用双管路制动、制动系统故障报警系统,提高轮胎的防滑性能等措施都可以主动预防交通事故。

6)加强交通安全监督

交通安全监督是预防交通事故不可缺少的重要环节。道路交通安全是一个社会系统工程,需要政府、社会各部门和广大人民群众的参与配合。在经济体制变革的过程中,交通主体及其在交通活动中所形成的社会关系,交通主体的交通需求都发生了较大的变化,尤其是对驾驶员管理和交通安全工作的弱化,十分有必要加强交通安全的监督,与交通安全有关的监督主要有以下几个方面:

(1)对政府的交通安全责任监督。

(2)对道路交通安全的宣传教育。

(3)道路交通规划、设计、施工应当符合道路交通安全的要求。道路规划、设计审定前和

竣工验收时应当听取公安机关交通管理部门有关道路交通安全方面的意见。

(4) 对机动车驾驶员培训及培训学校的监督。

(5) 机动车制造企业应当根据国家标准对其生产的机动车进行安全技术检验。

预防交通事故不仅是交通管理部门的一项基础工作,而且是一项复杂的社会系统工程,是交通综合治理的一个重要组成部分。需要在主管部门的领导下,依靠全社会的共同努力来完成。必须从法律、管理宣传教育、工程技术等方面采取措施,才能取得实际的效果。

## 【案例训练】

# 山东烟台蓬莱市"11·19"重大道路交通事故

2014年11月19日7时24分,在烟台蓬莱市潮水镇平小路(平畅河到小雪村的乡村公路)与烟台蓬莱国际机场连接线(以下简称新机场路)交叉路口,一辆由东向西沿平小路行驶的接送幼儿园儿童的小型面包车(车载14名儿童)与一辆由南向北沿新机场路行驶的重型自卸汽车相遇,自卸汽车在避让时,重心发生偏移向右侧翻,车体砸压在面包车上,所载沙子将面包车掩埋,造成12人死亡(其中11名儿童),3名儿童受伤,直接经济损失916.8万元。

[事故调查]

(1) 事故发生路段情况。事故发生路段位于新机场路K4+385.222与平小路交汇处,全长7.25km,四级公路标准,水泥混凝土路面。修建新机场路过程中将平小路截断,按设计方案,在截断处的新机场路东西两侧分别设计有251m、205m长的被交路与平小路连接。事发时,西侧被交路已完成施工,东侧被交路尚未完工,施工单位为北京某路桥建设有限公司和山东某路桥工程有限公司。

在附近村民的要求下,在东侧被交路南侧12.5m处堆建了一条临时土路,连接平小路与新机场路。该临时土路长31.4m,宽3m,最大坡度为17.7%,与新机场路以31°交汇,起点低于机场连接线路面,落差为2m。该临时土路南侧为新机场路峰山河中桥,桥两侧有高1m、长约70m的混凝土护栏。

(2) 安全设施设置情况。新机场路两侧有限速80km/h标志,现场南侧120m处有车道变少及十字交叉口标志各一处。现场路段有中央隔离护栏,护栏高0.8m,现场北侧中央隔离护栏之间为中央隔离带,隔离带宽为9.6m。

(3) 道路建设情况。新机场路全长12.065km,沥青路面,路中心有隔离带,为双向六车道一级公路,设计时速80km。于2013年3月31日开工建设,计划工期为24个月,实际工期为19个月。承建单位为北京某路桥建设有限公司和山东某路桥工程有限公司,建设单位为烟台市公路管理局。按照有关规定,烟台市公路管理局成立了烟台机场连接线工程建设项目办公室,对项目建设进行管理。

2014年10月10日,山东省公路桥梁检测中心出具了烟台机场连接线G206至荣乌高速公路段工程检测报告。10月22日,烟台市公路管理局组织召开交工验收会,蓬莱市政府未按照公路管理部门通知要求参加交工验收会议。当地公安交通管理部门没有对该路段交通安全设施进行验收。公路管理部门在交工验收后开放了该路。

[事故原因]

(1) 直接原因:张某驾驶的小型面包车和戴某驾驶的重型自卸汽车在新机场路与临时土

路交叉路口相遇,由于临时土路坡度过大、安全视距不足,两车驾驶人均不能在安全距离内发现对方;重型自卸汽车被私自加高货厢挡板,严重超载,造成制动效能及横向稳定性下降,在向左打方向避让时,转向过急,在离心力的作用下,车辆向右侧翻,加高的货厢压砸在小型面包车左前顶部,倾倒出的沙子将小型面包车掩埋,造成事故发生。小型面包车严重超员,导致伤亡扩大。

(2)间接原因:

①北京某路桥建设有限公司和山东某路桥工程有限公司在路基、路面施工过程中,在附近村民要求下堆建了临时土路,形成了道路安全隐患。

②烟台市公路管理局新机场连接线工程建设项目办公室作为项目建设统筹管理单位,在组织交工验收过程中,未经当地公安交通管理部门对交通安全设施进行验收即开放该路;在蓬莱市政府没有参加新机场路交工验收会议、新机场路实际通行车辆的情况下,没有及时与蓬莱市政府及相关部门研究明确养护管理意见及办法;未督促施工单位对形成的临时土路采取必要的安全措施,消除隐患;未能及时处理好新机场路与平小路平交路口存在的道路安全隐患。

**【拓展提高】**

# 交通事故处理程序知识

行人违法横穿公路被机动车撞伤,机动车要承担一定责任,发生车祸,保险公司原来一般是事后介入,现在则可以预付医药费了。目前,《道路交通安全法》的配套法规《交通事故处理程序规定》(下称规定)已由公安部制定颁布,并于2005年5月1日实施,原来的《道路交通事故处理办法》同时废止。

**问:哪些情形当事人应保护现场并报警?**

答:机动车无号牌、无检验合格标志、无保险标志的;驾驶人无有效机动车驾驶证的;驾驶人饮酒、服用国家管制的精神药品或者麻醉药品的;发生《道路交通安全法》第七十条第二款规定的交通事故,当事人对事实或者成因有争议的;当事人不能自行移动车辆的;碰撞建筑物、公共设施或者其他设施的。

**问:当事人未在交通事故现场报警的该怎么处理?**

答:当事人事后请求公安机关交通管理部门处理的,应当在提出请求后10日内提供交通事故证据。当事人未提供交通事故证据,公安机关交通管理部门因现场变动、证据灭失,无法查证交通事故事实的,应当书面通知当事人向人民法院提起民事诉讼。

**问:投保机动车第三者责任强制保险的机动车发生交通事故,保险公司什么时候介入?**

答:以前发生交通事故,一般是在处理完后,保险公司才赔偿。现在投保机动车第三者责任强制保险的机动车发生交通事故,因抢救受伤人员需要保险公司支付抢救费用的,由公安交通管理部门通知保险公司介入。

**问:车祸当事人的责任如何确定?**

答:因一方的过错导致交通事故的,承担全部责任;当事人逃逸,造成现场变动、证据灭失,公安机关交通管理部门无法查证交通事故事实的,逃逸者承担全部责任;当事人故意破坏、伪造现场、毁灭证据的,承担全部责任;因两方或者两方以上当事人的过错发生交通事故的,根据其行为对事故发生的作用以及过错的严重程度,分别承担主要责任、同等责任和次要责任;各方均无导致交通事故的过错,属于交通意外事故的,各方均无责任;一方当事人故意造成交通事故的,他方无责任。

**问:发生轻微交通事故,当事人该怎么处理?**
答:当事人应填写交通事故发生的时间、地点、天气、当事人姓名、机动车驾驶证号、联系方式、机动车牌号、保险凭证号、交通事故形态、碰撞部位、赔偿责任人等内容的协议书或者文字记录,共同签名后立即撤离现场,协商赔偿数额和赔偿方式。当事人均已办理机动车第三者责任强制保险的,可以根据事故情况的协议书向保险公司索赔,也可以自行协商处理损害赔偿事宜。

**问:交通管理部门调解交通事故损害赔偿的期限为多久?**
答:期限为 10 日。造成人员死亡的,从规定的办理丧葬事宜时间结束之日起开始;造成人员受伤的,从治疗终结之日起开始;因伤致残的,从定残之日起开始;造成财产损失的,从确定损失之日起开始。公安机关交通管理部门应当与当事人约定调解的时间、地点,并于调解时间 3 日前通知当事人。口头通知的应当记入调解记录。调解参加人因故不能按期参加调解的,应当在预定调解时间 1 日前通知承办的交通警察,请求变更调解时间。

**问:哪些事故不适用调解?**
答:当事人提供不出交通事故证据,因现场变动、证据灭失,交通警察无法查证交通事故事实的;当事人对交通事故认定有异议的;当事人拒绝在事故认定书上签名的;当事人不同意由交通警察调解的。不适用调解的,交通警察可以在事故认定书上载明有关情况后,将认定书交付当事人。

**问:哪些交通事故可以按照简易程序处理?**
答:发生《道路交通安全法》第七十条第二款、第三款规定的交通事故,当事人对事实及成因有争议不即行撤离现场或者当事人自行撤离现场后,经协商未达成协议的;受伤人员认为自己伤情轻微,当事人对事实及成因无争议,但是对赔偿有争议的。适用简易程序的,可以由一名交通警察处理。

# 单元 3.2　现场快速处理与交通事故损失

## 【案例导入】

## 湖南炎汝高速公路——在建隧道发生爆炸事故

5 月 19 日 8 时 30 分左右,在湖南炎汝(炎陵至汝城)高速公路一在建隧道内,一辆载有炸药的车辆在卸货时发生爆炸,当时隧道内有 20 多人。

[事故调查]
事发后,湖南省人民政府依法成立了炎汝高速公路八面山施工隧道"5·19"重大爆炸事故调查组,调查组经过认真调查后认定,这是一起因施工单位违法运送民用爆炸物品和有关部门安全监管不到位引发的重大安全责任事故。

时间:7 点 45 分左右。
搜寻:7 轮,200 次。

发现:物证2000块,尸块1300块。

结果:DNA测试,20人。

26人受到刑事责任;30人得到党纪、政纪处分;责任单位受到严肃处理。

建设单位主要责任:对施工单位违法分包行为失察,对项目经理等人员长期不在岗的情况未采取有效措施;对监理公司不履行合同规定安全管理义务的行为失察;对施工、监理等单位的安全生产工作统一协调、管理不到位,未认真督促施工单位落实爆破物品安全管理制度;对施工单位督促整改工作落实不力;对施工现场民用爆炸物品违规存放、混装等违法行为失察;对下属部门及人员落实安全管理制度情况检查不到位,没有及时督促解决存在的问题。

交通运输部发文:项目建设单位要督促施工单位制定民用爆炸物品管理制度,核查爆破作业各种许可手续是否齐全、有效,是否存在爆破作业相关资质、资格证书出借、转让情况,以及人证分离情况;要严格执行剩余民用爆炸物品当日退库等规定,严禁民用爆炸物品非法存放,炸药和雷管同车转运,更不允许炸药等危险品与人员同车运输。

在我国每年众多的交通事故死伤人员中,有相当大的部分是没有得到及时抢救而伤亡、残废的。如果交通事故发生后,伤者能够得到合理的现场救护并迅速送至医院,那么受伤者的死亡率就会降低,复原机会就会增大。

### 3.2.1 现场快速处理

这里所讲的交通事故现场快速处理是指从救援单位到达事故现场开始直到占用车道的相关事物得以清除,车辆能够继续通行为止的这段时间内各救援单位在事故现场的处理工作。下面以各种救援单位为例来说明现场快速处理。

1)交通管理部门

交通管理部门一般是第一个到达事故现场的。在开始进行救援工作之前,先到达事故现场的救援单位应该对现场作一个客观的考察。千万不要意气用事,为了追求速度立即冲进现场做救援工作,这样可能导致意外或引起伤亡。首先要了解现场和四周情况,看看有无危险的迹象,如损坏的电线或致命的气体和液体等。如果有,就要先将这些问题解决后再开展救援工作。

交通管理部门在见到事故车辆后,必须立刻记录下事故现场的状况(包括周边环境的记录和事故现场草图的绘制),并同时检查受伤人员的状况和伤重程度,确定现场死亡人数以及能否立即转移事故车辆而不会影响伤者的救护工作。如果发现车辆有潜在爆炸危机,就必须先将车内伤者转移。如果汽车车身已经撞坏,受伤者无法移动,则必须先用救援工具将汽车上有关的障碍除掉,然后才能将伤者移出来。在医务人员未到达事故现场之前,交警就必须先对伤者实施实地急救。据统计,在我国车祸死亡中,如果在事故现场实施及时正确的抢救措施,就可以使10%以上的受伤者得以生还和康复。因此,尽快开展急救工作是减少事故死亡率的关键。

交通管理部门在将伤员移到安全地带并记录完事故现场状况后,就要着手事故车辆的清理工作,利用拖车、吊车拖走事故车辆之后还必须清扫路面,尽快恢复交通。

交通管理部门提高救援速度关键在于以下三点。

(1)救援必备除障救援工具。在我国,之前由于缺少除障工具而造成伤员当场死亡的事件屡见不鲜。1995年1月8日,京石高速公路发生63辆汽车高速相撞的惨剧,在几公里路段内,几十辆事故车辆首尾相接,支离破碎。闻讯而来的交通民警因没有必要的除障救援工具,只能眼睁睁地看着伤员在变形的车辆中呼号、挣扎而无能为力,其中一名伤员而失血过多而死亡。同年11月14日,成渝高速公路7辆汽车挤在一起,其中一辆卡车上的伤员被挤在变形

的驾驶室里无法逃生。迅速抵达的清障人员因没有专用工具,只能目睹他们被烈火吞噬。除障工具主要有三种:

①电展宽钳。它的功能是将汽车金属罩壳撑开,如果放在路面上,可以将汽车架高。使用这种工具不仅可以救出困于车内的人,还可以救出压于车下的人。

②电剪钳。它的功能是将汽车金属罩壳剪开,如汽车顶支架和车门等。

③推拉器。它的功能是将汽车机件推开和拉开,其工作对象是车轮轴、车门、仪表等。

(2)救援必备拖车和吊车。事故现场车辆的清除速度也是非常关键的。很多破损的车辆只有依靠拖车或吊车的帮助才能被移出事故区域,这时拖车和吊车的预先准备就是十分必要的,可以加快事故现场的清理速度,提前恢复交通。

(3)交警参与伤员的现场救护,可以有效地提高现场救护速度,这点就需要交警具有判断伤员伤重程度的能力以及现场救护的专业知识和实践经验。

2) 医务部门

医务部门现场清理的主要任务是伤者的现场救护和死伤者的运送。医务部门如果首先到达事故现场,为了能够在不破坏事故现场的前提下迅速投入救援工作,可以在搬运死伤者的同时用粉笔或砖石,将死伤者倒卧的位置和姿态标记下来,以便于交通管理部门的事故记录。这就要求医务人员除了备有除障工具之外,还需备有粉笔等标记工具。对于像颅脑损伤,胸、腹腔内脏损伤,深度昏迷,休克以及肢体开放性骨折,大出血的重伤员,必要时还需请求有关部门派直升机救护。

从上面的分析可知,医务部门事故现场提高救援速度的关键在于除障工具和标记工具的必备。

3) 消防部门

在我国,消防部门在交通事故紧急救援中的主要任务是解除车辆的爆炸危机、排除火险和去除汽车障碍。由于消防部门备有齐全的救援工具,因此必须参与每一次的事故救援,而不仅是只参与出现火情的事故救援。为了提高事故现场紧急救援的速度,消防部门还可帮助医务部门参与伤者的现场急救和帮助交通管理部门清扫事故路面。

4) 特种物品处置部门

特种物品处置部门的主要任务是清理事故现场致命的气体、液体或化学物品,以保障其他救援单位在救援行动中的生命安全。该部门工作时间的缩短只能依赖于作业人员较高的工作效率。

5) 市政设施维修部门

市政设施维修部门在交通事故紧急救援中的主要任务是清理占用车道的电线或维修损坏的液化气、天然气管道等。同样,该任务作业时间的缩短也只能依赖于作业人员较高的工作效率。至于维修因事故造成的路面和交通设施损坏可以在事故处理完成后在路段交通流量不大的情况下进行,因此这部分工作可以不属于交通事故紧急救援的范围之内。

6) 实现现场快速处理事故的要点

总的来说,要在保证救援质量的前提下,达到快速处理事故现场的目的,关键是做到以下几点:

(1)各救援单位都要管理和培养几支拥有与各单位救援任务相匹配的救援能力的精英队

伍。救援人员除了具备相应的理论知识之外,更重要的是具有相应的实践经验。其中,交通管理部门、医务部门和消防部门的救援人员还必须具有伤者现场救护的理论知识和实践经验,从而能够共同参与事故现场的人员救护。

(2)各救援队伍必须拥有快速机动装备,以降低到达事故现场的时间消耗。另外,很重要的是,交警救援队伍每次出警必须备有除障工具和拖车、吊车,而医务部门每次出动除了备有除障工具外,还需备有标记工具,消防部门则同医务部门一样需要备有除障工具和标记工具。另外,交通管理部门和医务部门最好备有救援直升机,以满足严重阻塞交通的特大交通事故的救援和重伤员的运送。

(3)改变交通事故紧急救援的现有机制:消防部门参与每次交通事故救援,除了解除车辆的爆炸危机、排除火险和去除汽车障碍外,还要帮助医务部门参与伤者的现场急救和帮助交通管理部门清扫事故路面。

(4)在事故现场,各救援部门对于能在同一时间内进行的不相干扰的救援工作应该争取在同一时间内进行。如:交通管理部门拖车的同时,医务人员可以在一边进行伤者的现场救护,市政维修部门也可以同时修理液化气、天然气管道等。诸如此类,以缩短事故现场的处理时间。

### 3.2.2 交通事故损失

减少事故处理时间可以缓解事故性拥堵,减小交通事故对道路网总效率的损害。所谓要减少事故处理时间,就是要求事故现场快速处理交通事故。另一方面,事故现场的快速处理还有利于将事故对人身的伤害降到最低。法国曾经作过统计,同样伤势的重伤员,在30min内获救,其生存率为80%,在60min内获救,其生存率为40%,在90min内获救,其生存率仅为10%以下。在我国交通事故死亡中,约40%人是当场死亡,其余60%的人死于医院或送往医院的途中,其中30%的受伤者是因为抢救不及时而死亡。由此可见,事故现场的快速处理的意义是多么重大。

1)交通事故损失

一般情况下交通事故受伤者的死亡发生在三个不同时期。

第一死亡高峰发生在碰撞瞬间,第二死亡高峰发生在事故后1~2个小时之内,第三个死亡高峰是在入院后30天内。其中第二高峰约占车祸损伤的15%,在具有先进外伤救护条件的发达国家约占事故死亡总数的35%。因此,如果存在完备的交通事故急救系统,在受伤后关键性的1~2个小时内,对伤者在路边做紧急处理,并通过通信联络系统迅速发现伤员并及时送至医院,及早救护会大大降低受伤者的死亡率、残废率和永久性伤残程度。

此外,根据统计数据表明,很多交通拥挤是因为事故发生后,未得到及时解决造成沿线拥堵的车辆越来越多,形成恶性循环。因此,需要构建事故救援系统,通过对交通事故现场进行现场救援、事故勘察、消防排障、疏导交通等一系列活动以保障道路迅速恢复正常。

目前,我国的交通事故紧急救援工作还未成体系,并且没有相应的法规予以保证。事故发生后大部分是靠交警巡查或过路驾驶员及路过者的口头报案来抢救伤者,在信息不便或路遇者视而不见的情况下,伤者得不到及时救治,再加之基础医疗设施水平较低,医院因伤者无住院抵押金而拒绝收治等情况普遍存在,致使一些不该死亡的伤者丧生,交通事故损失增大。

我国有关交通事故紧急救援方面的法律规定还很少,且约束力不强。发达国家道路交通法规较为健全,法令严密,如美国的《紧急医疗服务制度》、英国的《道路交通安全法》、日本的《交通安全对策基本法》等,并按人口密度、交通量等建立急救医疗网,同时制订有关医院接纳事故受伤者义务的法令。其管理职责分明,执法严格,公民遵守率高,因此虽然汽车保有量、道路交通量远大于我国,但事故的伤亡率却很低。发达国家在道路交通事故紧急救援方面已经积累了很多成功的经验值得我们借鉴。

2)交通事故的难易

为了便于研究交通事故的现场处理,依事故处理的难易程度将交通事故分为三类。

(1)当事人可以自行处理的事故

《道路交通安全法》第七十条第二款和第三款规定:"在道路上发生交通事故,未造成人身伤亡,当事人对事实及成因无争议的,可以即行撤离现场,恢复交通,自行协商处理损害赔偿事宜;不即行撤离现场的,应当迅速报告执勤的交通警察或者公安机关交通管理部门。在道路上发生交通事故,仅造成轻微财产损失,并且基本事实清楚的,当事人应当先撤离现场再进行协商处理。"

(2)简易程序处理的事故

《道路交通事故处理程序规定》第十五条规定:"公安机关交通管理部门可以由一名执勤交通警察对下列交通事故适用简易程序处理:

(一)具有《中华人民共和国道路交通安全法》第七十条第二款规定情形,当事人对事实及成因有争议的,当事人不撤离现场的或者当事人自行撤离现场后,经协商未达成协议的;

(二)受伤人员认为伤情轻微,当事人对事实及成因无争议,但对赔偿有争议的。"

(3)一般程序处理的事故

《道路交通事故处理程序规定》第十九条规定:"发生下列交通事故,当事人应当立即报警,公安机关交通管理部门应当按一般程序处理:

(一)造成人员死亡的;

(二)造成人员重伤、轻伤或者造成人员轻微伤,但当事人对事实及成因有争议的;

(三)财产损失较大的(财产损失较大的界限,由省级公安机关交通管理部门与保险监督机构协商规定);

(四)财产损失轻微,但有机动车无号牌、未保险或者未按期检验的;

(五)驾驶人无有效驾驶证的;

(六)驾驶人饮酒、服用国家管制的精神药品或者麻醉药品的。"

(4)适用当事人自行处理、简易程序处理事故的现场快速处理

为便于交通警察快速准确处理道路交通事故,《道路交通安全法》《中华人民共和国道路交通法实施条例》中列举了30种常见的事故情形。具体如下:

①违反交通信号指示的;

②违反禁行类或导向类交通标志、标线的;

③逆向行驶的;

④违章掉头的;

⑤违章超车的;

⑥违章停车的;

⑦机动车违章进入公交专用道的或在有公交专用车道公交车违章进入其他机动车道的;

⑧车辆驶入交通管制道路的;

⑨机动车变更车道未让本车道内机动车先行的;
⑩车辆行经无信号灯控制的人行横道未避让行人或未让下车推行的非机动车先行的;
⑪遇放行信号未让先被放行车或行人的;
⑫遇放行信号转弯车未让直行车或被放行行人的;
⑬遇停止信号右转弯和T形路口直行车未让被放行车或行人的;
⑭支路车未让干路车的;
⑮支干路不分的,同类车未让右边无来车的车先行的,非公共汽车、电车未让公共汽车、电车先行的;
⑯相对方向同类车辆相遇,左转弯车未让直行车或右转弯车的;
⑰同方向右转弯车未让直行的非机动车或轻便摩托车的;
⑱进入环形路口的车未让已在路口内的车先行的;
⑲机动车会车有障碍的一方未让对方先行的;
⑳机动车借道出入非机动车道未让行非机动车的;
㉑机动车借道出入人行道未让行人的;
㉒占道停车且无安全警示措施的;
㉓在硬隔离行车道内,因故停车驾驶员下车活动以及未劝止随车人员下车活动的;
㉔客运大、小型车辆在行车道内停车上下客的;
㉕出租车在行车道内突然减速招揽乘客的;
㉖开关车门妨碍其他车辆或行人通行的;
㉗因制动器、转向灯、灯光失效引发交通事故的;
㉘后车与前车未保持安全距离追尾碰撞前车的;
㉙倒车、溜车发生事故的;
㉚单方发生交通事故的。

对于符合《道路交通安全法》第七十条第二款规定情形的事故,当事人在记录了交通事故基本情况后,依法即行驾车撤离现场,防止造成车道堵塞,事后再进行协商。

# 【案例训练】

## 晋济高速公路山西岩后隧道"3·1"特别重大道路交通危化品燃爆事故

3月1日14时45分许,位于山西省晋城市泽州县的晋济高速公路山西晋城段岩后隧道内,两辆运输甲醇的铰接列车追尾相撞,前车甲醇泄漏起火燃烧,隧道内滞留的另外两辆危险化学品运输车和31辆煤炭运输车等车辆被引燃引爆,造成40人死亡、12人受伤和42辆车烧毁,直接经济损失8197万元。

[事故原因]

(1)直接原因:山西籍某挂铰接列车在隧道内追尾河南籍某挂铰接列车,造成前车甲醇泄漏,后车发生电气短路,引燃周围可燃物,进而引燃泄漏的甲醇。

(2)间接原因:晋城高速公路有限责任公司作为晋济高速公路的运营管理单位,对晋济高速公路煤焦管理站在泽州收费站前方违规设立指挥岗的请求采取默许态度,未予制止;企业应急预案的针对性和可操作性不强,启动标准不明确,培训和演练不到位;信息监控中心发现道路拥堵后,未按应急响应要求及时通知高速公路交警、煤焦管理站,也未对拥堵情况进行跟踪和处理。

【拓展提高】

# 交通事故处理程序有哪些?

交通事故处理流程有三个关键阶段:①责任划分;②住院治疗;③解决赔偿,如图3-4所示。

责任划分又分为简易程序(交警现场处理)和普通程序(去交警队处理)。

简易程序:①一方全责,另一方无责。②一方主责,另一方次责。③双方负同等责任。

普通程序:交警调查分四个程序:①制作询问笔录。②查看现场录像,询问证人。③三证一单(指驾驶证、行驶证、身份证、保险单)。④检查报告(指酒精检测报告、车速检测报告、制动坚持报告)。

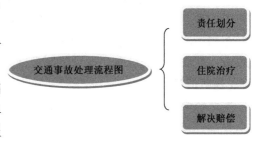

图3-4 交通事故处理流程图

责任处理有以下几种:①一方全责,一方无责;一方主责,一方次责;双方同等责任。以上三种结果,任何一方不满意,三日内均可复核。②责任无划分(一方不满意,只能去法院起诉)。③追究刑事责任,包括交通肇事罪、故意伤害罪、危害公共全罪等。

申请复核:成功复核率很低,关键在于和专业律师的前提沟通。

交通事故流程见图3-5。

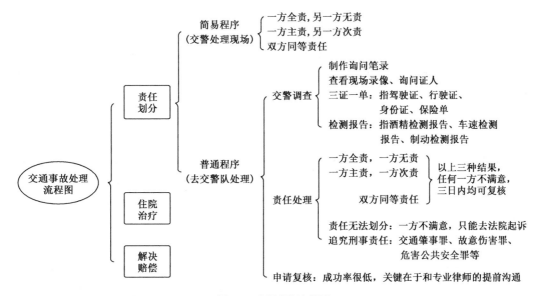

图3-5 交通事故流程图

# 单元3.3 道路交通事故救援系统

## 【案例导入】

5月8日10时,河南省郑州市一辆货车,承载20t货物及5人,由河南驶向四川,行驶10min至乡村道路一处急拐弯坡道路段,驾驶员在下坡时空挡滑行,车辆失控发生侧翻,造成2人死亡,3人受伤。

[事故原因]

(1)驾驶员操作不当,在下坡时空挡滑行,导致车辆失控发生侧翻。

(2)货车主违反道路交通安全法律法规的规定进行人货混装,增加了事故的严重性。由于车辆载货质量加大,惯性增加,下坡时空挡滑行,速度越来越快,必须频繁地踩制动踏板,采用行车制动器频繁容易造成制动热衰退,从而失去或减小制动力,导致车辆失控发生侧翻,造成事故。下坡时要充分利用发动机制动增大制动力,确保安全行车。

[预防措施]

要严格遵守道路交通安全法律法规,禁止货车混装乘客,培养安全驾驶的习惯,注意观察交通标志,禁止下坡使用空挡滑行,确保行车的安全。

## 【知识储备】

道路交通事故发生后,由于事故救援不及时而导致事故受害者得不到及时治疗而死亡的占大部分,及时有效的实施事故紧急救援是大多数发达国家降低事故死亡率的重要措施。

### 3.3.1 救援系统的内涵

发生道路交通事故后,救援拖延的时间越长,伤亡率越高,而且对交通秩序乃至社会的影响亦将愈加严重,甚至可能引发新的连发灾害。道路交通事故实验表明,如果在交通事故发生后5min内采用应急救援措施,30min内采用急诊,至少可以使18%~25%的重伤者免于死亡。交通事故发生后的半小时被称为"生命黄金半小时"。因此,实施道路交通事故救援是降低交通事故伤亡率及社会影响危害的重要措施,其对预防道路交通事故也有很好的借鉴作用。

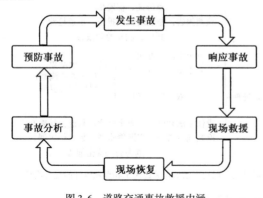

图3-6 道路交通事故救援内涵

在整个道路交通事故救援行为中,包含了发生事故、响应事故、现场救援、现场恢复、事故分析、预防事故六环节内容。这些环节也正是救援工作的内涵,如图3-6所示。

道路交通事故救援系统是指在相应政策法规及机制的保障下,由统一组织机构协调管理,充分整合交通、公安、医务、消防、保险、环卫、特种物品处置等各职能响应部门,以最快的反应能力在交通事故影响的范围内,对伤员实施急救、抢修道路设施、排除事故造成的障碍、恢复交通,将事故造成的各种损失降到最低,实现救援社会效益最大化。

### 3.3.2 救援系统的建立

美国、日本和欧盟国家的应急救援管理机制运转良好,包含了应急救援法规、管理机构、指挥系统、应急队伍、资源保障和公民知情权等,其应急救援系统也比较完善,并逐渐趋向标准化应急管理体系(SEMS),使整个救援系统更加科学、规范和高效。总体上,发达国家在交通事故救援体系、救援网络建设、救援方案决策及救援技术等方面的研究较为成熟,已经形成由多专业、多部门参与的地面、空中联合协作的立体救援体系。

1)建立原则

(1)政策支持、机制保障原则

健全的道路交通救援系统与依法开展应急救援工作必须有相应法律、法规作为支撑和保障,与此同时,高效、稳定、有序的事故救援机制是保障救援效益最大化的前提。在我国,公安部、卫生部联合下发了《关于建立交通事故快速抢救机制的通知》,明确要求各地建立交通事故快速抢救机制,实现各级急救信息联动和反馈制度,切实提高交通事故现场急救能力。

(2)统一指挥、协同救援原则

道路交通事故救援工作不但涉及多个部门,而且需要调动大量的人力、物力、财力,需要全局性的考虑和规划。应在政府的直接领导下,建立统一救援指挥机构,按照道路交通事故现场抢救、人员救治、群众疏散、交通管制、物质保障和通信信息传输等情况,明确各部门职能,各司其职,落实责任,科学组织。各救援部门接到指挥中心的指令后,应迅速到达事故现场,按照指挥中心的安排,协同合作,明确分工,密切配合,紧张有序地开展救援工作。

(3)技术先进、队伍过硬原则

道路交通事故救援技术包括交通事故诊断和预报技术、信息共享技术、救援决策技术、交通流组织和疏导技术、交通创伤研究、急救技术及设施设备抢修技术等。参与救援人员也应训练有素,能在事件发生时以过硬的专业技能和高度应变的心理素质迅速展开救援。

(4)及时响应、及时救援原则

发生道路交通事故后,相关道路交通管理机构通过监测设备检测到或接到现场有关人员的报告后,应迅速了解、掌握事故情况,并及时在信息共享平台发布信息,将事故情况实时传递给各相关部门,各部门应联手做好准备,启动应急预案,迅速展开救援工作。各救援部门的紧急救援人员和设施、设备也应当第一时间到达指定位置,及时开展突发交通事故紧急救援和维护交通秩序工作。

交通事故发生地的政府和相关部门应积极参与抢险救援,发挥主要组织带动作用,各相关部门应当积极配合救援工作,服从统一指挥、调度。在救援过程中,救援人员也要注意自身安全。

(5)救人优先、善后处理原则

坚持"以人为本、生命至上",把保护人民群众生命安全作为事故处理的首要任务。在现场应以救治伤员为第一要务,最大可能地保障人民的生命安全,降低伤亡发生率。

开展救援的同时,也应尽快开展善后处理工作。相关责任部门要严格按照国家的有关政策、法律、法规,做好宣传解释工作,并对伤亡人员给予赔偿。市政部门抢修道路基础设施,保障道路畅通,交通管理部门恢复行车秩序,维护行车安全。及时协调,敦促有关保险公司提前介入,按相关工作程序做好保险理赔工作。

(6)广泛参与、宣传预防原则

培植广泛的救援网络,使救援中心达到相当的密度和网络化。在相关群体中培养大量拥有交通事故紧急救援常识的人员,如机动车驾驶员、交通事故高发群体、交通警察、公路沿途居民以及部分社会志愿者等。急救知识包括现场保护常识、伤员急救常识、财物保护技能和紧急避险技能等。

利用媒体进行广泛宣传教育,在保障公民知情权的同时,提高道路交通安全意识,有效做到风险规避,防止和控制交通事故发生,减轻交通事故对民众生命财产的危害。

2)组织体系

道路交通事故救援系统组织架构可分为一个指挥中心、多个协调部门、多套技术应用系统,相关配套法规、法律政策和有效运行机制是保障组织体系良好运作的基础和前提。

指挥中心一般由当地政府道路交通管理部门成立,实行片区就近管制。多个协调部门包括交通、公安、消防、医疗、市政、保险、特种物品处置等各职能机构,多套救援应用系统包括交通事故检测及性质判断系统、交通事故决策分析系统、交通事故救援调度系统、交通事故现场处理系统、交通流组织管理系统及交通事故数据记录分析系统。各部门及系统存在以下联系,如图3-7所示。

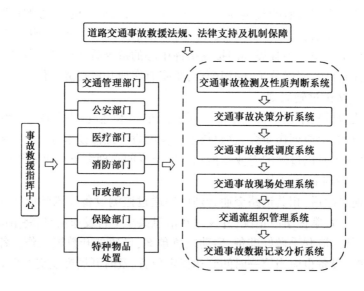

图3-7 道路交通事故救援组织体系

(1)交通事故检测及性质判断系统

交通事故检测及性质判断系统是交通事故救援系统的基础。它主要通过人工检测及先进的技术设备检测事故的发生,并确认事故发生地点、事故性质、事故类别及严重性等细节,从而为事故救援方案的生成和修正提供依据。

(2)交通事故决策分析系统

交通事故决策分析系统接收到检测判断系统提供的信息后,通过预先设定的模型和相关数学算法对事故进行分析计算,输出最佳救援方案,包括部门及装备调度方案、救援路线选择方案、事故现场急救与处理方案、交通流控制和疏导方案等。交通事故决策分析系统应该在最短的时间内以最有效、最低廉的成本解决交通事故,消除事故对社会造成的影响。

交通事故决策分析系统还应包括分级响应功能。即根据事故发生后的伤亡情况、车辆损害情况对事故进行分级预判,为生成救援预案提供保障。事故等级可分为一般(Ⅳ级)、较大(Ⅲ级)、重大(Ⅱ级)、特大(Ⅰ级)四个级别,相对应的救援措施见表3-2。

不同事故等级分级响应措施　　　　　　表3-2

| 事故等级 | 事故情况 | 所需救援 |
| --- | --- | --- |
| Ⅰ级 | 一次造成死亡3人以上,或者重伤11人以上,或者死亡1人,同时重伤8人以上,或者死亡2人,同时重伤5人以上,或者财产损失6万元以上的事故,或载运危化品、易燃易爆物品车辆发生道路交通事故已经造成或可能造成特别重大危害的事故 | 医疗部门、交通管理部门、消防部门和特殊物品处理部门 |
| Ⅱ级 | 一次造成死亡1~2人,或者重伤3人以上10人以下,或者财产损失3万元以上不足6万元的事故,车辆损坏严重、车辆自燃或车载货物散落。 | 医疗部门、交通管理部门、消防部门 |
| Ⅲ级 | 一次造成重伤1~2人,或者轻伤3人以上,或者财产损失不足3万元的事故,车辆损坏严重或车载货物散落 | 医疗部门和交通管理部门 |
| Ⅳ级 | 一次造成轻伤1~2人,或者财产损失机动车事故不足1000元,车辆轻微损坏、无法自行离开或车载货物散落 | 无须人员救护,交通管理部门直接按情况处理 |

(3)交通事故救援调度系统

交通事故救援涉及多部门、多专业联合协同作业,各部门紧密配合、协调工作是圆满处理各种事故的基本条件,这就要求其调度系统能准确、快速、有效地发布明晰指令,合理安排救援人力、设备部署、救援车辆及行驶路径,使其能迅速到达事故现场,加速事故处理,减少事故损伤。

(4)交通事故现场处理系统

道路交通事故救援系统的主体便是事故现场处理系统,其主要指救援部门到达事故现场到事故路段清理干净,恢复正常通车为止的这段时间。

通常情况下,交通管理部门一般是第一个到达事故现场的,主要工作有疏导交通流、实行交通管制,勘察事故现场状况,检查受伤人员状况和伤重程度,确定现场死亡人数,排除潜在危险,清除汽车上的障碍,转移伤者。在医务人员还未到达现场前,交通管理部门必须就地对伤者展开紧急治疗。随后,尽快清理事故车辆,清扫路面,恢复交通秩序。

医疗部门的任务就是救治伤员、运送死伤者。如果医疗部门先到达事故现场,可在不破坏事故现场的前提下迅速投入救援工作。为了便于交警记录分析事故现场,医疗部门可在搬运死伤者时,用粉笔将死伤者的位置和姿势标记下来。

消防部门备有齐全的工具,因此,必须参与每一次事故救援任务,而不仅仅在现场发生火情的情况下才参与。消防部门的主要任务有解除车辆爆炸危险、排除火情、去除汽车障碍。为了提高事故救援效率,消防部门还应协助医疗部门进行现场人员救助,帮助交警清除路面等。

特种物品处置部门的主要任务是清理事故现场危险气体、液体或化学物品;市政设施维修部门的主要任务是清理占用车道的电线、抢修道路等,而维修损坏的液化气、天然气管道等则可以在事故处理完后,道路车流量较小的时段进行。

总体上,各种救援力量在现场需要高效、紧密的配合,以尽可能减少人员伤亡,减少事故处理时间,缓解事故拥堵,降低交通事故对路网运行效率的损害。

事故现场处理步骤如图 3-8 所示。

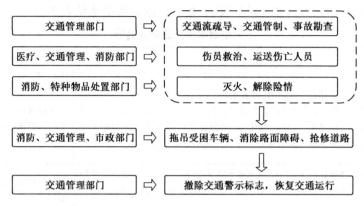

图 3-8　道路交通事故现场救援处理图

(5) 交通流组织管理系统

交通流组织管理系统包括信息发布、交通管制及交通诱导功能,是智能交通(ITS)系统的重要组成部分。主要作用是通过先进的信息共享平台,利用道路上的信息显示屏、交通广播、互联网、手机短信、电视等信息传播媒介,向交通参与者提供事故及交通管制情况,给予出行者驾驶建议及一定的控制和引导,规避险情,合理控制和均衡交通流分布,减少交通事故对正常交通秩序造成的影响,保障城市道路畅通。

(6) 交通事故数据记录分析系统

交通事故数据记录分析系统主要是将道路交通事故救援事件中的重要数据信息记录下来,形成事故数据库,生成事故分析报告,为救援系统的后续研究提供基础数据。系统、全面的交通事故救援数据可为认识交通事故发生规律、管理部门宏观决策和制定救援预案提供依据,为有效预防道路交通事故的发生提供保障,为交通安全教育提供素材。

### 3.3.3　救援流程

发生道路交通事故后,救援指挥中心在接到现场人员报警或利用监测设备检测到事故后,启动交通事故性质判断系统,确认事故类型,生成救援方案,包括需参与救援的部门及所携带装备、最佳救援路线、交通疏导和管制方案等,随后通过交通事故救援调度系统组织相关人力、物力参与现场救援,同时通过交通信息传播平台,发布事故信息和相应路段交通管制信息。事故处理完毕后,将详细事故和救援信息记录在事故数据库中,对救援工作得失做出分析和评价,为进一步改进救援方案提供基础。整个系统的救援工作流程如图 3-9 所示。

### 3.3.4　紧急救援系统

交通事故紧急救援系统是能够对道路交通事件开展快速、行之有效的管理系统。它可以对突发事件做出快速反应,减少诸如交通事故等突发事件对人民生命和财产所造成的损失,把突发事件对交通系统的影响降低到最低限度。紧急救援系统利用高度快捷的信息传递方式,使公安交通管理人员和救援人员能够迅速赶到现场,对突发事件进行及时有效地处理。在大中城市几乎每天都有不同程度的交通事故发生,紧急救援系统可以使交通事故得到及时处理,避免对道路交通的较大影响,从而使整个路网的众多人员和车辆受益,其产生的直接效益是减少阻塞和延误,其间接的可能效益是能够有效地避免二次交通事故的发生。

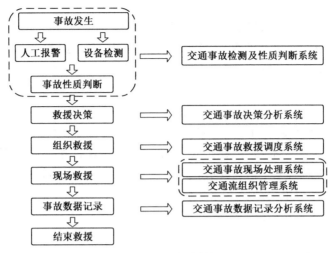

图 3-9 道路交通事故救援流程

1) 紧急救援系统的工作过程

对交通事故的快速处理,尤其是对发生在城市主干道和快速环路的交通事故的快速处理是交通事故紧急救援系统的主要工作任务。对于交通事故(事件)的处理来说,紧急救援系统的工作过程主要包括事件确认、快速反应、道路清理等步骤。它是在发生交通事故后合理的使用警力、物力和技术资源尽快使道路恢复其通行能力、减少其影响范围所进行的一系列工作。它主要是合理的组织和安排交通流在整个事件处理过程中顺利通过事件发生地。在事件处理地整个过程中,它需要对现场连续监控并不断地调整交通管理策略,同时应对出行公众提供交通事故处理过程的必要信息。

有效的交通事故紧急救援系统运作程序包括以下 6 个过程:

(1) 事件检测与确认;
(2) 事件快速反应;
(3) 现场处理;
(4) 交通管理;
(5) 事件清理;
(6) 事件信息发布。

在实际应用中,以上六个过程通常是同时进行或交替进行的,有时又根据事件的具体情况减少某些工作环节,但是一个合理的事件管理(处理)程序可以提高各个环节的效率和有效性。

2) 事故管理程序的各个环节

(1) 事件的监测和确认

事件检测是提醒有关负责维护交通安全和通畅的机构与部门给予注意的过程。下面的几种方法常用来进行事件检测:

① 交通监视系统的车辆检测器、视频仪器和闭路、微波电视等;
② 移动电话;

③路边紧急电话或交通事故报警电话；
④交通巡逻执法部门的报告等。

(2) 事件快速反应

一旦确定交通事故发生后，紧急救援系统根据历史交通信息并运用人工智技术提出事件快速反应方案，进行协调各相关机构、管理相应的人员和设备、通信联络和信息发布等一系列活动。恰当、合适的事件快速反应过程取决于对所发生事件的了解以及现有条件下所能提供的装备与资源。

(3) 现场管理

现场管理的重要任务是准确评价事件严重程度，确定合适的优先权，协调相关资源的使用，保证通信的清晰与畅通，通过有效的方法安全、快速、高效的清理事故现场。保证事故处理人员、事件的当事者以及其他车辆驾驶员和乘客的安全是事件现场管理的首要目的。高效的事件管理方案必须具备以下特征：

①确定一个事件现场指挥点；
②指定一个有权威的现场指挥人员；
③应将所有与事件处理相关的人员都包含进来；
④对紧急车辆和设备进行分阶段调用等。

(4) 交通管理

交通管理就是将各种交通控制方法应用在事件处理现场，其主要包括：
①车道关闭与开放；
②匝道控制；
③使用可替代道路等。

这个环节是通过信号控制系统的配合实现的。

(5) 事件清理

事件清理是移开失事残骸、清理道路上杂物以及其他影响交通流正常运行的东西，是道路通行能力恢复到事件发生前的正常水平的过程。

(6) 事件信息发布和记录

事件信息发布是通过各种渠道和方式将事件信息传播给驾驶员的过程。常用的传播手段有：

①道路交通咨询电台；
②可变信息板；
③商业广播电台；
④车内路线导航器；
⑤有线电视交通报道；
⑥互联网；
⑦电话信息交换等。

交通事故紧急救援系统记录事件的相关信息，供以后研究和查阅使用。应用事件管理系统来降低交通阻塞事件主要取决于怎样合理的安排上述6个过程。在事件处理地各个环节中，相关管理部门的协调也是非常必要的。各个部门(如路政管理部门、交通警察、消防队、紧急救援医疗小组、起重和拖车分队、信息发布人员以及其他的交通运输相关部门等)在特定的条件下应更深刻地理解自己的责任和作用，以使各部门之间的协作更加有效。

3）我国现行的紧急救援模式

当前我国城市道路交通事故紧急救援模式还停留在传统阶段,如图3-10所示,事故发生后,值班交警、医疗部门、消防部门和路政部门分别通过122、120、110、119报警电话来确认事故发生,各部门相互之间缺乏必要的联系,各自到达事故现场开展救援工作。

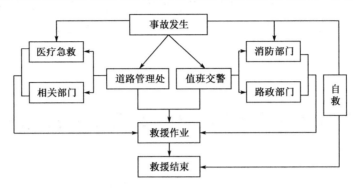

图3-10 我国城市道路交通事故紧急救援模式

在这种救援模式下,包括以下几种紧急救援形式:

(1)道路管理部门与医疗协作救援,交通管理部门接到报警后立即通知医院赶赴现场,对事故受伤人员实施救援措施。

(2)道路管理部门和医疗部门合作,实现"122"与"120"电话平台的联动,出现具有人员伤亡性质的事故后,各部门可以及时获取事故相关信息,在事故救援过程中可以随时实施信息共享,真正实现联合救援。

(3)事故发生后,受伤人员由过往车辆、行人或肇事车辆送到医院或事故受伤人员实施自救。

(4)发生具有火灾性质的交通事故后,指挥中心通知消防部门参与救援,与各部门协力救援,扑灭火情。

(5)若事故导致车辆损坏严重或无法移动,需要以解体切割或拖曳方式实施救援时,调度中心应及时向拥有该设备的单位求援。

上述几种紧急救援模式对于控制交通事故的损害具有较大的实施效果,但也存在一些问题:

(1)救援分工不明确

在救援工作的过程中,大多数参与救援的单位都是较为"被动"地介入到救援工作中,并不了解事故情况,从而导致事故现场管理混乱,救援效率不高。有的救援活动因多头领导、职责不清、救援人员缺乏必要的救援知识,导致事故现场遭到破坏,使有价值的证据灭失,增加了交通事故处理难度。有的救援活动还会因为人为原因造成交通拥堵,有的还会引发二次事故等严重后果。

(2)救援内容不完备

交通事故的救援工作都只注重事故受害者的医护急救,基本忽略对交通基础设施的抢修、恢复道路的正常通行能力,减少事故路段的交通拥堵等内容。

(3)救援效率不高

参与救援的部分部门和人员对事故现场环境不熟悉,从而造成不能较快地选择最佳救援路径。对事故受害者的伤情不能迅速做出准确判断,贻误最佳急救时机,甚至有的事故受害者被多次转送。而且,大多数急救措施是在受害者被运送到医院以后才着手实施的,因此缺乏及时有效的事故现场或者运送途中急救措施,从而错失最佳急救时机。

(4)硬件水平比较落后

紧急救援工作的效率和质量在很大程度上取决于装备水平的高低,由于各地区的经济实力差异较大,对交通事故紧急救援的理论认识水平也各不相同,因此对救援的硬件投入重视程度也就有很大的差异,从而在物资装备水平上影响救援工作的最终效果。

**【案例训练】**

## 厦蓉高速公路和溪路段"3·22"重大道路交通事故

3月22日11时25分许,一部满载水泥的重型半挂牵引车,由龙岩开往漳州,行驶至G76线厦蓉高速公路K109+524处,因车辆失控,先后撞上小汽车、卧铺大客车(核载44人、实载45人,其中儿童3人)、大货车,造成12人死亡、34人受伤,直接经济损失达530多万元。

[事故调查]

事故路段线形为下坡右转明弯,纵坡度3%~5.8%,平曲线半径$R$在K110+326~K109+461段为955m、在K109+461~K109+075段为394m,沥青混凝土路面,以标线划分为快车道、主车道、紧急停车带,设有线形诱导标志、下坡标志、限速标志,最高限速大货车60 km/h、其他车辆80km/h,另设有振动式标线。事故路面为单向双车道,快车道宽3.75m,主车道宽为3.75m,紧急停车带宽2.90m,路面平整、干燥。

[事故原因]

(1)直接原因:经车辆技术鉴定和事故调查专家小组综合分析,造成本事故发生的直接原因:肇事车辆前轮制动器被人为解除,较长时间车辆维修检查不到位,导致部分制动器机件磨损、损伤或沾油严重影响车辆制动性能。驾驶人别某在车辆技术状况不符合《机动车运行安全技术条件》(GB 7258—2017)要求的情况下,驾驶车辆上路行驶,在下长坡路段未能根据交通条件采取合理措施控制安全行车速度,挂最高前进挡下坡,持续使用制动,导致制动器摩擦过热,制动效能下降,直至制动失效。在发现车辆制动性能下降,车速无法控制时,未能采取其他有效避险措施,导致事故发生。

(2)间接原因:

一是龙岩高速公路管理分公司贯彻执行省高速公路公司"黑名单"机制不力,导致肇事"黑名单"车辆通过遮挡车牌方式进入高速公路行驶。

二是漳州高速公路管理分公司,事故路段减速振荡标线养护不到位。

**【拓展提高】**

## 某县"3·18"特大道路交通事故应急救援案例

2015年3月18日,某县境内发生一起特大交通事故。市委、市政府、县委领导非常重视,立即启动应急救援预案投入应急救援。

[基本情况]

(1)事故发生时间:2015年3月18日上午9:50左右。

(2)事故发生地点:某县石碑乡巫渣路(巫山—渣树坪)K63+300处。

(3)事故单位:某县客运管理站。

(4)事故车辆:车主田某于2015年1月购车,同月11日与某县客运站签订《客运单车融资合作经营合同书》。车辆核定载客22人,实际载客20人。

(5)事故当事人:驾驶员田某,男,某县坪南乡人。2008年11月办理驾驶证,准驾B型车,2011年12月增驾大客,增领取A型机动车驾驶证。

(6)伤亡情况:死亡13人,轻重伤7人。

(7)直接经济损失:10万元。

[事故经过和应急救援过程]

2015年3月18日9时30分左右,某县汽车客运站一辆中巴客车,载客20人,由融资车车主即驾驶员田某驾驶,从某县抱龙镇开往巫峡镇。上午9时50分,当车行至巫渣路K63+300处,在转向会车过程中从道路右侧驶出路面,坠入高约150m的崖下,造成当场死亡8人,送医院抢救无效5人,轻重伤7人,直接经济损失10万余元的特大道路交通事故。

事故发生后,县委、县政府及当地乡镇政府高度重视,投入全部精力处理事故。县委书记、县长、县委常委、县委办公室主任、县委常委、政法委书记、副县长率县委办、县府办、安监局、交通局、卫生局、县医院、交通大队、汽车客运站、运管所、路政大队、养路段、财保公司、人保公司等单位负责人及医护人员火速赶赴现场,直到抢救伤员,调查事故原因,处理善后工作。石碑乡政府、抱龙乡政府负责人立即组织现场施救,县委、县政府成立了"3·18"道路交通事故调查处理领导小组,由县长任组长,常务副县长、副县长任副组长,县及有关部门及相关乡镇负责人为成员,具体负责抢救伤员、事故原因调查和善后处理工作,保持社会稳定,确保了事故的妥善处理。一是伤员得到及时治疗,7名轻重伤员于3月19日凌晨前全部转入某县医院、省某县医院治疗,治疗效果良好。二是3月20日前13名死者尸体全部及时安埋。三是在市交通总队的指导下,快速查明了事故原因。四是对事故责任单位及责任人及时作出责任追究处理。目前,"3·18"道路交通事故的善后工作已经全部处理完毕,7名伤员已经出院,死者的抚恤赔偿工作全部完成。

[事故原因]

事故发生后,县政府抽调监察局、安监局人员组成调查组,自2015年5月13日~28日,深入企业和有关单位询问在场人,提取车辆有关书证、物证,查阅有关资料,经过事故调查小组,通过认真分析研究认为:

(1)事故直接原因:事故现场位于巫渣路K63+300一上坡左转弯处,纵向坡度3.5%,弯道半径21.5m,泥泞碎石路面,道路全宽6.7m。经县交通大队现场勘查:肇事车转向、行车制动、驻车制动性能有效,在会车过程中无碰撞、刮擦痕迹。事故发生的直接原因是驾驶员田某在会车过程中临危处置不当,应对此事故负全部责任。

(2)事故间接原因:某县汽车客运站成立于2000年,是一家全民所有制事业单位,隶属县交通局直接领导,它的主要任务是管理和发售汽车客票,组织旅客的乘车和客车的发归等工作,2015年2月被某市交委批准为某市三级客运企业,从2011年8月开始进行车辆融资合作经营,共有融资车12辆。该站在从事陆路旅客运输后,虽然建立了各种规章制度,但是对融资车辆驾驶员安全教育不够,执行制度不严,是造成事故的间接原因。

[事故教训及工作整改措施]

事故血的教训是惨重的,我们应该痛定思痛,全面反思,不断加强安全整顿和总结事故发生的原因,全力以赴做好各项安全工作。

(1)高度重视,进一步加强安全生产管理。根据某县道路交通现状,3月18日,县委办、县府办再次发出了《关于进一步开展安全大检查、大整顿工作的紧急通知》(委办〔20××〕19号),要求各级部门吸取教训,举一反三,进一步加强领导,精心组织,落实责任,加强教育,严格管理,强化督查,严肃处理,全力抓好道路交通安全大检查大整顿工作。4月13日,县政府召开全县安全生产工作会议,签订安全生产工作目标责任书,布置安全工作,进一步提高各级各部门对安全工作的思想认识,明确加强管理、预防为先、严格执法、严追责任等工作措施及工作责任。

(2)标本兼治,全面开展安全生产大检查、大整顿。按照委办〔20××〕19号文件精神,3月19日,以交通安全为重点的全县安全生产大检查、大整顿工作全面展开。县委书记在指挥处理善后工作的同时,亲自带队再次进行水上交通安全检查;县长黄明明及分管领导再次分江南、江北两片进行道路交通安全检查。

为确保这次整顿工作收到实效,县委、县政府要求各乡镇、各部门必须严格执行道路交通"无取缔、四不准、以取消"制度,以继续整治危险路段,抓实警示标志设置,严禁农用运输车非法载客等为重点,全力做好三项工作。一是全面规范客运市场。按市委、市政府的要求,由交通管理部门牵头,进一步巩固完善营运公司组建工作,严禁个体营运车死灰复燃。二是加大乡镇政府管理道路交通的力度,县交通大队已对各乡镇的道路安全人员进行专门培训,按"属地化"管理原则,落实分级责任。三是全力整治危险路段。对于危险路段,挤出资金加装防撞栏;对不能通车的坚决禁止通行;对交通安全标志不明或者没有的,必须尽快予以安装。

在道路交通专项整治中,共检查车辆3290台次,查处违章车1296台次,处罚无牌无照车辆198台次,无证驾驶196人次,暂扣车辆843台次,暂扣证件826个,吊扣驾驶证38个,违章罚款55万元,依法拘留违章驾驶员4人。县财政挤出经费500余万元,正全力兑现区间主干道危险路段增加道路防护栏和警示牌等道路安全基础设施,着力整治病险桥梁,疏通边沟、涵洞,消除道路隐患。同时,对煤矿、地质灾害、民爆物品、消防、建筑、农电、旅游等行业的安全大检查、大整顿工作也相继进行。

(3)强化教育,进一步开展安全培训。"3·18"事故后,我们认真吸取血的教训,在县汽车客运站召开了事故分析、反省会,深刻反省事故原因细化安全管理措施,对全县客运车辆驾驶人员进行为期7天的安全教育培训,增强客运车辆驾驶员的安全意识;对参加培训的驾驶人员进行了考试考核,对考试考核不合格的驾驶人员,采取了一律停止从事客运车辆驾驶和取消其驾驶资格的措施。

(4)明确职责,进一步落实安全生产责任。按照国务院、某市政府《关于特大安全事故行政责任追究规定》和《县人民政府贯彻国务院、某市关于特大安全事故行政责任追究的规定的通知》要求及安全事故处理"四不放过"的原则,严肃追究安全生产事故责任。一是继续实行安全工作的一票否决制度。实行黄牌警告,凡受黄牌警告的乡镇、部门的主要领导和分管领导不得评先进,并在一定时期内不得提干、晋升。二是实行引咎辞职制度。一年内在同一地区发生三次死亡3人以上的重大安全事故,或发生一次死亡10人以上特大安全事故,或连续两年被黄牌警告、乡镇分管领导要引咎辞职,以此充分体现事故处理的惩戒、教育作用,促进安全责任的落实到位。

(5)把安全生产工作放在首位,要坚持不懈,要时时讲、天天讲、月月讲、年年讲。"安全第一,以人为本"不是一句空话,是无数次血的教训的深刻总结。我们要把安全生产工作时刻摆在第一位,不但要建章建制,落实安全生产的责任,还要大力宣传,要每个生产者都能深刻领会安全第一的含义,时刻具备安全生产的意识。

(6)把安全生产工作落到实处,不要自定自犯;不要事前放松,事后来急。安全工作应该首先落实在事前的预防和消除事故的隐患上。

# 单元 4　道路交通事故统计与分析

## 知识目标

1. 了解道路交通事故统计与分析的重要性。
2. 理解道路交通事故数据统计的具体内容。
3. 掌握不同类型交通事故统计指标的计算和五种数据分析方法。

## 能力目标

1. 能够根据交通事故的特性选取合适的统计指标进行统计。
2. 能够根据统计数据和分析结果撰写简单的交通事故统计分析报告。

## 单元 4.1　道路交通事故数据统计概述

【案例导入】

### "醉酒驾车"和"两超一危"为何列入危险驾驶罪

2011年2月25日,《中华人民共和国刑法修正案(八)》于第十一届全国人民代表大会常务委员会第十九次会议通过并公布,自2011年5月1日起施行。《中华人民共和国刑法修正案(八)》在原刑法第一百三十三条后增加一条,作为第一百三十三条之一:"在道路上驾驶机动车追逐竞驶,情节恶劣的,或者在道路上醉酒驾驶机动车的,处拘役,并处罚金。有前款行为,同时构成其他犯罪的,依照处罚较重的规定定罪处罚。"

2015年8月29日,《中华人民共和国刑法修正案(九)》于第十二届全国人民代表大会常务委员会第十六次会议通过并公布,自2015年11月1日起施行。《中华人民共和国刑法修正案(九)》将在原刑法第一百三十三条后又增加两条,作为第一百三十三条之补充:"在公路上从事客运业务,严重超过额定乘员载客,或者严重超过规定时速行驶的""违反危险化学品安全管理规定运输危险化学品的",有前款行为,同时构成其他犯罪的,依照处罚较重的规定定罪处罚。

据公安部交通管理部门统计数据显示:1998年,全国共发生5075起酒后和醉酒驾车肇事案件,造成2363人死亡;2008年,发生7518起,死亡3060人;2009年1~8月,共发生3206起,造成1302人死亡,其中,酒后驾车肇事2162起,造成893人死亡;醉酒驾车肇事1044起,造成409人死亡。全国因酒后驾驶而导致的死亡人数平均以每年7.3%的速度增长。

据公安部交通管理部门统计显示:2011~2015年全年每年发生的生产经营性道路交通事故分别为59366起、53183起、49094起、44412起和39646起;死亡人数分别是24258人、21508人、20910人、20239人和19270人。2011~2014年,全国发生营运客车超员事故1946起,死亡1289人,受伤6173人,其中一次死亡10人以上的重特大道路交通事故中,存在客运车辆超员的占27.2%;2010~2014年,全国共发生校车事故43起。

## 【知识储备】

"安全第一"还得以"预防为主",要想寻求提高交通安全水平的途径,首先就必须对交通事故现象进行统计和分析,找出交通事故发生的规律及原因,并对交通事故未来的发生趋势做出预测,从而达到有效预防的目的。

### 4.1.1 道路交通事故统计分析的内涵

道路交通事故是一个很难控制的随机过程,它不可能绝对不发生,但人们可以通过对道路交通事故的调查以及对大量道路交通事故数据的总结分析,得出道路交通事故的发生规律,从而减少事故发生次数和降低事故的损害性。道路交通事故统计分析就是通过对道路交通事故的统计报表进行分析,即对事故总体进行的研究活动。目的是查明道路交通事故的总体现状,发现事故动向和各种影响因素对事故总体的作用和相互关系,以便从宏观上定量地认识事故现象的本质和内在规律。

*1)道路交通事故统计分析的定义*

道路交通事故统计分析,是指应用统计学的理论来分析交通事故所具有的特性,对道路交通系统中人、车、路和环境等因素进行统计,以用来指导交通安全工作,客观、全面地分析导致交通事故的原因,确定道路交通系统的薄弱环节,提出针对性的预防和改进措施。交通事故统计分析是公安机关交通管理部门的职责,也是道路交通安全研究的一个重要内容。

道路交通事故统计分析是道路交通安全研究的一个很重要方面,但道路交通事故是涉及多方面因素的复杂现象。一起交通事故的发生,既有其特定的、偶然的原因,同时又受总体的共同性因素支配,只有调查了足够多的交通事故后,才有可能对总体情况有所认识。另外,事故统计分析需要有明确的数量概念,主要通过具体的数据而不是文字叙述来揭示交通事故现象的本质和内在规律。

道路交通事故的统计就是通过在一定范围内,对事故的各种形态和相关因素进行定量分析并寻找事故发生规律的一种方法。道路交通事故的调查是道路交通事故统计分析的基础,道路交通事故统计分析为交通事故的成因分析、道路交通事故的预测和道路交通的安全评价提供数据依据。

*2)道路交通事故统计分析的作用*

路交通事故统计分析对于科学地搞好交通管理,减少和防止交通事故的发生,保证道路交通安全具有十分重要的意义。道路交通事故统计分析的主要作用如下:

(1)发现和识别事故高发区域、交叉口和路段。
(2)可以分析交通事故成因、特征、规律及交通安全工作中的薄弱环节,明确交通安全管理工作的重点和对策。

（3）可以证实道路几何设计、车行道设计、交叉口设计、交通控制装置的设置及参数选择的合理性。

（4）可以证实交通建设投资的合理性。

（5）可以鉴定某些交通管理方法的实际效果。

（6）可以提供交通管理机构设置的合理性论证资料。

（7）检验交通法规中所规定的款项的合理性，了解哪些款项应进一步完善和补充。

（8）检验驾驶员培训、交通安全教育的作用。

（9）检验道路交通规划的合理性。

（10）可以分析出影响交通安全的诸因素及其影响的轻重程度，预测交通事故的发展趋势。

3）道路交通事故的安全评价

道路交通事故的安全评价可分为宏观评价和微观评价两个方面。

宏观评价方面，也就是交通事故的区域分布分析，对某一区域进行大量交通事故的综合分析，从大量的交通事故中总结出共性的普遍的规律，总结出该区域道路交通事故发生的特征和频数，同时对道路交通事故的相关因素进行分析。道路交通事故的相关因素很多，目前对交通事故的分析途径是利用数学方法对交通事故的数据进行处理，比较成熟的方法有多因素相关分析法和灰色系统分析法等。由于区域分布分析中的交通事故数据具有很强的区域地理因素，这就需要有地理数据的文件管理系统。

宏观评价分析为制定防止和减少交通事故的对策与措施提供依据和基础资料。

微观评价方面，它是对单个事故的成因分析，对典型道路交通事故或对众多事故中取样作全面的分析，探求主观与客观原因、直接与间接因素。例如对某一路段或某一交叉口交通事故发生规律和发生机理进行研究，以便制定安全对策。这一层次的分析则需要更多的地理因素信息和环境因素信息，简单的数据文件形式已不再满足要求，借助直观形象的地图进行安全分析尤显必要。

微观评价分析为具体道路的规划、修建、重建等提供理论依据。

道路交通事故统计分析是道路交通安全评价的重要组成部分，进行道路交通安全评价也必须有道路交通事故分析的支持，因此，道路交通事故统计分析对我国交通安全的研究有着重要作用。

## 4.1.2 道路交通事故统计分析的意义

交通事故统计分析包括对单个事故的成因分析和对大量事故的综合统计分析。前者是对典型交通事故或对众多事故通过取样来进行分析，探求主观和客观原因、直接因素与间接因素。后者则是从大量的交通事故中寻找共性的普遍规律，为制定防止和减少交通事故的对策和措施提供依据和基础资料，同时研究和比较采取政策的有效程度、道路交通安全设施和投资效率等。前者也称为微观分析，后者为宏观分析。这里讲的道路交通事故统计分析指的是后者，即对大量交通事故进行宏观统计分析，以寻求事故发生和分布规律。

正如前文所讲，交通事故具有随机性，每一起道路交通事故的发生都是一个随机事件，谁也无法用模型或经验去准确预测它。但通过对大量事故数据的统计整理，发现交通事故无论在分布时间、空间、人群、形态、原因等方面都呈现出一定的规律性。这种规律性可以帮助交通安全管理部门明确工作重点、调整管理措施以及为制定管理政策提供决策依据。因此,道路交通事故统计分析于减少和预防交通事故的发生,保证道路交通安全具有非常重要的意义。

首先,通过对交通事故统计数据的纵向和横向对比分析,可以反映交通安全管理政策的有效程度、道路交通设施的设置合理性以及预测交通事故的发展趋势等。

其次,道路交通事故数据统计分析的结果对于制定交通安全政策和管理办法具有宏观导向作用。像《中华人民共和国刑法修正案(八)》和《中华人民共和国刑法修正案(九)》中关于道路交通新增罪名的设立,《道路交通安全法》内容的不断调整都是建立在道路交通事故数据统计分析的基础之上。

再次,道路交通事故数据统计分析的结果,可用于检验交通规划、道路设计、交通组织与渠化、交通管理设施设置的合理性,以及检验交通安全法律、法规的合理性和有效性。

最后,通过道路交通事故的统计分析,可以发现交通安全工作中的薄弱环节,明确交通安全管理工作的重点。以2015年的统计数据为例,农民在肇事人和伤亡人行业类型中所占比例分别为29.94%和37.09%,明显高出其他行业。这针对这样的统计结果,可以分析出这与农民的交通安全意识不强、法制观念落后有关,因此可以将农村交通安全教育作为交通安全宣传的重点,加大对农村的交通安全宣传教育。

## 【拓展提高】

# 2011～2020年道路安全行动十年:拯救百万生命

世界卫生组织自2009年开始向全球178个会员国家收集道路交通事故数据,经过系统科学的分析统计,于2009年、2013年、2015年三次出版权威报告——《道路安全全球现状报告》。报告包括178个会员国的各类道路交通事故统计数据,这些不同种类的数据为各个国家的决策者、从业人员提供了一定的参照依据,甚至在许多国家起到了促进重大变革的作用。各国成功的做法充分反映出,做好道路交通事故的统计与分析工作,对制定有效预防和减轻道路交通事故的决策具有非常重要的指导意义。下面是一些国家的成功做法。

**美国:通过"系上或罚款"运动提高安全带使用率**

通过大量的统计分析数据显示,使用安全带可使从车中被甩出去和遭受严重或致命伤害的风险减少40%～65%。鉴于这一事实,美国展开全国性的"系上或罚款"5月动员行动,全国各地的执法机构在此期间联合采取行动。开展活动的十年来,安全带拯救了140 000多万美国人的生命,因此"系上或罚款"也成为美国道路交通安全执法开展过的最成功的运动。

**越南:通过执法提高头盔佩戴率**

统计数据表明,正确佩戴摩托车头盔可使交通事故的致死率下降40%,并使头部严重受伤的风险减少70%。摩托车占越南所有注册车辆的95%,鉴于这一统计分析结果,越南政府通过立法规定所有摩托车驾车者和乘员必须佩戴头盔。全国各地警察严格的执法使头盔佩戴率成倍上升,在驾车者和乘员中可达到90%以上。警方报告显示,在颁发头盔法律之后的一年内拯救了1500多人的生命,并预防了2500多起严重受伤。

**马来西亚:修正道路基础设施以提高安全性**

马来西亚针对摩托车事故和非机动车事故构成比例大、居高不下的实际情况,试图通过修建摩托车专用道来提高道路交通安全。这些专用道专供摩托车、小型摩托车和自行车等车辆使用,已证实显著减少了道路交通事故的发生,减轻了事故后果。通过对具有摩托车专用道的马来西亚联邦二号高速公路进行的评价显示,车祸在专用道建成之后减少了39%。

鉴于一些国家成功的做法,联合国大会在2010年3月正式提出并制定了2011~2020年道路安全行动十年全球计划,以便指导国家和地方为全球道路交通安全作出努力。如果全球计划得到成功实施,"行动十年"就可实现其目标,即稳定并逐步降低世界各地预计的道路交通死亡人数。如果能实现这一目标,该十年期间就可以拯救累积总数达500万的生命,避免5000万起严重交通事故伤害,节省5万亿美元。

## 单元4.2 道路交通事故的数据统计

【案例导入】

某高速公路一年间共发生交通事故80次、伤50人、死亡20人,其长度为60km,全程年平均日交通量为6000辆/日,试计算其亿车公里事故率。

**解** 根据公式,该高速公路的事故率($R_{V1}$)、受伤率($R_{V2}$)和死亡率($R_{V3}$)分别为:

$$R_{V1} = \frac{80 \times 10^8}{60 \times 6000 \times 365} = 60.9 \quad (次/亿车公里)$$

$$R_{V2} = \frac{50 \times 10^8}{60 \times 6000 \times 365} = 38.1 \quad (人/亿车公里)$$

$$R_{V3} = \frac{20 \times 10^8}{60 \times 6000 \times 365} = 15.2 \quad (人/亿车公里)$$

【知识储备】

对道路交通事故进行统计分析,可以让我们更好地认识事故发生的规律及原因,对影响交通安全的诸要素与交通事故之间的关系有更深的了解,从而帮助我们从中发现事故未来发生的趋势,对交通管理部门做好事故预防与救援工作也有很好的指导意义。

### 4.2.1 统计指标

为了反映交通事故总体的数量特征,必须建立相应的统计分析指标。统计分析指标应具有实用性、相对性和可比性,能明确反映出事故发生的频率和严重程度,可分为绝对指标、相对指标、平均指标、动态指标、事故率五种指标,如图4-1所示。

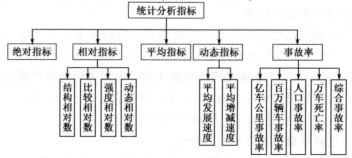

图4-1 统计分析指标

1）绝对指标

绝对指标是用来反映交通事故现象在一定时间、地点、条件下的总体规模和水平的统计指标，也称总量指标、统计绝对数。交通事故绝对指标不仅是认识事故总体的起点，还是计算其他各类相对指标的基础。目前，常用于交通事故统计的绝对指标有交通事故次数、受伤人数、死亡人数、直接经济损失，这四个指标也因此被称为交通安全四项指标。

绝对指标是用来反映事故总体规模和水平的绝对数量。根据所反映的时间状况不同，绝对指标可分为时点指标和时期指标。绝对指标一般可分为时点指标和时期指标。时点指标用来反映某一时刻的规模和水平，如截至2016年底我国的机动车保有量、驾驶人保有量、高速公路里程等。时期指标用来反映某一时间间隔内的累计数量，如2016年全国交通事故次数、2017年第一季度全国交通事故次数、2017年5月北京市交通事故次数等。

2）相对指标

相对指标是两个有联系的指标的比值，也称作相对数，通常是两个绝对数之比。交通事故相对指标是用两个交通事故绝对数的比值来表示的，可深入地认识交通事故发展变化程度、内部构成、对比情况、事故强度等，更便于分析和说明两个相比较指标之间的数量关系，如交通事故统计中最常用的万车死亡率和10万人口死亡率。

相对指标的计算方法为：

$$相对指标(\%) = \frac{比数}{基数} \times 100\%$$

（1）结构相对数

为了从结构方面认识交通事故，就需要建立结构相对指标，即各类事故构成占事故总数的比值。交通事故结构相对数能清晰地反映事故在某一方面的构成比例，利于掌握交通事故分布规律，如表4-1所示。

2015年不同类型机动车肇事情况统计表（单位:%） 表4-1

| 车　型 | 事故起数占总数的百分比 | 死亡人数占总数的百分比 | 受伤人数占总数的百分比 | 直接财产损失占总数的百分比 |
|---|---|---|---|---|
| 客车 | 48.71 | 41.31 | 49.36 | 50.07 |
| 货车 | 18.20 | 28.41 | 15.51 | 30.97 |
| 汽车列车 | 0.70 | 1.55 | 0.60 | 4.58 |
| 三轮汽车 | 0.61 | 0.94 | 0.59 | 0.33 |
| 低速货车 | 0.48 | 0.75 | 0.38 | 0.33 |
| 其他汽车 | 0.08 | 0.09 | 0.06 | 0.05 |
| 摩托车 | 20.03 | 17.85 | 22.75 | 7.53 |
| 拖拉机 | 1.16 | 1.65 | 1.02 | 0.68 |
| 其他 | 0.63 | 0.99 | 0.55 | 0.87 |

（2）比较相对数

比较相对数是两个同类指标的比值，有两种表现形式：一种是同一事故现象在同一时期内的指标数在不同地区之间的对比值；另一种是同一总体中有联系的两个指标值得相的比值。例如：已知2015年我国各地交通事故伤亡人数（表4-2），则可计算出2015年各地道路交通事故死亡人数和受伤人数的比较相对数。经计算，北京的比较相对数为$\frac{922}{2617} \times 100\% = 35.23\%$；

广东的比较相对数为20.04%。交通事故死亡人数和受伤人数的比较相对数通常用来反映事故的严重程度。

**2015年我国各地交通事故伤亡人数统计表** 表4-2

| 地区 | 北京 | 四川 | 陕西 | 广东 | 西藏 | 吉林 | 山东 |
|---|---|---|---|---|---|---|---|
| 死亡人数 | 922 | 2640 | 1615 | 5562 | 168 | 1301 | 3652 |
| 受伤人数 | 2617 | 10188 | 5137 | 27754 | 435 | 2697 | 13002 |

(3) 强度相对数

强度相对数是两个性质不同,但有密切联系的绝对指标间的相互对比值,用来反映事故总体中某一方面的严重程度。强度相对数能反映不同现象之间的相互联系性和影响力,所以选择的两项指标之间必须具有一定的客观联系。如最常见的万车死亡率和10万人口死亡率(表4-3)就是典型的强度相对数。10万人口死亡率的计算方法是:$\frac{交通事故死亡人数}{社会总人口数} \times 10^5$。从表4-3可以看出,10万人口死亡率这个交通事故指标不适合进行简单的横向比较,美国为10.25,中国为4.22,不能反映美国的交通安全形势比中国严峻,因为该指标与人口基数有关。

**2015年世界部分国家交通事故统计数据** 表4-3

| 国家 | 德国 | 韩国 | 英国 | 法国 | 美国 | 日本 | 中国 | 荷兰 |
|---|---|---|---|---|---|---|---|---|
| 10万人口死亡率 | 4.2 | 9.4 | 2.9 | 5.3 | 10.25 | 3.8 | 4.22 | 3.4 |

3) 平均指标

平均指标即平均数,是反映事故总体一般水平的统计指标,通常用来表示某地或某一时间段内的平均事故状况。平均指标有算术平均数、调和平均数、中位平均数、几何平均数等几种不同表现形式,在实际中算术平均数采用的较多。如交通事故统计中常采用的"年均月份日—四项数据统计""年均日24小时—四项事故数据统计"采用的就是平均指标。

4) 动态分析指标

总量指标、相对指标和平均指标都属于静态指标,为了更好地研究交通事故的变化和发展,需要引入动态分析指标。交通事故动态分析指标是通过事故动态数列计算得到的分析指标。交通事故动态数列可以反映事故发展变化的过程和趋势,但要分析事故的变化特点的规律性,还需计算动态分析指标,即计算平均水平、增长量、发展速度、增长速度、平均发展速度、平均增长速度等。

(1) 动态绝对数

①动态绝对数列。

动态绝对数列就是将反映事故现象的某一绝对指标在不同时间上的不同数值按时间先后顺序列起来形成的数列。如表4-4中第二行列出的2006~2015年十年间全国交通事故死亡人数,这就是动态绝对数列。

②增减量。

增减量是指事故指标在一定时期内增加或减少的绝对数量。由于使用的基准期不同,增减量可分为定基增减量和环比增减量。定基增减量在每次计算时,都以计算期前的某一特定时期为固定的基准期,用来表示一段时间内累积增减的数量。见表4-4第三行,即以2006年作为基准期,每一年相对于 2006 年的死亡人数而言,增加或减少的数量;环比增减量都以计算期的前一期为基准期,用以表明单位时间内的增减量。见表 4-4 第四行,都是后一年死亡人数减前一年死亡人数计算所得的数据。

2006～2015 年全国道路交通事故的动态数据统计　　　　表 4-4

| 指标 | 年份 | | | | | | | | | |
|---|---|---|---|---|---|---|---|---|---|---|
| | 2006 | 2007 | 2008 | 2009 | 2010 | 2011 | 2012 | 2013 | 2014 | 2015 |
| 死亡人数 | 89455 | 81649 | 73484 | 67759 | 65225 | 62378 | 59997 | 58539 | 58523 | 58022 |
| 定基增减量 | — | -7806 | -15971 | -21696 | -24230 | -27068 | -29458 | -30916 | -30932 | -31433 |
| 环比增减量 | — | -7806 | -8165 | -5725 | -2534 | -2838 | -2390 | -1458 | -16 | -501 |
| 定基发展率(%) | 100 | 91.27 | 82.15 | 75.75 | 72.91 | 69.74 | 67.07 | 65.44 | 65.42 | 64.86 |
| 环比发展率(%) | — | 91.27 | 90 | 92.21 | 96.26 | 95.65 | 96.17 | 97.57 | 99.97 | 99.14 |
| 定基增长率(%) | — | -8.73 | -17.85 | -24.25 | -27.09 | -30.26 | -32.93 | -34.56 | -34.58 | -35.14 |
| 环比增长率(%) | — | -8.73 | -10.00 | -7.79 | -3.74 | -4.35 | -3.83 | -2.43 | -0.03 | -0.86 |

(2) 动态相对数

动态相对数是同一事故现象在不同时期的两个数值之比,有事故发展率和事故增长率两种形式。

① 事故发展率。事故发展率是本期数值和基期数值的比值,用来反映同类型事故统计数在不同时期发展变化的程度,又分为定基发展率和环比发展率两种。分别见表 4-4 第五行和第六行数据。

定基发展率是本期的统计数据与基期的统计数据的比率,如式(4-1)所示。

$$K_g = \frac{F_C}{F_E} \times 100\% \tag{4-1}$$

式中:$K_g$——定期发展率;

$F_C$——本期统计数据;

$F_E$——基期统计数据。

环比发展率是本期的统计数据与前期统计数据的比率,如式(4-2)所示。

$$K_b = \frac{F_C}{F_B} \times 100\% \tag{4-2}$$

式中:$K_b$——环比发展率;

$F_C$——本期统计数据;

$F_B$——前期统计数据。

② 事故增长率。事故增长率表明事故统计数据以基期或前期为基础净增长的比率,因此可分为定基增长率和环比增长率两种。分别见表 4-4 第七行和第八行数据。

定基增长率是定基增减量与基期统计数据的比率,如式(4-3)所示。

$$j_g = \frac{F_C - F_E}{F_E} \times 100\% = \frac{F_C}{F_E} - 1 \tag{4-3}$$

式中:$j_g$——定期增长率;

$F_C$——定基增减量;

$F_E$——基期统计数据。

环比增长率是环比增减量与前期统计数据的比率,如式(4-4)所示。

$$j_b = \frac{F_C - F_B}{F_B} \times 100\% = \frac{F_C}{F_B} - 1 \tag{4-4}$$

式中:$j_b$——环比增长率;

$F_C$——环比增减量;

$F_B$——前期统计数据。

(3)动态平均数

动态平均数包括平均增减量、平均发展率和平均增长率三个指标。平均增减量是环比增减量时间序列的序时平均数,用简单算术平均数计算即可;平均发展率是环比发展率时间序列的序时平均数,多采用几何平均算法;平均增长率可视作增长率的序时平均数,一般根据平均发展率来计算,不能直接根据环比增长率计算。

5)事故率指标

道路交通事故率是表示一定时期内,一个国家、某一地区或某一具体道路地点的事故次数、伤亡人数与其人口数、登记机动车辆数、运行里程的相对关系。事故率作为重要的强度相对指标,既可表示综合治理交通的水平,又是交通安全评价的基础指标,应用广泛。根据计算方法和用途的不同,可分为亿车公里事故率、人口事故率、车辆事故率等。

①亿车公里事故率。亿车公里事故率,即在所研究的时间和区域内,1年间亿车公里事故次数或伤、亡人数,如式(4-5)所示。

$$R_V = \frac{D}{V} \times 10^8 \tag{4-5}$$

式中:$R_V$——1年间亿车公里事故次数或伤、亡人数;

$D$——全年交通事故次数或伤、亡人数;

$V$——全年总计运行车公里数。

用亿车公里表示的事故率,其值越小越好。

②人口事故率(百万人口死亡率)。人口事故率,即在所研究的时间和区域内,平均每100万人中因交通事故所带来的死亡人数,如式(4-6)所示。

$$R_P = \frac{D}{P} \times 10^6 \tag{4-6}$$

式中:$R_P$——每100万人的事故死亡率;

$D$——全年(或一定时期内)交通事故死亡人数;

$P$——统计区域的人口数。

每100万人事故死亡率多用于国家或国际地区级的统计区域。若应用于某一城市,则多采用10万人口为单位,即每10万人事故死亡率。

③车辆事故率(万车死亡率)。

车辆事故率,即在研究区域内,每1万机动车在一定时期内导致交通事故而死亡的人数,如式(4-7)所示。

$$R_V = \frac{D}{V} \times 10^5 \tag{4-7}$$

式中:$R_V$——每10万辆机动车的事故死亡率;

$D$——全年或一定期间内事故死亡人数;

$V$——机动车保有量。

④综合事故率(死亡系数)。

综合事故率,也称死亡系数,即在研究区域内,一年间或一定时期内道路交通事故死亡率,如式(4-8)所示。

$$R = \frac{D}{\sqrt{VP}} \times 10^4 \quad (4\text{-}8)$$

式中:$R$——综合事故率;
$D$——全年或一定时期内事故死亡人数;
$V$——机动车保有量;
$P$——人口数。

综合事故率是万车事故率与万人事故率的几何平均值,考虑了人与车两个方面的因素,但未考虑车辆行驶里程。在当量死亡率中,事故死亡数除了实际死亡人数外,还应再加上按轻伤、重伤折算的当量死亡人数。当量死亡人数按式(4-9)所示计算:

$$D_S = D + K_1 D_1 + K_2 D_2 \quad (4\text{-}9)$$

式中:$D_S$——当量死亡人数;
$D$——死亡人数;
$D_1$、$D_2$——分别为轻伤和重伤人数;
$K_1$、$K_2$——分别为轻伤和重伤换算为死亡的换算系数。

⑤单位里程事故率。

单位里程事故率,即在研究区域内,平均每百万公里一年内发生的交通事故次数或死亡人数,如式(4-10)所示。

$$R_L = \frac{A}{L} \times 10^6 \quad (4\text{-}10)$$

式中:$R_L$——百万公里事故率/死亡率;
$A$——交通事故次数或伤亡人数;
$L$——统计区域一年内行驶的车公里总数。

用单位里程表示的事故率,其值越小越好。

综上所述,用亿车公里事故率来作为交通事故评价指标是合理的,对不同地区也有一定的可比性,而其他几种表示方法都有一定的片面性。

### 4.2.2 统计内容

很多人认为,统计就是加加减减的意思。如人们经常说"统计一下发生了多少次事故,造成了多大损失"等。实际上,就统计计算来说,比加加减减要复杂得多,而统计计算只不过是统计中的一个过程。统计的意义远比计算要广泛深刻得多。统计不仅是一门科学,而且是一项思想性和政策性都很强的工作。

统计是社会主义建设的一项重要基础工作,是认识自然和社会的一个重要手段,也是管理国家、管理企业,对国民经济和社会发展实行监督的有效工具。1993年国务院颁发的《中华人民共和国统计法》中规定:"统计的基本任务是对国民经济和社会发展情况进行统计调查,统计分析,提供统计资料,实行统计监督。"

我国要实现工业、农业、科学技术和国防现代化,必须实现统计工作现代化。而统计工作现代化则是整个信息工作现代化的重点之一。我国统计工作同社会主义现代化建设的要求相比还是很落后的,还不能满足现代化建设发展的要求。

统计的语言是数字,统计学就是研究如何搜索、整理、分析数字资料理论与方法的科学。安全统计分析工作的一切过程,只有符合统计科学的要求,才能正确反映安全生产的客观规律,从而才能为加强和改进安全管理提供可靠的依据,为新四化建设发挥有益的作用。因此,负责安全统计的人员和技术人员都要认真学习一些有关安全统计的知识,掌握正确的统计分析方法,对搞好本职工作具有十分重要的现实意义。

1) 事故原因统计

每一起交通事故的诱因都各不相同,主观、客观、人为原因,还有机械、道路状况以及自然灾害、爆胎和其他意外等原因。对交通事故发生的原因进行统计,主要是想通过统计分析找出事故的高发主要诱因即重点违法行为,从而有针对性地制定管理措施。以 2015 年事故数据为例,机动车肇事主要原因统计见图 4-2。

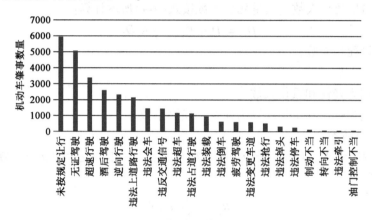

图 4-2　2015 年机动车肇事主要原因

例如,针对连续十年(2001～2010 年)酒后驾车导致交通事故死亡人数所占比例逐年走高的情况,2011 年《中华人民共和国刑法修正案(八)》实施醉驾入刑后,2011 年全国因酒后驾驶造成的事故死亡人数比 2010 年同期下降了 22.3%。2013 年公安部 123 号令实施后,超速行驶、疲劳驾驶、违法装载、逆行等重点违法行为肇事导致的死亡人数降幅明显,同比分别下降了 63.5%、22.4%、18.6% 和 17.6%。2015 年《中华人民共和国刑法修正案(九)》对近年来校车、违法装载超限、危险品运输及旅游客运车辆事故高发的情况做出了及时必要的修正。

2) 事故现场及形态分布统计

交通事故现场具体可分为原始现场、变动现场、驾车逃逸现场、弃车逃逸现场、无现场、二次现场和伪造现场七类。以 2015 年为例,七种现场的事故起数分别占事故总起数的 81.15%、9.36%、4.20%、1.29%、3.93%、0.07% 和 0.00%。交通事故现场类型统计结果可对公安机关交通管理部门开展交通事故处理工作提供一定的参考。

交通事故形态即交通事故的具体类型,按大类分为车辆间事故、车辆与人的事故以及单车事故,具体又有车辆正面相撞、侧面相撞、追尾碰撞、对向刮擦、同向刮擦、碾压、翻车、坠车、失火、撞固定物、撞非固定物、刮撞行人、碾压行人、碰撞后碾压行人等很多种具体情况。以 2015 年为例,见图 4-3。

交通事故形态分布统计是交通事故统计的重要内容之一,以统计数据为基础,能准确把握事故类型的分布情况,明确事故预防工作的重点,为制定更直接有效的事故预防措施提供决策依据。

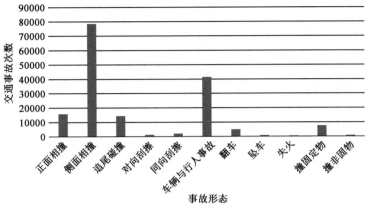

图 4-3　2015 年不同事故形态的交通事故次数

3) 事故时间分布情况统计

正如前文所讲,道路交通事故在时间上具有分布不均匀的特点。通过对大量的交通事故发生时间进行统计,寻找事故随时间变化的规律和特性,有针对性地调整管理措施、部署警力,提高查处违法行为的效率和预防交通事故发生的效果。

事故时间统计一般指的是对 24h 内发生的交通事故数据进行统计(图 4-4),也可以按日、月、季或年进行统计。同时还可以灵活地将事故时间统计与交通违法行为统计结合起来,像针对酒驾,可统计出酒驾行为的年高发时段、周高发时段和每一天的高发时段,在此基础上调整治理方案和加大查处力度。比如经统计发现,国家法定节假日是酒后驾车事故的高发期,则可在法定节假日期间加大酒驾专项检查,加大布控范围,加大警力,则可在提高查处效率的同时起到一定的震慑目的,从而有效减少此类事故的发生。

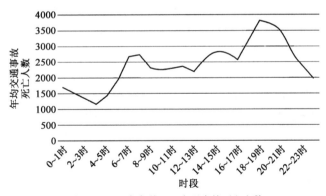

图 4-4　2015 年年均 24h 交通事故死亡人数

4) 事故空间分布情况统计

事故空间分布情况统计是道路交通事故统计的主要内容之一,包括事故的地域分布情况统计、发生事故的道路类型统计以及在具体路段、交叉口上的事故分布情况统计。事故空间分布情况统计是判断、鉴别事故多发地点的主要依据,对于研究事故发生规律以及制定有效的事故预防措施有着重要的指导意义。

以我国 2015 年的交通事故数据显示为例,公路事故造成的死亡人数占 68.99%,城市道路占 31.01%。公路事故中,高速公路事故造成的死亡人数占 9.44%,一级公路占 9.28%,二级公路占 22.38%,三级公路占 12.74%,四级公路占 9.02%,等外公路占 6.13%(图 4-5);城市道路事故中,城市快速路事故造成的死亡人数占 2.55%,一般城市道路占 22.88%,公共停车场占 0.01%;就城市道路而言,事故分布随发生地类型仍呈现出明显的分布不均,约有 59% 的道路交通事故发生在平面交叉口附近,在所有交通事故的发生地类型中排在首位。

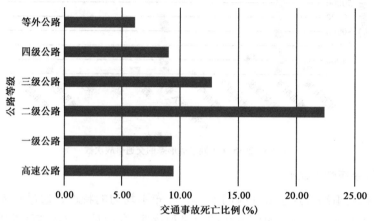

图 4-5　2015 年公路交通事故死亡比例

5) 肇事人员及伤亡人员情况统计

肇事人员统计包括驾驶证类别、驾驶人驾龄、肇事人年龄、肇事人性别、肇事人从事行业等具体统计内容。伤亡人员情况统计包括伤亡人员的交通方式、伤亡人员年龄、伤亡人员性别、伤亡人员行业类型、伤亡人员户口等具体内容。

通过肇事人员及伤亡人员情况统计,可以发现交通事故高发人群及交通事故中的弱势群体分布情况,为管理部门有针对性地制定有效预防措施提供决策依据。以 2015 年的统计数据为例(图 4-6),农民在肇事人和伤亡人行业类型中所占的比例分别为 29.94% 和 37.09%,明显高出其他行业人群,这与农民的交通安全意识不强、法制观念落后有关。针对这一现象,可以将农村交通安全教育作为交通安全宣传的重点,加大对农村的交通安全教育力度,提高其法制观念和安全意识。在 2015 年的驾驶人驾龄统计中(图 4-7),6~10 年驾龄肇事死亡人数占总数的 26.27%,远高于其他驾龄,这与其认为驾驶技能日渐提升、交通安全意识有所松懈有直接关系,针对这一现象,可以在驾照审验时对此类人群加强教育力度。

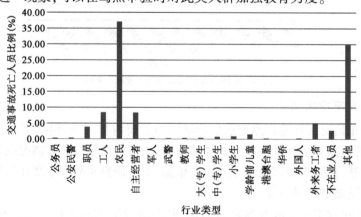

图 4-6　2015 年交通事故死亡人员行业类型比例

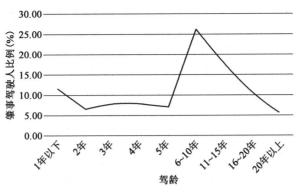

图 4-7 2015 年肇事驾驶人驾龄分布

6）肇事车辆情况统计

肇事车辆统计包括交通方式、机动车类型、机动车行驶状态、机动车安全状态等具体统计内容。车辆作为道路交通系统必不可少的构成元素，也是认定道路交通事故的必需要素之一，对道路交通事故的发生有直接的影响。掌握其分布规律有利于明确事故预防工作的重点。以 2015 年为例（图 4-8），客车肇事死亡人数占总数的 41.31%，居第一位；摩托车肇事死亡人数占总数的 17.85%，居第二位。

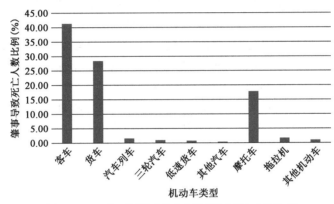

图 4-8 2015 年不同类型机动车肇事导致死亡人数比例

7）高速公路事故情况统计

截至 2016 年年底，我国高速公路总里程已经突破 13 万 km。高速公路因为其全封闭、完全隔离、行驶速度高等优点，越来越吸引交通参与者的选择，承担的交通量比例逐年上升。但是正因为高速公路车辆行驶速度高的特点，一旦发生交通事故通常要比其他道路交通事故更为惨烈，严重威胁到人们的生命安全，给国家带来巨大的经济损失。因此在道路交通事故统计中，将高速公路事故情况作为一个专门的统计内容，另设出来，目的在于更为详细地掌握高速公路交通事故的分布规律和特性，更有针对性地制定预防高速公路重特大交通事故的有效措施。

以 2015 年为例，高速公路交通事故从年均日 24h 分布统计来看（图 4-9），事故高发时段为 23:00～3:00，4h 内的交通事故死亡人数占总数的 21.41%。这样的统计结果指明了重点工作方向。在高速公路事故交通方式统计中，步行方式所占的交通事故死亡人数占总数 12.52%。这样的统计结果说明，作为完全封闭的、有着严格准入条件的高速公路，行人闯入仍没有得到有效控制，这将成为未来高速公路安全管理的一个工作重点。

121

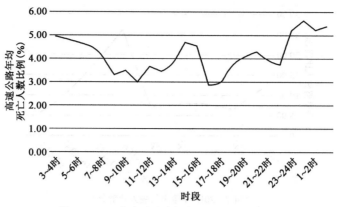

图 4-9　2015 年高速公路年均 24h 死亡人数比例

8）营运车辆肇事情况

营运车辆是指从事社会运输并收取运费的车辆，分为营运客车和营运货车。因为有利益驱动，营运车辆经常靠加大装载量和降低投入成本来追求更高利润。因此，相较于自用车辆而言，一旦发生交通事故通常更为惨烈，死伤人数更多，造成的社会危害更大，如危险品泄露。同时，营运车辆属交通运输部门和公安部门共同管理的，因此在道路交通事故统计中，将营运车辆肇事情况作为一个专门的统计内容，目的在于发现营运车辆交通事故的分布规律，寻找营运车辆事故的高发原因所在，为其主管部门提供制定管理办法的依据。

以 2015 年营运车辆肇事情况统计数据为例，可以看到营运车辆事故原因前五位分别是：无证驾驶、酒后驾驶、违法停车、疲劳驾驶和违法装载超限及危险品运输，导致的死亡人数分别占总数的 11.98%、6.61%、5.78%、3.95% 和 3.13%。

另外，道路交通事故统计涉及的具体统计内容除以上八大项外，还有根据事故严重程度的不同来进行的简易事故数据统计、死亡事故数据统计和重特大事故（一次死亡 3 人以上）数据的统计，这里不做详细介绍。

## 【案例训练】

某交叉口一年间共发生交通事故 12 次、伤亡 7 人，每天进入该交叉口的平均日交通量为 5000 辆，试计算其事故率。

**解**　该交叉路口的事故率（$R_{M1}$）和伤亡率（$R_{M2}$）分别为：

$$R_{M1} = \frac{12 \times 10^6}{5000 \times 365} = 6.6 \quad （次／百万辆车）$$

$$R_{M2} = \frac{7 \times 10^6}{5000 \times 365} = 3.8 \quad （人／百万辆车）$$

## 【拓展提高】

# 道路交通安全评价指标

道路交通安全评价指标通常有以下 4 种。

(1)绝对数字统计:交通事故的绝对数字(如事故次数、死亡人数、受伤人数、直接经济损失数额)能反映某地区某一时期交通事故的规模、总量和水平。绝对数字逐年逐月地累计还可以反映出交通事故的发展趋势,也可用来衡量每年、每月、不同国家或各省、市、县的交通安全状况。

(2)按人口计算的死亡(或致伤)率:例如十万人口事故死亡率。

$$R = \frac{B \times 100000}{P}$$

其中,$R$ 为每 10 万人口的死亡(致伤)率;$B$ 为一年内交通事故死亡总数;$P$ 为地区的人口。

该公式表示在所研究的区域内,平均每 10 万人口在 1 年内因交通事故而死亡(致伤)的人数。用十万人口事故死亡率宏观评价交通事故的严重程度是国际上一种比较通用的做法。

(3)按车辆登记数计算死亡率:该指标与人口计算相似,能反映某地区的交通事故真实面貌,例如万车死亡率。

$$R = \frac{B \times 100000}{M}$$

其中,$R$ 为一万台车事故死亡率;$B$ 为一年内交通事故死亡总数;$M$ 为在该地区内登记的车辆总数。

该公式表示在所研究的区域内,平均每 1 万辆机动车在 1 年内所造成的交通事故死亡(致伤)人数。用万台车事故死亡(致伤)率宏观评价交通事故的严重程度也是国际上一种比较通用的做法。

(4)按车公里计算的事故比率:如亿车公里死亡率,以每一亿车公里行程的事故率来表示事故的危险性。用这一指标比用人口或用车辆计算更接近真实情况。

$$R = \frac{B \times 10^8}{V}$$

其中,$R$ 为一亿车公里事故死亡(致伤)率;$B$ 为一年内交通事故死亡(受伤)总数;$V$ 为一年内行驶的车辆公里。

该公示表示在研究的区域内,平均每运行一亿车公里的交通事故死亡(受伤)人数。与万台车事故死亡(致伤)率和十万人口死亡(致伤)率相比,亿车公里事故死亡(致伤)率较为科学。国际上通常用此来比较各国之间的交通事故严重程度。

车公里数可以通过一年内消耗的燃料总数,乘以每升燃料的平均行驶公里数求得。或在公路上可以这样计算:24h 内在本区间行驶的机动车辆的平均交通量乘以本区间公路长度,再乘以 365 天。考虑到交通量季节性变化,应取比较切合实际的平均值。

## 单元 4.3  道路交通事故的数据分析

【案例导入】

请根据下面一组数据进行统计分析。

(1)伤亡人数,7 年中事故伤亡人数 2448 例,男性 1528 例,女性 920 例;年龄 30~50 岁占 43%,16~30 岁占 24%,50 岁以上占 23%,16 岁以下占 10%。

(2)伤亡人员职业分布:农民1590例(占65%),其次是工人及个体户。肇事车辆分布:本组摩托车肇事890例(占42.8%),小型客车75例(占34.4%),货车398例(占18.2%)。伤亡时间分布:在1天中不同时间段内中午13:00左右为交通伤亡事故的高发时段,其次是7:00~10:00和16:00~21:00,0:00~4:00为全天最低,12:00左右和15:00左右为下午最低值。

[案例分析]

从车祸伤亡数据中不难看出,男性伤亡人数远远超过女性,且年龄以30~50岁居多,这可能与中年男性社会交际活动相对活跃有关。

同时,伤亡人员中,农民占65%,其次是职工、学生,社会劳动主力军、青壮年、农民受到更大的交通安全威胁,他们的交通安全意识较淡薄,有待进一步加强。

从事故时间分布特点看出,在1周内事故高发于星期一、星期三和星期五,周末较少,这可能与工作日车流高峰有关。值得注意的是,星期三事故多发,提示连续多日的工作,易产生疲劳惰性,对交通事故防范的警惕性降低,使事故率上升。

## 【知识储备】

道路交通事故的发生虽然是众多因素在一定环境下相互影响、共同作用的结果,每起交通事故都具唯一性和特殊性,但是通过对大量交通事故数据进行统计,运用科学的分析方法,可以得出道路交通事故中共性的规律,为制定交通事故预防措施提供依据和基础资料。同时,通过对交通事故统计数据的纵向或横向对比分析,还可以反映交通安全管理政策的有效程度、道路交通设施的设置合理性以及预测交通事故的发展趋势等。

### 4.3.1 数据分析方法

统计分析就是利用各种统计指标来进行分析。按照统计学的定义,统计指标是用以表明统计对象在具体时间、地点、条件下的数量及数量关系的科学概念。安全统计分析的统计指标是根据国家的安全生产方针和所颁发的安全法,事故调查规程,结合行业的特点和企业的组织机构,管理体制来确定的。如企业的总数、职工人数、机组台数、事故次数等。统计指标所表明的具体数字和表列,一般称为统计资料。

统计工作,在注重统计资料内容质量的同时,还必须通过尽可能完美的形式来表达统计的内容,提高统计工作的效果。

统计资料的表现形式有统计表、统计图和统计报告。而统计表和统计图则是表现统计资料的基本形式。

1)统计表

(1)统计表的定义

调查统计所得来的原始资料,经过整理,得到说明某一现象及其发展过程的数据,把这些数据按一定的顺序排列在表格中,就形成"统计表"。统计表是由纵横交叉线条所绘制的表格来表现统计资料的一种形式,是表现数字资料整理结果的最常用的一种分析方法。

(2)统计表的作用

数字是统计的语言,统计研究安全生产现象的数量关系,主要是通过数字资料来表现的。统计表就是系统地表述数字资料的一种形式。通过统计表,把大量数字资料加以合理的组织和安排,可以使统计资料的表现显得紧凑、有力,便于对照比较。

(3)统计表的特点

用数量说明研究对象之间的相互关系;用数量把研究对象之间的变化规律显著地表示出来;用数量把研究对象之间的差别显著地表示出来。这样便于人们用来分析问题和研究问题。

统计表的形式繁简不一,通常按项目的多少,分为单式统计表和复式统计表两种。只对某一个项目的数据进行统计的表格,叫作单式统计表,也叫作简单统计表。统计项目在两个或两个以上的统计表格,叫作复式统计表。

用统计表法来分析调查统计得到的大量交通事故数据,就产生了交通事故统计分析表(表4-5)。根据不同目的,交通事故统计分析表可制成不同形式。利用交通事故统计分析表中的重要数据,如绝对指标、相对指标和平均指标等,可以研究各类交通事故的规模、趋势和比例关系。

**2001～2015年全国高速公路事故—四项数据统计** 表4-5

| 年 份 | 事故起数 | 死亡人数 | 受伤人数 | 直接财产损失(元) |
| --- | --- | --- | --- | --- |
| 2001 | 24565 | 3147 | 9978 | 400900146 |
| 2002 | 29611 | 3927 | 12253 | 521927829 |
| 2003 | 36257 | 5269 | 14867 | 698180193 |
| 2004 | 24466 | 6235 | 15213 | 578015734 |
| 2005 | 18168 | 6407 | 15681 | 508928269 |
| 2006 | 14432 | 6647 | 17116 | 469211510 |
| 2007 | 12364 | 6030 | 14628 | 365416067 |
| 2008 | 10848 | 6042 | 13768 | 336381386 |
| 2009 | 9147 | 6028 | 12780 | 293495799 |
| 2010 | 9700 | 6300 | 13739 | 315895723 |
| 2011 | 9583 | 6448 | 13007 | 348862433 |
| 2012 | 8896 | 6144 | 12298 | 341949058 |
| 2013 | 8693 | 5843 | 11169 | 329227051 |
| 2014 | 8531 | 5681 | 11280 | 359599467 |
| 2015 | 8252 | 5477 | 11515 | 348251010 |

2)统计图

统计图是根据统计数字,用几何图形、事物形象和地图等绘制的各种图形。它具有直观、形象、生动、具体等特点。统计图可以使复杂的统计数字简单化、通俗化、形象化,使人一目了然,便于理解和比较。因此,统计图在各类数据统计分析中占有重要地位,并得到了非常广泛的应用。

在道路交通事故数据分析中,常用到以下几种统计图。

(1)趋势图

趋势图是按一定的时间间隔统计数据,利用曲线的连续变化来反映事物动态变化的图形。趋势图借助于连续曲线的升降变化来反映事物的动态变化过程,可以帮助我们掌握事物发生规律、预测未来发展趋势。

趋势图通常用直角坐标系表示,横坐标表示时间间隔,纵坐标表示事物数量尺度,根据事物动态数列资料在直角坐标系上确定各图示点,然后将各点连接起来,即为趋势图。例如,对我国 1970~2015 年历年道路交通事故死亡人数进行统计分析,则可绘出道路交通事故死亡人数趋势图,如图 4-10 所示。

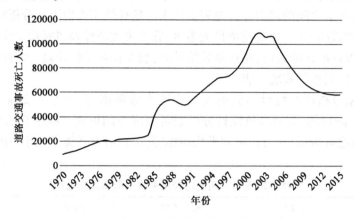

图 4-10　1970~2015 年全国道路交通事故死亡人数趋势图

在绘制趋势图的过程中,有时会遇到事物的历史数据变化范围较大的情况,此时则可用纵坐标轴表示事物数据的对数,即以对数数列为尺度。由于对数数列与数列本身的变化趋势是一样的,这就保证了所做的对数趋势图与原趋势图的总趋势是相同的。由此可解决作图的技术难题。

(2)直方图

直方图是交通安全分析中较为常用的统计图表,由建立在直角坐标系上的一系列高度不等的柱状图形组成,因此也被称为柱状图(图 4-11)。直角坐标系的横坐标表示需要分析的各种因素,柱状图形的高度则代表了对应于横坐标的某一指标的数值。采用直方图进行交通事故统计分析,可以直观、形象地表示出各种因素对交通事故的影响程度。

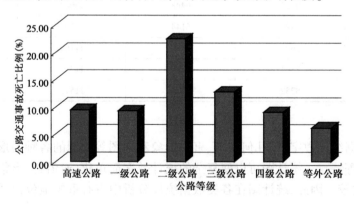

图 4-11　2015 年公路交通事故死亡比例示意图

(3)比重图

比重图是一种通常用来表示事物构成情况的平面图形,能上形象、直观地反映事物的各种构成比例。在道路交通事故数据分析中经常使用到比重图,如:伤亡人员致死原因比例示意图、不同年龄交通事故死亡人数比例示意图、事故车辆类型比例示意图、事故道路类型构成比例示意图等。以 2015 年交通事故统计数据为例,驾驶不同机动车肇事导致死亡人数比例见

图4-12。

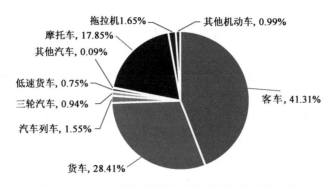

图4-12 2015年驾驶不同机动车肇事导致死亡人数比例

(4) 排列图法

排列图全称为主次因素排列图,主要用于分析影响交通安全的关键因素,以便明确工作重点所在。排列图由两个纵坐标、一个横坐标、几个直方图和一条曲线组成,如图4-13所示。左边纵坐标表示频数,右边纵坐标表示累积频率(0~100%),横坐标一般用来表示事故原因或事故分类,并按影响因素的主次从左向右排列。按累积频率的大小可将事故原因分为三类:累积频率在0~80%的因素称A类,显然是主要因素;累积频率在80%~90%的因素称B类,为次主要因素;累积频率在90%~100%的因素称C类,为次要因素。

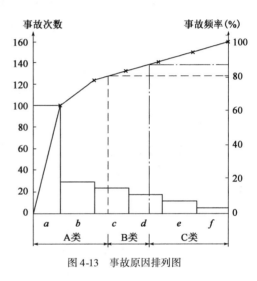

图4-13 事故原因排列图

这种排列图可根据分析目的的不同来改变横坐标中的因素。例如,分析机动车驾驶员事故原因时可以把横坐标设为酒后开车、超速行驶、无证驾驶、违章超车、违章会车等项目;分析道路交通事故现象时可以把横坐标设为汽车与自行车相撞、汽车与行人相撞、汽车与拖拉机相撞、汽车自身事故等项目。应用排列图分析法时列的因素不宜过多,要列出主要因素,去掉从属因素,以便突出主要矛盾。

### 4.3.2 统计分析的具体实施

1) 相关国家规定

为了进一步规范交通事故统计工作,为制定科学的交通事故预防政策提供依据,道路交通事故统计与分析必须严格遵守公安部交通管理局2004年颁布的《交通事故统计暂行规定》。

(1) 交通事故统计分析工具

道路交通事故统计分析使用统一的"全国道路交通事故信息系统",各省、地、县级公安机关交通管理部门使用自行开发的事故办案、统计分析系统的,应当将数据转换为"全国道路交通事故信息系统"的数据格式,并保证数据转换质量。各级公安机关交通管理部门要如实、准确、完整地统计辖区内的交通事故,并定期进行全面分析。统计分析结果应当向社会公布,并报告上一级公安机关交通管理部门。

(2) 交通事故统计范围

①对于各类造成人员死亡的事故、造成人员重伤或者轻伤的事故、适用一般程序处理的财产损失事故，各级公安机关交通管理部门应对其进行事故数据信采集，并录入信息系统进行统计和分析。

②对适用简易程序处理的交通事故起数，以及接到报案并处理的路外交通事故起数、死伤人数和直接财产损失数额，各级公安机关交通管理部门也应纳入交通事故统计范畴。

③对于渡口内发生的事故，铁道路口内车辆或行人与火车发生的事故；军事演习、体育竞赛时车辆发生的事故，利用交通工具故意伤害他人或者伤害自身的事件不属于道路交通事故统计的范围，不对其进行数据采集、统计和分析。

④受伤人员在道路交通事故发生7天以后死亡的；因抢救治疗过程中发生医疗事故导致交通事故受伤人员死亡的；载运易燃易爆、剧毒、放射性等危险化学品的车辆发生交通事故后，因燃烧、爆炸以及危险化学品泄漏导致人员伤亡的，不列入交通事故伤亡人数统计范畴。

(3) 交通事故数据采集、录入和传输要求

①道路交通事故数据由办理交通事故案件的交通警察采集。办案交通警察应当如实、准确、完整地采集各项交通事故信息，填写《道路交通事故信息采集表》(以下简称《采集表》)，并及时交与录入人员录入信息系统。已经使用交通事故办案系统的，交通事故信息的采集和录入自行规定。

②对于月报信息，县级或地级公安机关交通管理部门应当在每月25日前录入"月报系统"。县级公安机关交通管理部门无法联入公安网的，应当在交通事故发生后及时向地级公安机关交通管理部门报送《采集表》，地级公安机关交通管理部门接到报送的《采集表》后，应当及时完成录入。

③地级公安机关交通管理部门应当在每月27日前对当月交通事故进行汇总，并将电子数据上传至省级公安机关交通管理部门。

④省级公安机关交通管理部门应当在每月最后一日之前对当月交通事故进行汇总，并将电子数据上传至公安部交通管理局。

⑤对于交通死亡事故，县级(或地级)公安机关交通管理部门应当在死亡事故发生后24h内采集信息，并登录省级公安机关交通管理部门"快报系统"录入信息。无法登录省级公安机关交通管理部门"快报系统"的，应当立即将《采集表》传送省级公安机关交通管理部门，省级公安机关交通管理部门接到《采集表》后，应当及时录入"快报系统"并上报至公安部交通管理局。

⑥交通事故发生后7天内死伤人数发生变化，或者经进一步调查交通事故有关情况发生变化的，可对上报信息进行修改，修改后的信息要当及时上传。

**2) 道路交通事故统计分析报告**

统计分析报告是安全统计分析工作的最后一个环节，在这个环节中要对企业的安全生产活动作出评价，找出要矛盾，指出改进方向，提出改进措施。

在调查统计中，收集了大量的原始资料和安全信息，并经过加工，分组整理。虽然也能看出一些问题。但一般来说，这些资料所反映的情况，大多是安全生产方面的表面现象或局部状况，可以说还停留在半成品阶段。要揭示出安全生产的内部矛盾和规律性，找出事故发生、发展的根本原因和趋势，以及安全管理上存在的薄弱环节，以便据此制定政策，提出反事故措施，所以说，统计分析报告是安全统计分析出成果阶段。

统计分析报告的任务就是要对所收集的大量资料进行加工处理。加工就是要去粗取精,去伪存真,由此及彼,由表及里,对统计分析对象的安全生产情况作出评价和结论。

道路交通事故统计分析报告能全面反映统计时间、统计区域内交通事故的综合信息,发现和识别事故高发地点;查找交通安全工作中的薄弱环节,明确交通安全管理工作的重点;证实道路设施是否合理;检验交通安全法律、法规、交通管理措施的合理性和有效性,以及为预测道路交通事故的发展趋势等提供数据支持。

道路交通事故统计分析报告根据采集数据对象的不同,可分为很多种。有国际性的《道路安全全球现状报告》,也有某一国家的《××国道路交通事故统计年报》,还有某一区域某一时间范围内的《××省××年第×季度道路交通事故统计报告》等。同时,还有各种不同类型的专项报告,如《××市××年道路交通事故伤亡人员类型统计报告》等。实践中,需根据报告目的和要求的不同,在全国道路交通事故信息系统统计分析的基础上,规范制作各类道路交通事故统计报告。

此处以我国公安部交通管理局2016年编制的《中华人民共和国道路交通事故统计年报(2015年度)》中的交通事故分析报告为例,供参考。

## 2015年全国道路交通事故分析报告

2015年,全国共接报道路交通事故741.79万起,同比增加65.9万起,上升9.8%。其中,涉及人员伤亡的道路交通事故187781起,造成58022人死亡、2199880人受伤,直接财产损失10.4亿元。与上年同期相比,事故起数、死亡人数、受伤人数、直接财产损失同比分别下降4.6%、0.9%、5.7%和3.6%。其中,发生一次死亡3人以上的道路交通事故770起,同比减少45起;发生一次死亡5人以上道路交通事故162起,同比减少17起;发生一次死亡10人以上的道路交通事故12起,同比减少1起。发生适用简易程序处理的道路交通事故723.1万起,同比增加66.8万起,上升10.2%。道路交通事故万车死亡率为2.1,同比减少0.1。

1. 道路交通安全形势继续保持平稳

(1)道路交通安全形势总体平稳,部分地区事故出现反弹。2015年,涉及人员伤亡的事故起数、死亡人数、受伤人数均同比下降。其中事故死亡人数降幅为0.9%,下降幅度较小。全国有7省(市、区)事故死亡人数同比上升,其中,海南、北京、河南上升明显,同比分别上升9.20%、8.3%和8.2%。与此同时,适用简易程序处理的事故起数持续增长,增幅越过10%。

(2)较大以上道路交通事故明显减少,重大事故创历史最少新低。较大以上道路交通事故继续下降,降幅5.5%,相比2014年降幅扩大,全国有16个省份较大以上事故同比下降。全年共发生重特大道路交通事故12起,12起事故分布在11个省份,有20个省份未发生重特大道路交通事故,事故起数创历史新低。此外,10月、11月、12月均未发生重特大道路交通事故。但是,全年发生1起特别重大道路交通事故。

(3)生产经营性事故持续下降,客货运事故均同比下降。2015年,全国共发生生产经营性道路交通事故39646起,造成19270人死亡,事故起数、死亡人数分别占总数的23.3%和35.5%。与2014年相比,事故起数减少4766起,下降10.7%,占事故总数的比例减少1.3个百分点;死亡人数减少969人,下降4.8%,占事故死亡总数的比例减少1.3个百分点。

2. 道路交通事故主要特点

(1) 中南片区事故同比上升,且较大以上事故反弹明显。全国道路交通事故总量平稳下降,有23个省(市、区)事故死亡人数同比减少。中南片区事故死亡人数占全国的23.4%,所占比例同比上升0.4个百分点,死亡人数同比上升0.9%。从较大以上事故情况看,中南、华北、西北片区较大以上事故出现反弹。中南片区发生205起,同比增加10起,其中河南、广东、广西3省较大以上事故起数同比分别增加8起、7起和2起;华北片区发生84起,同比增加5起,其中山西、内蒙古同比分别增加5起和4起;西北片区发生109起,同比增加2起,其中陕西同比增加6起。从重大以上事故情况看,中南片区事故最多,发生4起,同比增加1起。

(2) 营运客车肇事事故占比下降,但旅游客运车肇事事故上升明显。全国营运客车肇事导致的死亡人数占总数的4.2%所占比例同比下降0.4个百分点,死亡人数同比下降9.5%。其中,公路客运、公交客运、出租客运、旅游客运肇事导致的死亡人数分别占1.6%、0.8%、1.4%和0.4%,其中旅游客运率肇事导致的死亡人数同比上升25.4%,旅游客运肇事导致较大以上事故19起,同比增加8起,上升72.7%。从各省情况看,安徽、四川、云南旅游客运车肇事突出,导致的死亡人数分别占全国的11.9%、10.6%和17.8%,且同比分别上升2.3倍、2.8倍和1.4倍;从事故原因看,旅游客运车超速行驶、未按规定让行、违法超车、违法会车肇事突出,导致的死亡人数分别占旅游客运肇事总数的16.7%、6.5%、6.0%和6.0%。

(3) 货运车辆肇事事故同比下降,危化品运输车肇事事故同比上升。货运车辆肇事导致的事故起数、死亡人数同比分别下降9.4%和4.0%,货运车辆肇事导致较大以上事故起数同比减少4起,下降1.9%。货运车辆因未按规定让行、违法上道路行驶、超速行驶肇事突出,导致的死亡人数分别占总数的11.9%、6.1%和5.9%,货运车辆因违法停车、酒后驾驶、逆行等重点违法行为导致的死亡人数上升明显,同比分别上升23.7%、21.1%和8.3%。危化品运输率肇事导致事故起数、死亡人数同比分别上升9.0%和9.8%,其中辽宁、安徽、河北、陕西危化品运输车肇事导致的死亡人数同比分别上升3倍、1倍、70%和46.2%。

(4) 自用车辆肇事事故占比上升,小型客车、摩托车肇事突出。2015年,自用车辆肇事导致的死亡人数占总数的61%,所占比例同比上升1.6个百分点,自用车辆肇事导致较大以上事故占总数的55.6%,事故起数同比减少59起,下降13%。从车辆类型看,小型客车、摩托车、轻型货车肇事突出,导致的死亡人数分别占总数的58.8%、28.7%和5.0%,其中小型客车肇事死亡人数同比上升2.2%。从各省情况看,吉林、海南、云南自用车辆肇事死亡人数占本省比例较高,分别占本省的69.8%、67.4%和62%,青海、海南、江西自用车辆肇事导致的死亡人数同比分别上升12.5%、9.3%和7.6%。

(5) 高等级公路事故同比下降,三级及以下公路事故同比上升。从道路类型看,高等级公路事故均同比下降,其中,一级公路事故降幅最大,发生事故导致的死亡人数同比下降7.8%,高速公路、二级公路发生事故导致的死亡人数同比分别下降3.6%和2.0%。而三级及以下公路事故同比上升,发生事故导致的死亡人数同比上升1.8%,死亡人数占总数的27.9%,所占比例同比上升0.7个百分点,其中,三级、四级公路事故死亡人数比上升1.3%和4.2%。

(6) 高速公路较大以上事故同比上升,部分重点高速公路路段事故上升。高速公路发生较大以上事故175起,占总数的23.9%,同比增加8起,上升4.8%,其中,广东、云南、安徽同比上升明显,分别增加10起、6起和5起,分别上升52.6%、66.7%和125%。从全国10条重点高速公路看,10条重点高速公路事故死亡人数均同比下降,但仍有部分路段事故上升,其中G4京港澳高速公路河北段、G5京昆高速公路云南段、G45大广高速公路河南段事故死亡人数同比分别上升1.7倍、1.3倍和3.3倍;从较大以上事故情况看,G5京昆高速公路、G15沈海高速公路较大以上事故起数同比分别增加5起和2起。

(7)酒后驾驶、违反交通信号、违法停车等违法行为导致的死亡人数同比上升。从事故认定原因看,未按规定让行、无证驾驶、超速行驶、酒后驾驶是导致事故的主要原因,导致的死亡人数分别占总数的10.2%、8.7%、5.8%和4.5%。而因酒后驾驶、违反交通信号、违法停车、违法装载超限及危险品运输、违法抢行肇事导致的事故死亡人数同比分别上升9.1%、9.9%、18.1%、10.3%和4.2%。从较大以上事故情况看,因逆行、超速行驶、酒后驾驶肇事导致的较大以上事故较多,分别占总数的11.6%、8.8%和7.3%,而因逆行、违法变更车道导致的较大以上事故起数同比分别增加11起和6起,上升15.3%和1.5倍。

(8)低驾龄驾驶人肇事持续下降,11~15年、20年以上驾龄驾驶人肇事上升。2015年,3年以内低驾龄驾驶人肇事导致的死亡人数占总数的25.6%,所占比例同比下降2.4个百分点,肇事死亡人数连续下降,其中,驾龄不满1年的新驾驶人肇事导致的死亡人数占总数的11.4%,死亡人数同比下降0.9%。从各省情况看,陕西、湖南、重庆低驾龄驾驶人肇事导致的死亡人数降幅明显,同比分别下降30.3%、21.3%和20.9%。与此同时,11~15年、20年以上驾龄的驾驶人肇事导致的死亡人数同比分别上升13%和9.1%。

(9)8月、5月较大以上事故多发,凌晨1~5时、6~8时事故同比上升。从事故月份分布情况看,四季度事故多发,其中10月、11月事故死亡人数分别占总数的9.5%和9.3%;而8月、5月较大以上事故多发,事故起数分别占总数的11.1%和10.1%,同比分别上升5.2%和15.6%。从24h分布情况看,夜间18~21时仍是事故的多发时段,3h导致的死亡人数占总数的19%,所占比例同比上升0.1个百分点;凌晨1~5时、6~8时发生事故导致的死亡人数同比分别上升5.8%和3.4%,其中,凌晨2~3时、7~8时较大,事故起数同比分别上升37.5%和24.3%。

(10)单车事故同比上升。从事故形态看,车辆间事故导致的死亡人数占总数的60%,其中,侧面碰撞、正面碰撞、追尾碰撞导致的死亡人数分别占总数的30%、9.3%和9.5%;车辆与人的事故、单车事故导致的死亡人数分别占总数的25.7%和14.3%,其中单车事故导致的死亡人数同比上升3.9%,坠车事故、撞固定物、撞非固定物、自身损毁事故导致的死亡人数同比分别上升6.6%、7.0%、8.8%和31.5%。

3. 重特大道路交通事故特点

(1)事故呈多省、分散分布,中南片区事故集中。12起事故,发生在6个片区,中南片区事故最多,发生4起,占全国总数的33.3%,同比增加1起,其次是华东、西南,华东片区同比增加1起,西南、西北片区分别减少2起和3起;华北、东北片区各发生1起10人事故,同比均增加1起。全国共有11个省份发生了重大以上事故,同比2014年增加了3个,其中,河南发生2起。

(2)二季度事故集中,17~18时事故多发。从季度分布看,二季度重大以上事故起数最多,发生6起,占事故总数的50%,同比增加5起;一季度、三季度各发生3起,同比分别减少1起和3起。从24h分布看,傍晚17~18时事故最多,发生3起,占总数的25%,同比增加3起,下午14~16时共发生事故4起,占总数的33.3%,同比增加3起。此外,凌晨0~2时、上午8~9时、夜间23~24时分别发生事故2起、2起和1起。

(3)三级及以下公路、高速公路事故多发,急弯陡坡路段事故同比增加。从道路类型看,三级及以下公路发生重大以上事故起数最多,发生7起,占总数的58.3%,同比持平;其次,高速公路、二级公路分别发生4起和1起,高速公路同比增加1起,二级公路同比减少1起。从公路行政等级看,国道、省道、县乡村道的事故起数分别为4起、2起和6起,分别占公路事故总数的33.3%、16.7%和50%,其中,国道事故同比减少3起,省道同比增加1起,县乡村道事故同比增加1起。从道路线形看,发生在弯坡路段的重大以上事故有6起,占总数的50%,同比减少2起。其中急弯陡坡路段发生4起,同比增加2起。

(4)营运客车肇事突出,营转非大型客车肇事2起。从车辆使用性质看,营运客车肇事4起,同比持平,占总数的33.3%,其中,公路客运车辆肇事1起,同比减少1起,旅游客运肇事3起,同比增加1起;货运车辆肇事3起,占总数的25%,事故起数同比减少1起。此外,营转非的大型客车肇事两起;私用车肇事1起,同比减少2起,其他非营运车肇事1起。

(5)翻坠车事故多发,且在弯坡路段事故多发。从事故形态看,发生翻坠车事故7起,占总数的58.3%,同比增加1起,7起翻坠车事故有6起发生在弯坡路段,占翻坠车事故的85.7%。发生车辆间事故5起,其中,侧面碰撞2起,正面碰撞和追尾碰撞各1起,碰撞静止车辆1起。

(6)违法上道路行驶肇事突出。超速行驶事故同比下降。从事故原因看,因违法上道路行驶导致事故5起,占总数的41.7%,同比增加2起;因超速行驶、无证驾驶、违法装载各导致事故1起,其中超速行驶肇事同比减少2起,无证驾驶、违法装载肇事同比持平。此外,2015发生的12起重大以上事故中,有4起事故存在超载或超员违法行为,占全部事故的33.3%。

## 【案例训练】

1. 表4-6、表4-7分别为2014年和2015年六大片区全国道路交通事故四项统计数据。请分别用直方图分析法和比重图分析法对2015年的事故起数和死亡人数两个项目进行数据分析。

**2015年全国六大片区道路交通事故四项数据统计** 表4-6

| 地区 | 事故起数 | | 死亡人数 | | 受伤人数 | | 直接财产损失(元) | |
|---|---|---|---|---|---|---|---|---|
| | 数量 | 占总数(%) | 数量 | 占总数(%) | 数量 | 占总数(%) | 数量 | 占总数(%) |
| 合计 | 187781 | 100 | 58022 | 100 | 199880 | 100 | 1036916560 | 100 |
| 华北 | 21161 | 11.27 | 7234 | 12.47 | 21506 | 10.76 | 152431904 | 14.70 |
| 东北 | 11205 | 5.97 | 4445 | 7.65 | 10913 | 5.46 | 89269426 | 8.61 |
| 华东 | 68486 | 36.46 | 19418 | 33.47 | 68566 | 34.03 | 327827667 | 31.62 |
| 中南 | 50596 | 26.95 | 13553 | 23.36 | 57048 | 28.54 | 264004773 | 25.08 |
| 西南 | 20144 | 10.73 | 7554 | 13.02 | 24264 | 12.15 | 130746603 | 12.60 |
| 西北 | 16189 | 8.62 | 5818 | 10.03 | 17583 | 8.79 | 76594151 | 7.39 |

注:华北片区包括:北京、天津、河北、山西、内蒙古自治区。
东北片区包括:辽宁、吉林、黑龙江。
华东片区包括:上海、江苏、浙江、安徽、福建、江西、山东。
中南片区包括:河南、湖北、湖南、广东、广西壮族自治区、海南。
西南片区包括:重庆、四川、贵州、云南、西藏自治区。
西北片区包括:陕西、甘肃、青海、宁夏回族自治区、新疆维吾尔自治区。

2014年全国六大片区道路交通事故四项数据统计　　　表4-7

| 地 区 | 事故起数 | | 死亡人数 | | 受伤人数 | | 直接财产损失(元) | |
|---|---|---|---|---|---|---|---|---|
| | 数量 | 占总数(%) | 数量 | 占总数(%) | 数量 | 占总数(%) | 数量 | 占总数(%) |
| 合计 | 196812 | 100 | 58532 | 100 | 211882 | 100 | 1075429349 | 100 |
| 华北 | 22054 | 11.21 | 7264 | 12.41 | 22695 | 10.71 | 167130382 | 15.54 |
| 东北 | 11895 | 6.04 | 4488 | 7.67 | 11698 | 5.52 | 101413422 | 9.43 |
| 华东 | 72689 | 36.94 | 19707 | 33.67 | 73676 | 34.77 | 328745260 | 30.57 |
| 中南 | 52613 | 26.73 | 13429 | 22.95 | 60057 | 28.35 | 257976462 | 23.99 |
| 西南 | 21671 | 11.01 | 7729 | 13.21 | 26578 | 12.54 | 141039340 | 13.11 |
| 西北 | 15881 | 8.07 | 5906 | 10.09 | 17178 | 8.11 | 79124483 | 7.36 |

2. 请根据上题表4-6、表6-7给出的数据结合数据分析结果写一份简单的"2015年道路交通事故地区分布情况统计分析报告"，报告中所需统计指标请自行计算。

【拓展提高】

# 怎样组织召开事故分析会

事故发生后，为了将事故发生和扩大的原因及责任彻底调查清楚，并提出防止对策，一般情节比较复杂的事故往往需要召开多次事故分析会议。

一、值班人员交班后的碰头会

这个碰头会，一般由当班值长或值班长主持，在事故处理完交班后立即召开。无论是白班或夜班，下班后必须坚持。会议主要内容：一是将事故前和事故发生后在处理过程中，各个岗位人员的流动情况（包括所见到或听到的情况），按事故发生、发展和扩大的时间顺序分别讲出来。二是初步分析和提出事故的原因与暴露的各种问题。碰头会应指定专人做好记录，交给安监人员。企业或车间领导与安监人员应争取及时赶到现场参加碰头会。

二、在正式召开第一次事故调查会议前安监人员应做的几项准备工作

（1）根据故障录波记录和各种自动记录，结合值班运行人员在事故中的活动记录列出一张以分秒为单位的事故发生与发展过程时间表，并将其中有矛盾或可疑之处提出，再进一步调查。问题查清后整理出一个事故发生、发展和扩大的书面材料，并与有关人员进一步核实，取得比较接近一致的看法。

（2）将事故调查中收集到的各种技术资料汇总整理，提出需要进一步调查的各种问题和如何进行调查的意见。

（3）将上述情况系统地向领导（会议主持人）汇报并提出自己对如何开好事故调查会的建议，经领导同意后正式通知召开会议。

三、召开第一次事故调查会议

在整个事故调查过程中，安监人员都应做好领导的主要参谋助手。在召开事故分析会时，

安监人员应协助领导主持好会议。为此,安监人员应坐在主持会议领导的旁边,以便随时根据会议进行情况向领导提出建议,控制好会场。

(1)第一次事故调查会议第一项议程是通过讨论事故发生,发展和扩大过程中的情节取得一致的看法。一般由事故当班值长或值班长首先系统地介绍情况,然后大家议论。

(2)第二项议程是分析事故原因(包括主观原因和客观原因)。一般情节比较简单、原因比较明显的事故,如误操作事故,通过一次会议即可得出结论。但情节复杂的事故,如在一次事故中有设备损坏,开关、继电保护和自动装置不正确动作,运行操作失误等问题,要分析这些问题原因,涉及设计、制造、施工安装和检修质量、高压、绝缘监督、化学监督、仪表监督等方面的技术问题,专业性强,在第一次调查会上往往不可能得出结论。有时需要对讨论中提出的问题,分别组成各种事故调查小组,进一步分头调查清楚后再召开会议。

在原因分析过程中,如果出现不良倾向,如有人推责任、不实事求是地歪曲事实,甚至得到相当一部分人的支持时,安监人员应协助领导将讨论引导到正确的方向。若会议出现难于扭转的趋势时,应建议领导休会,以便会后做好有关人员的思想工作,然后再继续召开会议。

在原因和责任分析中应注意以下几点:
①切忌领导在分析开始发言定调子,或在讨论还未深入时就下结论。
②安监人员只能启发和引导大家讨论逐渐深入,切忌作结论性的发言,以免被动。
③要求专业人员提出自己对事故原因的分析意见,对分析应该提出科学的依据。

(3)会议的第三个议程是责任分析;第四个议程是讨论事故中暴露的方方面面的问题,并作出评议;第五个议程是研究采取针对性的,切实可行的防范措施。一般情节简单的事故,一次会议五个议程都可以完成。情节复杂的事故,一次会议议程未完,在休会前安监人员应将讨论中提出的问题整理出来,并提出如何进一步展开调查的建议,交主持会议领导参考,由主持人布置会后应进行的工作,并具体落实。

**四、召开第二次事故分析会议**

若第一次会议中五项议程都已得出结论,则这次会议主要是通过调查组写的事故调查报告。

若第一次会议各项议程未完成,则继续进行事故分析讨论,并根据情况可以召开第三次、第四次调查会,直到各项议程圆满结束为止。

# 单元 5　道路交通设施

## 知识目标

1. 了解道路交通设施的基本分类。
2. 掌握道路交通管理设施的基本内容。
3. 理解各类交通设施对道路交通安全的影响。
4. 理解各个交通标志和交通标线所传递的交通管理信息。
5. 掌握不同交通设施的设置条件和设置原则。

## 能力目标

1. 能够读懂各个交通标志和交通标线所传递的交通管理信息。
2. 能够根据道路具体情况科学合理地设置交通设施。

## 引言

道路交通设施是随着道路交通的不断发展而产生的,是道路交通系统不可或缺的重要组成部分,是保证行车安全,减少、减轻交通事故的重要手段,因此在道路交通安全工程中越来越受到重视。如果说交通参与者的交通安全和法律意识、良好的车辆性能和严格的车检制度、完善的道路条件和匹配的交通环境是保证道路交通安全的首要条件,那么功能齐全的道路交通设施则是保证道路交通安全的必要补充。

道路交通设施是道路交通的语言,是正确指引和规范驾驶员安全行车的重要保障。道路交通设施的设计与设置必须科学化、合理化、规范化。道路交通设施的首要功能是保证交通安全,没有统一的分类标准,本章按照交通设施各自功能的不同,将其划分为道路交通管理设施、道路交通安全设施和道路交通服务设施三大类,分别进行介绍。

## 单元 5.1　道路交通管理设施

### 【案例导入】

2017 年 4 月 29 日 17 时 20 分许,内蒙古呼伦贝尔市阿荣旗辖区 111 国道 K1544+185 处十字路口,一辆无牌照丰田牌私家小轿车与一辆宇通牌大客车发生碰撞,大客车冲下路基并翻车,造成车内12人死亡,10人受伤。

[**案例分析**]

媒体对此事故进行报道后,除了该起事故中的直接人为违法原因外,大家都持有这样的疑问,即从现场图片看,事故发生路段地势平坦,道路线形平直,视野也很开阔,可两车为什么会发生碰撞呢?

根据交通事故现场勘察照片来看,事故路段的交通设施存在严重的设置不合理不规范现象。

道路交通标志牌出现错误和矛盾信息:一是交叉口的物理结构与指路标志显示的结构图不一致;二是交通标志信息矛盾,指路标志显示为三岔路口,而警告标志则显示是四岔路口(图5-1)。这种交通标志信息的不准确、不统一会干扰驾驶人对路况的判断,会让驾驶人出现逻辑困惑和迟疑,进而影响决策和安全行车。

(1)事故发生路段支路应设置道路中心线(双黄线)。按国内标准,道路无隔离带时中心线应为黄色;接近交叉口的路段应禁止超车,应为黄实线。

(2)事故路段支路上的让行标志和标线设置有误(图5-2)。应使用停驶标志,并用白实线指示停车地点;此外,让行标志设置的地点也不合适。交叉口的"停"和"让"标志应设置在最接近交叉口的停车地点,以便向驾驶人明确指示停车的地点。如果接近交叉口的视线不佳,就需要根据行驶速度,在合适的地点安装警告标志提示车辆在前方需停车让行。

图5-1 警告标志和指路标志信息不统一

图5-2 让行标志设置的地点不合理

(3)事故路段支路错误使用黄色闪光灯和红色"慢"闪灯(图5-3)。闪灯位置不对,黄闪在右侧接近交叉口的位置,但在引导标志之前,不能明确警告驾驶人其闪灯目的;红色圆形闪灯是指来车需要在闪灯处停车,确认没有冲突时才可继续行驶。但支路上的红色闪灯实际显示的是"慢",混淆了控制指令。

图5-3 事故路段支路错误使用黄色闪灯和红色"慢"闪灯

[教训与启示]

道路交通标志、标线以及信号灯是最直接向交通参与者传递信息的道路交通设施,直接影响到驾驶人的决策和操作,其设置必须按国标严格执行,正所谓"差之毫厘,失之千里"。

## 【知识储备】

道路交通管理设施是道路交通管理部门为实现安全、畅通、有序、高效的交通管理目标,依据各种道路交通法律法规、国家标准、国家规范的规定,在道路上设置安装的不同形式的设施设备。它可以动态或静态地向交通参与者传递不同交通信息,从而实现对交通流的管理与控制。

### 5.1.1 道路交通标志

1)道路交通标志概述

(1)道路交通标志的定义

道路交通标志是用图形符号、颜色和文字向交通参与者传递特定信息,用于管理交通的设施。

(2)道路交通标志的基本要素

①颜色。不同颜色的视认效果不一样,道路交通标志颜色的设定以满足人们的视认性要求和符合心理习惯为依据。我国交通标志的颜色是红、黄、蓝、绿和对比色黑、白这六种颜色中的若干种组成。这样既考虑了标志的视认性要求,又考虑了颜色所能表达的抽象意义和使人产生的心理作用。如红色对人的视觉刺激较强,容易联想到血与火,从而产生危险感,因此红色用于禁令标志;黄色最醒目,在心理上容易让人产生警诫感,易引起人们的注意,所以用于传递危险信息的警告标志。

②形状。道路交通标志应选择简单、明快的形状以满足视认性要求。我国交通标志的基本形状有矩形、正方圆形、三角形等几种。实验证明,在面积相同的情况下,不同形状的易见性存在差异。用于传递危险信息的警告标志,为了引起驾驶员的注意,采用视认性最高的三角形;圆形在同等面积下更易凸显字符图案,因此用于禁令标志;指示、指路和辅助标志因要标以文字说明和图形符号,所以多采用长方形和正方形。

③字符图案。交通标志的颜色和形状表示出标志种类,字符和图案则直接用来传递标志的具体内容信息。符号和图形具有直观性和单义性,且图形更形象化,便于记忆。道路交通标志的字符图案必须简练、清晰、一目了然,图案之间要有明显的区分,文字要力求简洁明了,并尽量减少文字使用。

2)道路交通标志的种类

道路交通标志分为主标志和辅助标志两大类。主标志按其传递信息的不同又分为:警告标志、禁令标志、指示标志、指路标志、旅游区标志、作业区标志和告示标志。

(1)警告标志

警告标志是向交通参与者传递危险信息,警告道路使用者注意危险地点的标志。警告标志多为顶角朝上的等边三角形,颜色为黄底、黑边、黑图案。其中"注意信号灯"标志的图形为红、黄、绿、黑四色。"叉形符号""斜杠符号"为白底红图形。根据《道路交通标志和标线》(GB 5768.2—2009)规定,警告标志共有44种。

①交叉路口标志:用以警告车辆驾驶人前方即将进入图形所示交叉口,应谨慎慢行,注意横向来车。设在视线不良的平面交叉口驶入路段的适当位置,如图 5-4 所示。

图 5-4　交叉路口标志

②弯路、反向弯路、连续弯路标志:用以警告车辆驾驶人谨慎慢行,注意前方出现的不同类型弯道,如图 5-5 所示。

图 5-5　弯路、反向弯路、连续弯路标志

③陡坡、窄路、窄桥标志:用以提醒车辆驾驶人前方出现陡坡、前方路面狭窄或前方桥面宽度变窄等情况,需谨慎驾驶,如图 5-6 所示。

图 5-6　陡坡、窄路、窄桥标志

图 5-7　双向交通标志

④双向交通标志:用以提醒车辆驾驶人注意会车,如图 5-7 所示。设在由双向分离行驶,因某种原因出现临时性或永久的不分离行驶的路段,或由单向行驶进入双向行驶的路段以前适当位置。

⑤注意行人、注意儿童、注意牲畜、注意野生动物标志:设在行人、儿童、牲畜、野生动物等经常出现的路段适当位置,提醒车辆驾驶人减速慢行,注意避让,如图 5-8 所示。

⑥注意信号灯、注意落石、注意横风标志:用以促使车辆驾驶人注意前方设有信号灯等情况,应减速慢行,小心驾驶,如图 5-9 所示。

⑦易滑、傍山险路、堤坝路、村庄、隧道标志:用以促使车辆驾驶人注意前方道路易滑等情况,小心驾驶,减速慢行,如图 5-10 所示。

a)注意行人　　　　b)注意儿童　　　　c)注意牲畜　　　　d)注意野生动物

图 5-8　注意行人、儿童、牲畜、野生动物标志

a)注意信号灯　　　　b)注意落石　　　　c)注意横风

图 5-9　注意信号灯、落石、横风标志

a)易滑　　　　b)傍山险路　　　　c)堤坝路

d)村庄　　　　e)隧道

图 5-10　易滑、傍山险路、堤坝路、村庄、隧道标志

⑧渡口、驼峰桥、路面不平、过水路面标志:用以提醒车辆驾驶人注意前方路面不平等情况,减速慢行,谨慎驾驶,如图 5-11 所示。

a)渡口　　　　b)驼峰桥　　　　c)路面不平　　　　d)过水路面

图 5-11　渡口、驼峰桥、路面不平、过水路面标志

⑨铁路道口标志:用以警告车辆驾驶人行驶道路前方与铁路交叉,注意慢行或停车,分有人看守的铁路道口标志和无人看守的铁路道口标志两种,如图 5-12a)、b)所示。无人看守的铁

路道口标志还应设置斜杠符号(一条斜杠代表50m)。若道路与多股铁路交叉,还应设置叉形符号。

图 5-12　铁路道口标志

⑩潮汐车道、绕行、注意危险、注意保持车距等其他警告标志:用以警示车辆驾驶人前方出现标志图案所示通行情况,提醒车辆驾驶人小心驾驶,如图5-13所示。

图 5-13　其他警告标志

(2)禁令标志

禁令标志是用以禁止或限制车辆、行人交通行为及相应禁止、限制解除的标志。禁令标志除个别标志外,为白底、红圈、红杠、黑图案、图案压杠。其中解除禁令、限制标志为白底、黑圈、黑细斜杠、黑图案。根据《道路交通标志和标线》(GB 5768.2—2009)规定,现行禁令标志共39种。

①停车让行标志:表示车辆必须在停车线以外制动停车瞭望,确认安全后方可通行。标志形状为八角形,红底白字,如图5-14a)所示。

②减速让行标志:表示车辆应减速让行,告示车辆驾驶人应慢行或停车,观察干道行车情况,在确保干道车辆优先,确保安全的前提下,方可进入路口通行。标志的形状为倒三角,颜色为白底、红边、黑字,如图5-14b)所示。

图 5-14　停车让行、减速让行、会车让行标志

③会车让行标志：表示车辆会车时，必须让对方来车先行。标志为圆形、白底、红圈、红黑两种箭头，如图 5-14c）所示。

④禁止通行、禁止驶入、禁止机动车驶入、禁止行人进入等标志：表示禁止图案所对应的交通体驶入或通行。禁止通行标志为圆形、红圈、白底、无图案，表示禁止一切车辆和行人通行；禁止驶入标志为圆形、红底、中间一道白横杠，表示禁止一切车辆驶入，如图 5-15 所示。

图 5-15　禁止通行、禁止驶入、禁止机动车驶入、禁止行人进入标志

⑤禁止直行、禁止向左（或向右）转弯、禁止直行和向左（或向右）转弯、禁止掉头等标志：表示禁止一切车辆沿图案所示方向通行，如图 5-16 所示。

图 5-16　禁止直行、禁止向左转弯、禁止直行和向右转弯、禁止掉头标志

⑥禁止超车和解除禁止超车标志：前者表示该标志至前方解除禁止超车标志的路段内，不准机动车超车；后者表示相应禁令解除，如图 5-17 所示。

⑦限速和解除限速标志：前者表示该标志至前方解除限速标志的路段内，机动车行驶速度不准超过标志所示数值；后者表示限制速度路段结束，如图 5-17 所示。

图 5-17　禁止超车、解除禁止超车、限制速度、解除限制速度标志

⑧禁止车辆停放标志：表示在限定的范围内，禁止一切车辆临时或长时停放。标志为蓝底、红圈、红斜杠，禁止临时停放标志为两条交叉斜杠，禁止长时停放标志为一条斜杠。如图 5-18 所示。

a) 禁止停车　　　　b) 禁止长时停车

图 5-18　禁止车辆停放标志

⑨限宽、限高、限重、限轴重标志：表示禁止装载宽度、高度、总质量、轴重超过标志所示数值的车辆通行，如图 5-19 所示。

a) 限制宽度　　　b) 限制高度　　　c) 限制质量　　　d) 限制轴重

图 5-19　限宽、限高、限重、限轴重标志

⑩禁止鸣喇叭、停车检查、禁止运输危险品车辆驶入、海关等标志：分别表示禁止机动车鸣喇叭；车辆应停车接受检查；前方路段严禁运输危险品的车辆驶入；前方道路是海关，所有机动车需停车接受海关检查方可通过，如图 5-20 所示。

a) 禁止鸣喇叭　　b) 停车检查　　c) 禁止运输危险品车辆驶入　　d) 海关

图 5-20　禁止鸣喇叭、停车检查、禁止运输危险品车辆驶入、海关标志

⑪区域禁止及解除标志：前者表示区域内禁止车辆的某种行为；后者表示相应的禁止和限制解除，如图 5-21 所示。

a) 区域禁止长时停车　　　b) 区域禁止长时停车解除

图 5-21　区域禁止及解除标志

(3)指示标志

指示标志表示指示车辆、行人行进的含义,道路使用者应遵循。指示标志除个别标志外,为蓝底、白图案,形状分为圆形、长方形和正方形。根据《道路交通标志和标线》(GB 5768.2—2009)规定,现行指示标志共18种。

①指示通行方向的标志:表示一切车辆只准按标志中图案所指示的方向通行。包括直行标志、向左(或向右)转弯标志、直行和向左(或向右)转弯标志、向左和向右转弯标志,如图5-22所示。

a)直行　　b)向左转弯　　c)直行和向右转弯　　d)向左和向右转弯

图5-22　指示通行方向的标志

②靠右侧(或左侧)道路行驶标志、允许掉头标志:前者表示只准一切车辆靠右(或靠左侧)道路行驶;后者表示该处允许机动车掉头,如图5-23所示。

a)靠右侧道路行驶　　b)靠左侧道路行驶　　c)允许掉头

图5-23　靠右侧道路行驶、靠左侧道路行驶、允许掉头标志

③立交桥行驶路线、环岛行驶标志:指示车辆在立交桥和环岛处需按标志中图案所示线路行驶,如图5-24所示。

a)立体交叉直行和右转弯行驶　　b)环岛行驶

图5-24　立交桥行驶路线、环岛行驶标志

④单行路、步行、鸣喇叭、最低限速标志:依次表示道路为单行路,一切车辆应按标志指示方向行车;该段道路只供步行,任何车辆不准进入;机动车行至该处应鸣喇叭;机动车驶入前方道路的最低速度限制,如图5-25所示。

图 5-25 单行路、步行、鸣喇叭、最低限速标志

⑤路口优先通行、会车先行标志:前者表示交叉口主要道路上的车辆享有优先通行权;后者表示车辆在会车时享有优先通行权,该标志为蓝底,对象来车用红色箭头表示,优先行进方向为白色箭头,如图 5-26 所示。

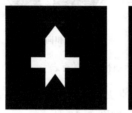 

图 5-26 路口优先通行、会车先行标志

⑥人行横道、专用道路和车道标志:前者表示该处为人行横道,该标志为蓝底、白三角形、黑图案;后者表示前方道路或车道专供指定车辆通行,不准其他车辆和行人进入,如图 5-27 所示。

图 5-27 人行横道、专用道路和车道标志

⑦车道行驶方向标志:表示车道的行驶方向,设在导向车道以前适当位置,如图 5-28 所示。

图 5-28 车道行驶方向标志

⑧停车位标志:表示机动车允许停放的区域,如图 5-29 所示。

a) 停车位　　　　　b) 残疾人专用停车位　　　　c) 出租车专用停车位

图 5-29　停车位标志

(4) 指路标志

指路标志表示道路信息的指引,为驾驶者提供去往目的地所经过的道路、沿途相关城镇、重要公共设施、服务设施、地点、距离和行车方向等信息。指路标志的形状除个别外,为长方形和正方形,颜色为蓝底白字或绿底白字。根据《道路交通标志和标线》(GB 5768.2—2009)规定,现行指路标志共3类。

①一般道路指路标志:设在一般道路上,向道路使用者传递相关道路通行信息,如图 5-30 所示。根据标志中传递信息内容的不同,分为路径指引标志、地点指引标志、道路沿线设施指引标志和其他道路信息指引标志四种。一般道路指路标志为蓝色、白图形、白边框、蓝色衬边。

a) 路径指引标志的交叉口预告标志　　　　b) 地点指引标志

c) 道路沿线设施指引标志　　　d) 其他道路信息指引标志的车道数增加标志

图 5-30　一般道路指路标志

②高速公路、城市快速路指路标志:专门用于传递高速公路和城市快速路相关通行信息的标志,如图 5-31 所示。根据标志中传递信息内容的不同,也可分为路径指引标志、沿线信息指引标志和沿线设施指引标志。高速公路和城市快速路指路标志为绿底、白图形、白边框、绿色衬边。

a) 路径指引标志的高速公路入口预告标志　b) 沿线信息指引标志的终点预告标志　c) 沿线设施指引标志的服务区预告标志

图 5-31　高速公路、城市快速路指路标志

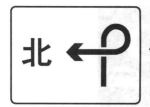

图5-32 方向标志

③方向标志:与方向指路标志一起使用,用于指示道路地理方向,包括"东""南""西""北"四个方向,每个方向范围为正向左右各45°。一般道路指路标志中的方向标志为白底、蓝色图形,高速公路、城市快速路指路标志中的方向标志为白底、绿色图形,如图5-32所示。

(5)旅游区标志

旅游区标志是提供旅游景点方向、距离及项目信息的标志。旅游区标志为棕底、白字(图形)、白边框、棕色衬边,形状为矩形。旅游区标志分为指引标志和旅游符号标志两类,如图5-33所示。

a)旅游区方向　　　　　　　b)旅游区项目滑雪

图5-33 旅游区标志

(6)作业区标志

作业区标志是用来传递道路交通阻断、绕行等信息的标志,可传递警告、禁令、指示和指路等不同含义,设在道路施工、养护等路段前适当位置。若传递警告信息,标志为橙底黑图形;若传递指路信息,则在已有的标志上增加橙色绕行箭头或为橙底黑图形。

(7)告示标志

告示标志是向道路使用者告知有关道路交通安全法和道路交通安全法实施条例内容的标志。一般为白底、黑字、黑图形、黑边框,版面中的图形标识如果需要可采用彩色图案,如图5-34所示。

辅助标志是当主标志无法完整表达或指定其规定时,设在主标志下面,起补充信心信息或辅助说明作用的标志。辅助标志为白底、黑字(黑图形)、黑边框、白色衬边。应用实例如图5-35所示。

图5-34 告示标志　　　　　　图5-35 时间辅助标志示例

3)道路交通标志的设置

道路交通标志是用来向交通参与者传递信息的设施,设置时必须考虑驾驶人的视认要求,即一方面保证驾驶人在标志前一定距离内能辨清标志内容,另一方面能在到达标志设置位置前有足够充分的时间来采取措施。道路交通标志的支撑方式、前置距离、高度、角度等都会对驾驶人的视认效果产生一定影响。

(1)道路交通标志的支撑方式

交通标志的支撑方式可分为柱式、悬臂式、门架式、附着式4种,具体应根据交通量、车型构成、运行速度、道路宽度、车道数、道路沿线构造物分布以及路侧条件等因素综合确定,并尽可能经济美观。

①柱式。柱式一般有单柱式、多柱式。单柱式是标志板安装在一根立柱上,如图5-36a)所示,适用于中、小尺寸的警告、禁令、指示标志和小型指路标志。多柱式是标志板安装在两根及两根以上立柱上,如图5-36b)所示,适用于长方形的指示或指路标志。

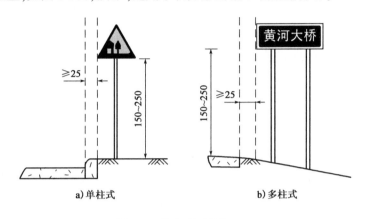

图5-36　柱式(尺寸单位:cm)

②悬臂式。悬臂式标志板安装于悬臂上,适用于柱式安装有困难;道路较宽、交通量较大、外侧车道大型车辆阻挡内侧车道小型车辆视线;视距或视线受限制以及景观上有要求的情况,如图5-37所示。

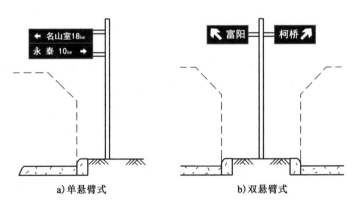

图5-37　悬臂式

③门架式。交通标志安装在门架上,适用于多车道道路需要分别指示各车道去向;道路较宽、交通量较大、外侧车道大型车辆阻挡内侧车道小型车辆视线;互通式立交间隔距离较近,标志设置密集;受空间限制,柱式、悬臂式安装有困难;车道变换频繁,出口匝道为多车道以及景观上有要求的各类情况,如图5-38所示。

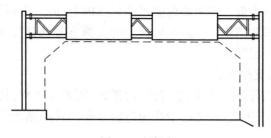

图 5-38　门架式

④附着式。交通标志安装在上跨桥或附近构造物上,按附着板所处位置的不同又分为车行道上方附着式和路侧附着式,如图 5-39 所示。

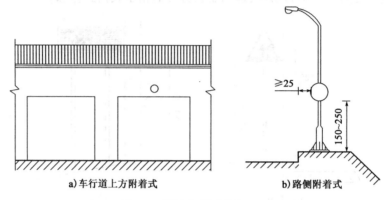

a)车行道上方附着式　　b)路侧附着式

图 5-39　附着式(尺寸单位:cm)

(2)道路交通标志的设置位置

根据所要设置地点的道路、交通和环境条件,选择恰当、合理的标志设置位置。交通标志应设在车辆、行人行进正面方向最容易看见的地方,一般可设在车辆行进方向的右侧人行道外缘或车行道上方。当单向车道数大于或等于 3 条、交通量较大、大型车辆较多或道路线形影响右侧标志的视认性时,可在车辆行进方向的左侧(即中央分隔带处)重复设置。设置时要注意交通标志设置地点的背景色彩,避免因背景色彩减弱了交通标志的显示程度,交通标志不得被行车道旁的树或其他物体遮掩。

交通标志之间应保持合理的间距,设计时速大于或等于 80km 的道路,交通标志的间隔距离不应小于 60m;设计时速低于 80km 的道路,交通标志的间隔距离也不宜小于 30m。

交通标志设置的前置距离要适当,要充分考虑车辆的运行速度、驾驶人的反应能力等因素。不同交通标志的前置距离要求各有不同,其中以警告标志要求最为严格。警告标志前置距离一般根据道路的设计时速按表 5-1 选取。

警告标志到危险地点的距离　　　　表 5-1

| 设计行车速度(km/h) | 100~120 | 71~99 | 40~70 | <40 |
|---|---|---|---|---|
| 标志到危险地点距离(m) | 200~250 | 100~200 | 50~100 | 20~50 |

(3)道路交通标志的设置高度

道路交通标志的设置高度指标志下缘至路面的垂直距离,不应影响道路的净空限界,同时要易于交通参与者辨认,满足视认性要求。路侧柱式交通标志要综合考虑其板面规格、所在位置的道路线形特点、是否有行人通行等因素,一般建议高度 150~250cm。设置在小型车比例比较大的道路上时,标志板下缘距路面的高度可根据实际情况减小,但不宜小于120cm。设置在有行人、非机动车的路侧时,设置高度应大于180cm。悬臂式标志牌不应低于550cm。门架式标志牌一般应大于600cm。

(4)道路交通标志的设置角度

道路交通标志的设置角度主要是为了尽量减少对驾驶人的眩光。除特殊规定外,标志安装应使标志面垂直于行车方向,视实际情况调整其水平和俯仰角度。路侧标志应尽可能与道路中线垂直或成一定角度,禁令和指示标志以0°~45°为宜;指路和警告标志以0°~10°为宜;门架、悬臂和车行道上方附着式的标志面应以垂直于道路行车方向且倾斜0°~15°为宜。

(5)道路交通标志并设的基本要求

原则上应尽量避免不同种类的标志并设,遇有特殊情况,同一地点需要设置两个以上交通标志时,要防止出现信息不足或信息过载现象。

警告标志不宜多设。同一地点需要设置两个以上警告标志时,可只设其中最需要的一个;解除限速标志、解除禁止超车标志、路口优先通行标志、会车先行标志、会车让行标志、停车让行标志、减速让行标志应单独设置,如果条件受限无法单独设置时,一个支撑上最多不应超过两种标志。

为保证视认性,同一地点需要设置两个以上标志的可以安装在一个支撑上,但最多不应超过四个,并按禁令、指示、警告的顺序,先上后下,先左后右进行排列。分开设置的标志,应先满足禁令、指示和警告标志的设置空间。

### 5.1.2 道路交通标线

1)道路交通标线概述

(1)道路交通标线的定义

道路交通标线是由施画或安装于路面上的各种线条、箭头、文字、立面标记、突起路标和轮廓标等所构成的交通设施。它的作用是通过向交通参与者传递通行信息来实现管制和引导交通,可以与交通标志配合使用,也可以单独使用。

(2)道路交通标线的基本要素

①颜色。道路交通标线的颜色设定与交通标志一样,以人们的视认要求和心理习惯为依据。白色比较醒目,尤其是在沥青道路的色度对比下,视认效果最好。黄色对光的反射性比白色虽然低53%,但它解决了原来标线的单调。所以道路交通标线以白色和黄色为主,同时有极个别蓝色和橙色标线,路面图形标记中也可出现红色或黑色的图案和文字。

②形态。道路交通标线有平面、立体、平面与立体的组合三种不同形态。平面形态又有线条、箭头、文字、字符等,占最大比例的线条形态有单、双、虚、实的区别。

2)道路交通标线的种类

道路交通标线有不同的分类标准,按功能可以分为指示标线、禁止标线、警告标线和其他标线;按设置方式可以分为纵向标线、横向标线和其他标线;按形态可以分为线条、字符、突起路标和轮廓标。

(1)指示标线

指示标线是用来指示车行道、行车方向、路面边缘、人行道、停车位、停靠站及减速丘等道路信息的标线。具体包括:可跨越对向车行道分界线、可跨越同向车行道分界线、潮汐车道线、车行道边缘线、左弯待转区线、路口导向线、导向车道线、人行横道线、车距确认线、道路出入口标线、停车位标线、停靠站标线、减速丘标线、导向箭头、路面文字标记、路面图形标记 16 种。

①可跨越对向车行道分界线：又称可跨越道路中心线，用于分隔对向行驶的交通流。在保证安全的情况下，车辆可以越线超车或转弯。可跨越对向车行道分界线为单黄虚线，如图 5-40 所示。

②可跨越同向车行道分界线：可跨越同向车行道分界线为白色虚线，用来分隔同向行驶的交通流，设在同向行驶的车行道分界上。在保证安全的情况下，允许车辆短时越线行驶。同一行驶方向有两条或两条以上车行道，并允许车辆变换车道或短时跨越车行道分界线行驶时，应画可跨越同向车行道分界线，如图 5-41 所示。

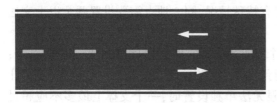
图 5-40　可跨越对向车行道分界线

图 5-41　可跨越同向车行道分界线

③潮汐车道线：车辆行驶方向可随交通管理需要进行变化的车道称为潮汐车道，以两条黄色虚线并列组成的双黄虚线作为其指示标线，指示潮汐车道的位置，如图 5-42 所示。

图 5-42　潮汐车道线

④车行道边缘线：有白色虚线、白色实线和白色虚实线三种形态。白色实线用于指示禁止车辆跨越的车行道边缘或机非分界；白色虚线用以指示车辆可临时跨线行驶的车行道边缘；白色虚实线的虚线侧表示允许车辆临时跨线行驶，实线侧表示不允许车辆跨线行驶，用以规范车辆行驶轨迹。

⑤左弯待转区线：用来指示左转弯车辆在直行时段进入待转区等待左转的位置，是两条平行并略带弧形的白虚线，其前端画有停止线，如图 5-43 所示。

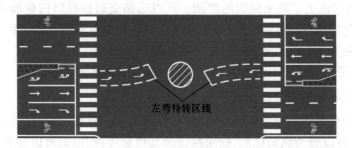
图 5-43　左弯待转区线

⑥路口导向线：用于辅助车辆行驶和转向。一般设在面积大、不规则或交通组织复杂的平面交叉口。连接同向车行道分界线或机非分界线的路口导向线为白色虚线；连接对向车行道分界线的路口导向线为黄色虚线，如图 5-44 所示。

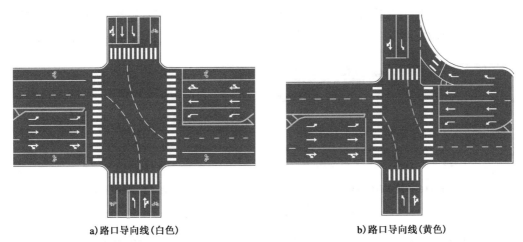

a) 路口导向线(白色)　　　　　　　　b) 路口导向线(黄色)

图 5-44　路口导向线

⑦导向车道线:用于指示驶入路口车辆按导向方向行驶,有固定方向导向车道线和可变导向车道线两种。固定方向导向车道线为白色实线;可变导向车道线如图 5-45 中间车道所示。

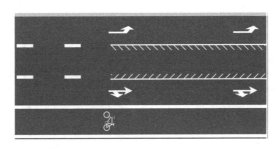

图 5-45　导向车道线设置示例

⑧人行横道线:指示一定条件下准许行人横穿车行道。人行横道线为白色平行粗实线,一般与道路中心线垂直,特殊情况下,其与中心线夹角不宜小于60°(或大于120°)。人行横道线的最小宽度为3m,并可根据行人数量以1m为一级加宽,如图 5-46 所示。

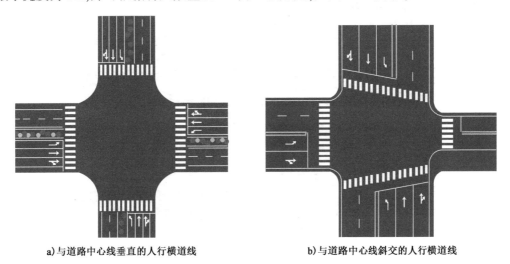

a) 与道路中心线垂直的人行横道线　　　　　　b) 与道路中心线斜交的人行横道线

图 5-46　人行横道线

⑨车距确认标线:为驾驶人保持行车安全距离做参考的一种指示标线。一般设于较长直线段、易发生追尾事故的路段。车距确认标线有白色折线和白色半圆状两种类型,如图5-47所示。

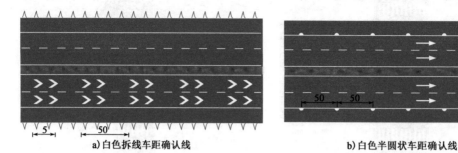

图 5-47　车距确认标线(尺寸单位:cm)

⑩道路出入口标线:用于引导驶入或驶出车辆的运行轨迹,提供安全交汇,减少与突出缘石碰撞可能的标线,由出入口的纵向标线和三角地带的标线组成,如图5-48所示。

⑪停车位标线:用于指示车辆的停放位置,有黄、白、蓝三种。蓝色标线表示此停车位为免费停车位;白色标线表示此停车位为收费停车位;黄色标线表示此停车位为专属停车位。停车位标线根据设置方式还可分为平行式、倾斜式和垂直式三种,如图5-49所示。同时还有特殊车辆专用停车位标线,如出租车、残疾人专用车等。

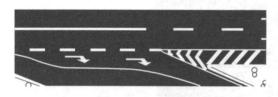

图 5-48　出口标线

图 5-49　倾斜式停车位标线

⑫停靠站标线:有港湾式停靠站标线和路边式停靠站标线两种。港湾式停靠站标线指示车辆通向专门的分离引道和停靠位置,由渐变段引道白色虚线、正常段外边缘白色实线或白色填充线组成;路边式停靠站标线的外围为黄色实线,内部填充黄色实折线,并在中间位置标注停靠车辆的类型文字,如图5-50所示。

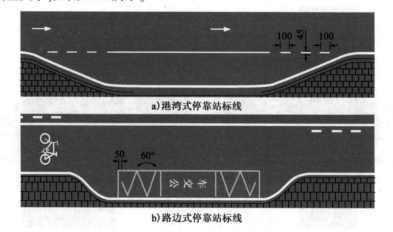

图 5-50　停靠站标线(尺寸单位:cm)

⑬减速丘标线:提前告知车辆驾驶人道路布有减速丘的信息,由设置在减速丘上的标记和

设置在减速丘上游的前置标线组成,如图 5-51 所示。具体分为大型减速丘标线和小型减速丘标线两种。

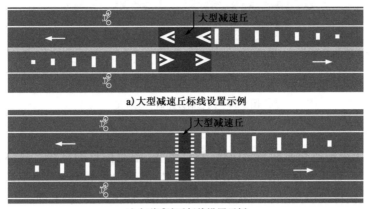

图 5-51 减速丘标线

⑭导向箭头:用以指示车辆的行驶方向,除掉头车辆外,其他车辆的行驶方向应遵循导向箭头的指示。导向箭头的颜色为白色,可根据实际车道导向需要设置,组合使用时不宜超过两种方向。导向箭头应用示例如图 5-52 所示。

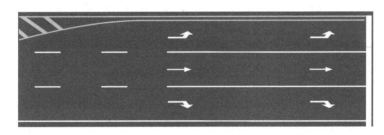

图 5-52 导向箭头应用示例

⑮路面文字标记:通过不同内容的路面文字来指示或限制车辆行驶的标记,以速度限制标记最常见,如图 5-53 所示。黄色数字表示最高限速值,白色数字表示最低限速值。

图 5-53 路面限速标记设置示例

⑯路面图形标记:通过在路面施画图形来指示一定路面通行信息的标记。常见的有三种:非机动车路面标记,在车道起点或车道中施画非机动车图形,表示该车道为非机动车道;残疾人专用停车位路面标记,在停车位内施画残疾人专用车图形,表示此车位为专用停车位,其他车辆不得占用;路面状况标记,提醒驾驶人注意前方路面状况发生变化,以尽早采取措施,标为白色实折线,如图 5-54 所示。

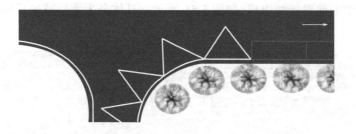

图 5-54　注意前方路面状况标记

(2)禁止标线

禁止标线是用来传递交通参与者应该遵行、禁止、限制信息的标线。具体包括：禁止跨越对向车行道分界线、禁止跨越同向车行道分界线、禁止停车线、停止线、停车让行线、减速让行线、非机动车禁驶区标线、导流线、网状线、专用车道线、禁止掉头线 11 种。

①禁止跨越对向车行道分界线：有双黄实线、黄色虚实线和单黄实线三种类型，用于分隔对向行驶的交通流，并禁止双方或一个方向车辆跨线或压线行驶，如图 5-55 所示。

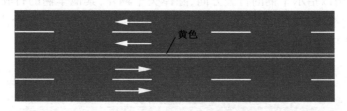

图 5-55　禁止跨越对向车行道分界线

②禁止跨越同向车行道分界线：用于禁止车辆跨越车行道分界线进行变换车道和借道超车。设于交通繁杂而同向有多条车行道的桥梁、隧道、弯道、坡道、车行道宽度渐变路段、交叉口驶入段、接近人行横道线的路段或其他认为需要禁止变换车道的路段。用于路口驶入段时，也可称作导向车道线，其施画长度应根据路口的几何线形确定，一般不小于 30m，如图 5-56 所示。

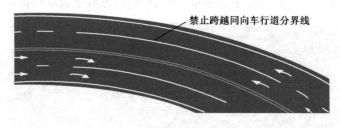

图 5-56　禁止跨越同向车行道分界线

③禁止停车线：用以指示禁止路边停、放车辆，有黄色虚线和黄色实线两种形态。黄色虚线为禁止长时停车线，表示禁止路边长时停、放车辆，但一般情况下允许装卸货物或上下人员等的临时停放。黄色实线为禁止停车线，表示严禁路边一切车辆的停放，如图 5-57 所示。

④停止线：表示车辆等候放行的停车位置。施画于有交通信号控制的交叉路口、铁路平交道口、左弯待转区的前端、人行横道线前及其他需要车辆停止的位置，为白实线，如图 5-58 所示。

a)禁止停车线　　　　　　　　　b)禁止长时停车线

图 5-57　禁止停车线

图 5-58　停止线

⑤让行线:用于实行优先规则控制的平面交叉口,具体分为停车让行线和减速让行线。停车让行线为两条平行白色实线和一个白色"停"字,表示车辆在此路口应停车让干道车辆先行。减速让行线为两条平行的白虚线和一个白色倒三角,表示车辆在此路口应减速让干道车辆先行,如图 5-59 所示。

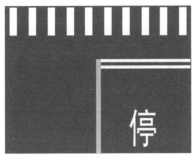 

a)停车让行线　　　　　　　　　b)减速让行线

图 5-59　让行线

⑥非机动车禁驶区标线:用以表示非机动车使用者在路口内禁止驶入的范围。施画有此标线的平面交叉口,左转弯非机动车应沿禁驶区范围外绕行,通过二次过街的形式通过交叉口,如图 5-60 所示。

⑦导流线:表示车辆需按规定的路线行驶,不得压线或越线行驶。导流线的颜色为白色,与道路中心线相连时,也可用黄色。标线形式可分为单实线、V 形线和斜纹线三种,如图 5-61 所示。

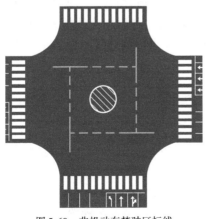 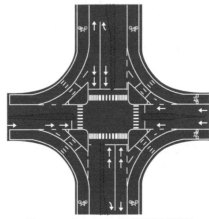

图 5-60　非机动车禁驶区标线　　　　图 5-61　十字交叉口导流线设置示例

⑧中心圈:设置在平面交叉路口的中心,用以区分车辆大、小转弯及交叉口车辆,左右转弯的指示,车辆不得压线行驶。中心圈直径及形状应根据交叉路口大小确定。中心圈颜色为白色,如图 5-62 所示。

⑨网状线:用以标示禁止因任何原因停车的区域,标线颜色为黄色,如图 5-63 所示。

a) 圆形中心圈

b) 菱形中心圈

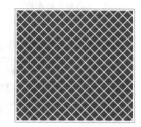

图 5-62　中心圈　　　　　　　　　　　图 5-63　网状线

⑩车种专用车道线:表示该车行道为某种车的专用道,禁止其他车种通行,如图 5-64 所示。具体有公交车专用车道线、小型车和大型车专用车道线、多乘员车专用车道线和非机动车道线。

⑪禁止掉头(转弯)标记:表示禁止车辆掉头或转弯。禁止掉头(转弯)标记由黄色导向箭头和黄色叉形标记左右组合而成,应用实例如图 5-65 所示。

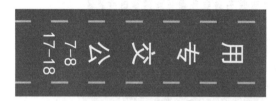

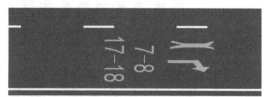

图 5-64　公交专用车道线　　　　　　　图 5-65　禁止转弯标记设置示例

(3) 警告标线

警告标线是促使道路使用者了解道路上的特殊情况,提高警觉准备防范应变措施的标线。包括:路面(车行道)宽度渐变段标线、接近障碍物标线、近铁路平交道口标线、减速标线、立面标记和实体标记 6 种。

①路面(车行道)宽度渐变段标线:用以警告车辆驾驶人路宽或车道数发生变化,应谨慎行车,并禁止超车。标线颜色为黄色,如图 5-66 所示。

②接近障碍物标线:用以指示路面有固定性障碍物,警告车辆驾驶人谨慎行车,引导交通流顺畅驶离障碍物区域。接近障碍物标线的颜色,应根据障碍物所在的位置,与对向车行道分界线或同向车行道分界线的颜色一致。标线外廓为实线,内部以填充线填充,外廓实线宽度原则上与相接的对向车行道分界线或同向车行道分界线相同,填充线为倾斜的平行粗实线,如图 5-67所示。

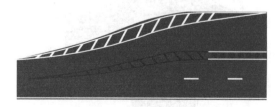

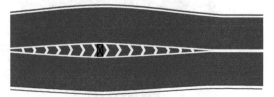

图 5-66　填充式(两车道变四车道)标线　　　图 5-67　接近车行道中障碍物标线(白色)

③近铁路平交道口标线:用以指示前方有铁路平交道口,警告车辆驾驶人应在停车线处停

车,在确认安全情况下或信号灯放行时方可通过,如图 5-68 所示。

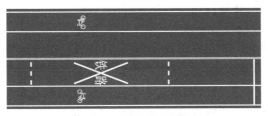

图 5-68　铁路平交道口标线

④减速标线:用于警告车辆驾驶人前方应减速慢行。具体有车行道减速标线和收费广场减速标线两种,车行道减速标线又分为横向和纵向两种形态,如图 5-69 所示。

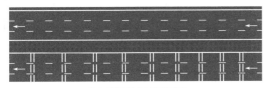
a)车行道横向减速标线

b)车行道纵向减速标线

图 5-69　减速标线

⑤立面标记:用以提醒驾驶人注意车行道或近旁有高出路面的构造物,以防止发生碰撞的标记,如图 5-70 所示。

⑥实体标记:用以给出道路净空范围内实体构造物的轮廓,设在会对行车安全构成威胁的立体实物表面上,提醒驾驶人注意行车安全。标线为黄黑相间的倾斜线条。

(4)其他标线

①突起路标:固定于路面上起标线作用,可用

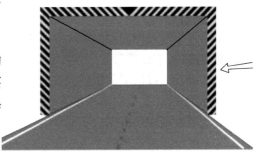

图 5-70　立面标记

来标记对向车行道分界线、同向车行道分界线、车行道边缘线等,也可用来标记弯道、进出口匝道、导流标线、道路变窄、路面障碍物等危险路段,如图 5-71 所示。

图 5-71　出口匝道突起路标设置示例

②轮廓标:用以指示道路的方向或车行道的边界。轮廓标可以通过对汽车灯光的反射,使驾驶员提早了解前方路况。道路两侧设置的轮廓标作为道路车行道边界的警示标志,也可起到夜间诱导、警告驾驶员的作用,很好地保证了通行车辆的行车安全。

3)道路交通标线的设置

(1)道路交通标线施画的基本要求

道路交通标线的施画要能正确引导交通流、确保车辆分道行驶、合理利用道路有效面积;

同时交通标线的含义不得与交通标志相互矛盾;交通标线所用材料必须具有良好的耐久性、抗滑性、施工方便性和经济性,在昼夜均要满足良好的可视性。

(2)一般路段交通标线的设置要求

高速公路和一级公路的一般路段应设置车行道边缘线、车行道分界线;二级及以下等级的双车道公路应设置路面中心线,路面较宽或非机动车较多的路段可设置车行道边缘线。车行道边缘线应设置于紧靠车行道的硬路肩内,不得侵入车行道内。车行道分界线应设置于同向行驶的车行道分界处。同时交通标线宽度应符合表5-2的规定。

**道路交通标线宽度** 表5-2

| 设计速度(km/h) | | 车行道边缘线(cm) | 车行道分界线(cm) | 路面中心线(cm) |
|---|---|---|---|---|
| 120、100 | | 20 | 15 | — |
| 80、60 | 高速公路、一级公路 | 20 | 15 | — |
| | 二级公路 | 15 | 10 | 15 |
| 40、30 | | 15 | 10 | 15 |
| 20 | 双车道 | — | — | 10 |
| | 单车道 | — | — | — |

(3)特殊路段交通标线的设置要求

①经常出现强侧向风的特大桥梁路段、宽度窄于路基的隧道路段、急弯陡坡路段、车行道宽度渐变路段,应设置禁止变换车道线,线宽与车行道分界线一致。

②二级及二级以下等级的公路桥梁与路基段同宽时,路面中心线在桥梁长度范围应设置双黄中心实线,在桥梁引道两端大于160m范围应设置黄色虚实线。公路桥梁窄于路基段时,在桥梁及两端渐变段范围内不画中心线。

③宽度窄于路基的隧道入口前30~50m范围的右侧硬路肩内应设置斜向行车方向的斑马线,线宽45cm,间距100cm;隧道入口前50~100m、出口后30~50m范围的车行道分界处应设置禁止变换车道线,线宽与车行道分界线一致。

④爬坡车道处交通标线应连续设置,沿行车方向左侧设置车行道分界线,其宽度、线形应与标准路段的车行道边缘线一致,右侧硬设置车行道边缘线,在渐变段处过渡到与标线准路段的车行道边缘线相接。

⑤路侧紧急停车带、简易停车区、公共汽车停靠站处交通标线应连续设置,沿行车方向左侧渐变段处设置长100cm、间距100cm的虚线,正常段设置实线,沿行车方向右侧宜设置车行道边缘线,在渐变段处过渡到与标准路段的车行道边缘线相接。虚线、实线的宽度与标准路段的车行道边缘线相同。

⑥路面文字标记按由近到远的顺序排列,字数不宜超过3个,设置规格应符合表5-3的规定。最高限速值应按一个文字处理。

**路面文字标记规格规定** 表5-3

| 设计速度(km/h) | 字高(cm) | 字宽(cm) | 纵向间距(cm) |
|---|---|---|---|
| 120、100 | 900 | 300 | 600 |
| 80、60 | 600 | 200 | 400 |
| 40、30、20 | 300 | 100 | 200 |

⑦位于中央分隔带或路侧安全净区内未加护栏防护的桥墩、隧道洞口、交通标志立柱等构造物应设置立面标记,线宽及间距均为15cm。立面标记应向车行道方向以45°角倾斜。立面标记高度宜为120cm。

⑧二级及二级以下等级的公路上设置减速丘时,应在距其两侧各30m的范围内设置减速丘预告标线。

(4)互通式立体交叉、服务区、停车区出入口处交通标线的设置

交通标线的设置要能准确反映交通流的行驶方向。互通式立体交叉出入口处宜设置导向箭头。出口导向箭头的规格、重复设置次数应参考表5-4。出口导向箭头应以减速车道渐变点为基准点,间距50m。入口导向箭头应以加速车道起点为基准点,视加速车道长度而定,可设三组或这两组。

导向箭头的长度及设置次数　　　　　　　　　表5-4

| 设计速度(km/h) | 120、100 | 80、60 | 40、30、20 |
|---|---|---|---|
| 导向箭头的长度(m) | 9 | 6 | 3 |
| 重复设置次数 | ≥3 | 3 | ≥2 |

(5)收费广场交通标线的设置

收费广场进口端应设置减速标线、收费岛路面标线、岛头标线,各条减速标线的设置间距应根据驶入速度、广场长度经计算确定。收费广场出口端可设置部分车行道分界线。

(6)突起路标的设置

①下列情况下应设置突起路标:

高速公路的车行道分界线上;一级公路的车行道边缘线、车行道分界线上;减速标线上;二级、三级公路的导流线及小半径平曲线、公路变窄、路面障碍物等危险路段。

②下列情况下应在路面标线的一侧设置突起路标,并不得侵入车行道:

高速公路的车行道边缘线上;一级公路互通式立体交叉、服务区、停车区路段的车行道边缘线上;互通式立体交叉匝道出入口路段。

③突起路标可单独设置成车行道边缘线和车行道分界线。

### 5.1.3 道路交通信号控制设施

《道路交通安全法》第25条第1款和第2款规定:"全国实行统一的道路交通信号。交通信号包括交通信号灯、交通标志、交通标线和交通警察的指挥。"前面已详细介绍过交通标志和标线,这里重点介绍交通信号灯的指挥和交通警察的指挥。

1)交通信号灯的指挥

(1)交通信号灯指挥的概念

交通信号灯的指挥,是以交通信号灯作为指挥工具,通过交通信号灯发出不同颜色的灯光来给道路上的交通参与者分配通行权,从时间上对不同交通流实现分离和控制的一种交通管理方式。交通信号灯适用性极强,是目前应用最广泛的交通管理设置之一。实践证明,交通信号灯能有效改善道路交叉口的通行秩序,提高行车安全和通行能力。

(2)交通信号灯的种类

交通信号灯分为机动车信号灯、非机动车信号灯、人行横道信号灯、方向指示指示灯(箭头信号灯)、车道信号灯、闪光警告信号灯、道路与铁路平面交叉道口信号灯。

①机动车信号灯、非机动车信号灯。机动车信号灯和非机动车信号灯都是由红、黄、绿三色灯组成。绿灯亮时,准许车辆通行,但转弯的车辆不得妨碍被放行的直行车辆、行人通行;黄灯亮时,已越过停止线的车辆可以继续通行;红灯亮时,禁止车辆通行。在未设置非机动车信号灯和人行横道信号灯的路口,非机动车和行人应当按照机动车信号灯的指示通行。红灯亮时,右转弯的车辆在不妨碍被放行的车辆、行人通行的情况下,可以通行。

②人行横道信号灯。人行横道信号灯设在行人交通量较大的道路交叉口的人行横道两端,由红、绿两色灯组成。绿灯亮时,准许行人通过人行横道;红灯亮时,禁止行人进入人行横道,但是已经进入人行横道的,可以继续通过或者在道路中心线处停留等候。

③车道信号灯。车道信号灯是专门用于可控车道的一种信号灯,由绿色箭头灯和红色叉形灯(或红色箭头灯)组成,设在车道上方,用来指挥本车道内车辆的通行。绿色箭头灯亮时,准许本车道车辆按指示方向通行;红色叉形灯或箭头灯亮时,禁止本车道车辆通行,如图5-72所示。

设置车道信号灯一般是匹配干线控制或区域控制的需要,提示机动车驾驶员前方车道能否通行,如若不能通行,须驶入绿色箭头灯下的车道,以免带来交通拥堵。车道信号灯在我国目前尚未广泛使用。

④方向指示信号灯。方向指示信号灯的箭头方向向左、向上、向右分别表示左转、直行、右转,如图5-73所示。

a) 绿色　　b) 红色

图5-72　车道信号灯

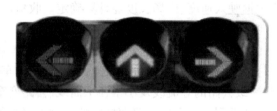

图5-73　方向指示信号灯

⑤闪光警告信号灯。闪光警告信号灯为持续闪烁的黄灯,提示车辆、行人通行时注意瞭望,确认安全后通过。

⑥道路与铁路平面交叉道口信号灯。道路与铁路平面交叉道口信号灯由两个红灯组成,两个红灯交替闪烁或者一个红灯亮时,表示禁止车辆、行人通行;红灯熄灭时,表示允许车辆、行人通行。

(3)交通信号灯的设置

交通信号灯的设置与安装需严格按2016年修订的《道路交通信号灯设置与安装规范》(GB 14886—2016)的规定执行。

①交通信号灯有水平式装置和垂直式装置两种。若为水平装置,灯色排列顺序从左至右为红灯、黄灯、绿灯;若为垂直式装置,灯色排列顺序自上而下为红灯、黄灯、绿灯。红灯设在最上面的目的是,便于驾驶员和行人及早发现,有充分的时间采取相应措施,保障道路交叉口的安全和畅通。人行横道信号灯一般安装形式为垂直式,灯色自上而下为红灯和绿灯。

②机动车信号灯分为圆灯和方向灯,一般不设置左转专用相位的交叉口仅设置圆灯,设置了左转专用相位的进口车道圆灯和方向灯同时设置。机动车圆灯一般至少设置2组。

③交通信号灯有悬臂式、立柱式、门式、附着式和中心安装式五种安装方式。机动车信号灯一般采用悬臂式,人行横道信号灯一般采用立柱式。当机动车信号灯采用立柱形式支撑时,同时可附着人行信号灯或非机动车信号灯。非机动车信号灯通常附着在悬臂式信号灯杆的立柱上,设置1组;当采用立柱式灯杆设置非机动车信号灯时,设置在进口道停止线附近。T形交叉口信号灯可采用3m悬臂、1.5m双悬臂、6m立柱等支撑形式,当采用6m立柱式支撑,可仅设置1组圆灯。

④机动车信号灯、方向指示信号灯和闪光警告信号灯的安装高度规定是:悬臂式5.5~7m;柱式不低于3m;非机动车信号灯2.5~3m。人行横道灯的安装高度为2~2.5m。车道信号灯的安装高度为5.5~7m。道口信号灯的安装高度不应低于3m。

2)交通警察的指挥

交通警察的指挥,是指通过交通警察的肢体来向交通参与者发出交通信号,从而实现对交通流的有效指挥与控制。它不仅适用于道路交叉口,而且适用于各种路段以及复杂的活动现场。在交通信号灯的指挥已经进入自动化、智能化、现代化的今天,交通警察的指挥仍具有非常重要的实际意义。

(1)交通警察手势信号的特点

①强制性。《道路交通安全法》第38条规定:"车辆、行人应当按照交通信号通行;遇有交通警察现场指挥时,应当按照交通警察的指挥通行。"这条规定说明,在所有的交通信号中,交通警察手势信号更具强制性,即当车辆和行人遇有灯光信号、交通标志标线发出的信号与交通警察发出的手势信号不一致、内容有矛盾时,服从交通警察手势信号的指挥,以交通警察的手势信号为准。

②视认性。交通警察在发出手势信号的过程中,身着反光背心,戴白手套,动作简单明了,手势动作放得开、幅度大,指挥清晰明确,具有很强的视认性,交通参与者一目了然,如图5-74所示。

图5-74 交通手势信号的停止信号

③灵活性。交通警察的指挥不同于其他交通信号,适用性更为灵活、广泛。交通警察的指挥不仅适用于各种不同类型的平面交叉口,也适用于不同路段、交通事故现场、大型活动集散场及各类突发交通情况。

（2）交通警察手势信号的内容

交通警察手势信号分为停止信号、直行信号、左转弯信号、左转弯待转信号、右转弯信号、变道信号、减速慢行信号和示意车辆靠边停车信号八个基本内容。

①停止信号：表示不准前方车辆通行。

②直行信号：表示准许右方直行的车辆通行。

③左转弯信号：表示准许车辆左转弯，在不妨碍放行车辆通行的情况下可以掉头。

④左转弯待转信号：表示准许左方左转弯的车辆进入路口，沿左转弯行驶方向进入左转弯待转区，等候左转弯信号。

⑤右转弯信号：表示准许右方的车辆右转弯。

⑥变道信号：表示车辆应腾空指定的车道，减速慢行。

⑦减速慢行信号：表示车辆应减速慢行。

⑧示意车辆靠边停车信号：表示车辆应靠边停车。

# 【案例训练】

## 中国游客在美国遇车祸4人死亡

2016年7月24日，美国亚利桑那州发生一起交通事故：来自中国的四名自驾游客驾车向南行驶，在一个路口左转时被一辆向北直行的大巴撞上车辆侧面，四名中国游客当场死亡。

亚利桑那州公共安全部门（Department of Public Safety）发言人Raul Garcia表示，来自中国的驾驶人在STOP标志前没有停车是此次车祸的直接原因，不仅要负事故全部责任，还要承担大巴的维修费用和伤员的医疗费用。

请结合该案例谈谈你对我国"停车让行"标志的理解。

# 【拓展提高】

## 优先通行权，看看美国怎么做？

正如本节所讲，在道路交叉口，通常可以通过设置信号灯来给不同方向的来车分配通行权。但是如若遇到没有信号灯的道路交叉口，通行权又该如何分配呢？谁应先行？谁应让行？通过本节的案例不难发现，通行权分配不好，会导致事故的直接发生。那么美国是如何解决这一问题的？

美国的大部分交叉路口没有信号灯，也没有警察现场指挥，为了避免路口因交叉冲突导致秩序混乱，美国在路口各方向都设置了STOP标志（图5-75），用以明确交叉路口的优先通行权。

STOP 标志是一个红色八角形标志,美国交通法规规定,在 STOP 标志前,不管路口是否有其他车辆或行人,都必须做到完全停车(Full Stop),然后按照左看—右看—左看的顺序停够 3s,确认相交方向上没有车辆或行人,可以安全通过时方可进入路口。

不过,交叉路口的交通冲突情况多种多样,为了明确不同情况下不同方向上车辆的优先通行权,美国在交通法规中做了非常具体的规定:

(1)只有一个方向上有 STOP 标志,车辆停止后,不得影响其他方向正在通过的车辆或行人。如图 5-76 所示,这辆汽车必须等自行车完全通过后才可以继续行驶。

图 5-75　美国 STOP 标志　　　　　　图 5-76　汽车礼让自行车完全通过后才可继续行驶

(2)在相对方向各设有一个 STOP 标志的路口,如图 5-77 所示,在 STOP 标志下停止的车辆,必须等无 STOP 标志方向上的车辆及行人全部通过后,才可以继续行驶。

(3)在所有方向上都设有 STOP 标志的路口,如果多辆车要从不同方向通过此路口,应遵循"先到先行"的原则,最先来到 STOP 标志下的车辆最先通行,此时,对向行驶的车辆一般可以同时通行(图 5-78)。

图　5-77　　　　　　　　　　　　　　图　5-78

(4)如果两车同时到达,或无法判断谁先到达时,则按"右侧车先行"的原则,让右手边的车辆先行通过。或通过眼神、手势进行沟通,确定谁先通行。如图 5-79 所示,若 A 车和 B 车同时到达路口,则由 B 车先行。

通过交通法规的详细规定和 STOP 标志的强化,"优先通行权"的概念在美国已经深入人心,没有先行权的车辆会主动停车,有先行权的车辆则理所当然地相信别人会为自己让行,所以在通过路口时会毫不犹豫地通行。

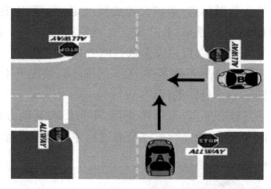

图 5-79

# 单元5.2 道路交通安全设施

【案例导入】

针对"4·29"内蒙古自治区重大交通事故案,仍有一个疑问,即事故路段地处平原地区,周边地势相对平坦,即便两车相撞,大客车又为何会翻滚倒扣,造成如此严重的伤亡后果呢?

[观点1]根据事故现场图片,我们来推测下两车第一次碰撞后大客车的翻滚轨迹。从现场照片中的制动痕迹等可推测大客车在道路上就发生了侧翻:大客车向左侧侧翻后,车顶朝下与护栏端头侧面碰撞。大客车"倒栽葱"式奇特的碰撞,造成车顶左右立柱严重变形,护栏端部被连根拔起。"倒栽葱"式碰撞后大客车车顶向下冲到路外边坡下,随后大客车车顶左前部又与2m左右落差的路外地面发生碰撞。

[观点2]根据事故现场图可知,路侧的缆索护栏并没有起到安全防护作用,事发时被连根拔起(图5-80),反而形成了"绊脚绳",导致大客车倒扣,死者基本都是被挤压导致死亡。

图5-80 路侧的缆索护栏并没有起到安全防护作用,事发时被连根拔起

[观点3]以事故现场图片看,事故路段路侧使用的是日式的缆索护栏,而且还是"假"的半刚性缆索护栏。这种日本的缆索护栏存在缺陷,尤其在养护不及时的情况下,缺陷更明显。这种缆索护栏,张拉不足的索面是软的,而立柱却是硬的,车辆碰撞之后,先起拦阻作用的不是索面而是立柱,这时的每根立柱都是绊脚石,导致车辆完全失控,有些车辆甚至会翻转掉头,这不是一种好的护栏。

[教训与启示]

道路交通安全设施并不是交通安全的保护伞,每一种设施有其特有的设置条件和应用特性。违背设置原则、不科学不合理的交通安全设施不但不能起到"安全"作用,反而会适得其反。此起事故中,第一次碰撞可能并没有直接造成严重的伤亡后果。而根据事故现场照片显示,该段护栏端头是直立式立柱,这对事故车辆而言恰恰成了一种障碍,特别是高速行驶的大客车在撞击后,受其拌阻,其运动轨迹发生突变,直接加剧了该起事故的后果。

【知识储备】

道路交通安全设施对于减少交通事故的发生和减轻交通事故的后果有着直接的作用。近年来,随着道路等级的不断提高,道路交通安全设施越来越受到重视,应用越来越广泛。道路交通安全设施的定义没有严格界限,凡是能起到一定保护交通安全作用的,都可以认为是道路交通安全设施,如绿化带、减速垄、隔离栅、阻车器和路障等,这里不逐一进行详细介绍。

### 5.2.1 护栏

护栏是一种纵向吸能结构,通过自体变形或车辆爬高来吸收碰撞能量,从而改变车辆行驶方向、阻止车辆越出路外或进入对向车道、最大限度地减少对驾驶员和乘客的伤害。护栏的立柱通过膨胀螺栓或者预埋与地面固定。根据其设置位置可以分为路侧护栏和中央分隔带护栏;根据碰撞后的变形程度分为刚性护栏、半刚性护栏和柔性护栏。下面重点介绍几种常见护栏。

1) 波形梁护栏

波形梁护栏是典型的半刚性护栏,当受到外力作用时,通过护栏板和立柱变形,吸收撞击力,保护行人和车辆,是目前国内外最常见的道路交通安全应急保护设施。

波形梁护栏由两片波形钢护栏板及两者之间固定夹放的两根立柱构成,两根立柱固定夹装在两片波形钢护栏板之间,如图 5-81 所示。在公路正常营运时,该护栏利用插拔立柱可方便地插入开口处预先设置的插拔孔内,起到隔离和防护作用,同时与公路外边上的护栏带相呼应,整齐划一,美观配套。车辆对其碰撞时,由于波形钢护栏板有良好的耐撞性能和吸收能量的作用,既不容易被撞毁,同时又可对车辆和驾乘人员起到很好的保护作用。当路面维修或其他原因需要并通时,可方便地把开口处的各组护栏立柱拔出移走,开辟通道,便于车辆通行。

波形梁护栏按照设置地点可以分为路侧护栏和中央分隔带护栏;按防撞等级可分为 A 级和 S 级,S 级护栏属于加强型,适用于路侧特别危险的路段使用,A 级用于专用公路。按照波形栏板的不同分为双波形护栏和三波形护栏。

2) 钢管护栏

钢管护栏是由数根钢管、钢梁装置在立柱上构成,如图 5-82 所示。功能与波形梁护栏相似,在车辆正常运行时,起隔离和防护作用;当发生交通事故、车辆对其碰撞时,则可通过自身变形来吸收碰撞能量,既不容易被撞毁,同时又可防止车辆进入对向车道或越出路外。钢管护栏外形比波形梁护栏美观,一般安装于城市道路,作为道路中心隔离设施、机动车道与非机动车道的隔离护栏或限制行人跨越的人行道边界护栏。

图5-81 高速公路波形梁护栏

图5-82 城市道路钢管中央护栏

3）缆索护栏

缆索护栏是具有较大缓冲能力的韧性护栏结构，是典型的柔性护栏代表。由数根施加初拉力的缆索固定于端柱上而组成钢缆结构，主要依靠缆索的拉应力来抵抗车辆的碰撞荷载、吸收碰撞能量。与其他护栏相比，缆索护栏具有耐柔韧性好、抗冲击力强、防撞性能佳，耐雪载、耐风载能力大等特点。此外，通透性更好的缆索护栏更有利于游客欣赏自然景观，是高速公路和旅游景区道路比较理想的道路交通安全防护设施，如图5-83所示。

缆索护栏分为浸塑B型（普通型）、浸塑A型（加强型）；热镀锌B型（普通型）、热镀锌A型（加强型）。A型采用6根缆索，B型采用5根缆索，A型和B型缆索的初张力采用20kN，缆索采用具有较高强度和抗腐性能优良的 $\phi 3 \times 7mm$ 镀锌/右拧构造。

4）混凝土护栏

混凝土护栏是刚性护栏的典型代表，由一定形状的混凝土块相互连接组成墙式结构，如图5-84所示。交通事故发生时，通过失控车辆碰撞后爬高并转向来吸收碰撞能量。此护栏结构坚固，能有效防止车辆冲出路外，但由于其无缓冲结构，事故车辆及车内人员极易受到损伤。

图5-83 公路缆索护栏

图5-84 混凝土护栏

## 5.2.2 防眩设施

防眩板是为解决对向车灯眩光，安装在高速公路中央分隔带上的一种道路交通安全设施，多设置于高速公路中央分隔带护栏上或护栏中间，也有一些设置在中央开口活动护栏上，如

图 5-85 所示。高速公路上安装防眩板一方面可以阻挡对向行驶车辆的眩光,另一方面还可以通过独特漂亮的防眩板外观设计来调节行车环境,让单调冰冷的高速公路变得活泼多彩起来,这两方面都对高速公路的行车安全有积极作用。

防眩板从材质可分为钢制防眩板、塑料防眩板和玻璃钢防眩板;从外观上可分为普通直板、反 S 形防眩板、仿浮雕防眩板和公路景观防眩板等;从功能上可分为普通防眩板、抗紫外线防眩板、自洁防眩板等。

图 5-85 普通防眩板

### 5.2.3 道路反光镜

道路反光镜也叫广角镜、凸面镜、转弯镜,一般设在道路视距不足的小半径曲线或无控制装置的小型平面交叉路口、铁路道口等处,如图 5-86 所示。驾驶人或行人通过反光镜辨认前方道路交通状况,便于提前采取措施,以减少交通事故的发生,属于临时措施。尤其在山岭地区弯道处、事故多发路段,根据实际情况适当设置反光镜,具有一定改善行车安全的效果。

图 5-86 道路反光镜

道路反光镜由反光镜和立柱构成,分为圆形镜、方形镜和椭圆形镜,其中圆形反光镜最常用、最普遍,有单面镜和双面镜。反光镜采用凸形镜,凸形镜反映的图像清晰明确,其镜面半径应满足标准规定的要求,见表 5-5。

**凸形镜曲率半径** 表 5-5

| 必要的视距或通视距离 $D(m)$ | $D<40$ | $40 \leqslant D \leqslant 60$ | $D>60$ |
| --- | --- | --- | --- |
| 镜面的曲率半径 $r(mm)$ | 1500~2200 | 3000 | 3000 以上 |

圆形镜适用于纵向需要有宽阔视野的情况;方形镜或椭圆形镜适用横向需要有宽阔视野的情况。在平面交叉路口通常设双面圆形镜,镜面材料有丙烯树脂、玻璃不锈钢、聚碳酸酯树脂三种。圆形反光镜的直径有 90cm、120cm、160cm 三种,常用直径为 90cm。镜面中心里地面约 1.5m,支柱用警戒色黄色涂刷。

### 5.2.4 防撞垫和防撞桶

1) 防撞垫

防撞垫是通过吸收车辆碰撞能量使车辆安全停住或平稳导出,避免驾乘人员受到严重伤害的道路交通安全设施。主要应用于公路或城市道路的出口三角区、收费岛前端以及隧道洞口等其他障碍物前端,如图5-87所示。

防撞垫的吸能形式有多种,大部分都是靠物理吸能,例如橡胶、砂料等,更可靠的为钢材的变形吸能。实践证明防撞垫是一种有效的安全防护设施,它主要是降低交通事故的损害程度而不是减少交通事故的发生。防撞垫成本很低却具有很高的安全性能,按功能分为可导向防撞垫和非导向防撞垫。

2) 防撞桶

防撞桶是用高弹性、高强度的改性塑料制成,当汽车与其碰撞时,能有效地减小冲击力,从而避免驾乘人员受到严重伤害,如图5-88所示。按材质可分为塑料防撞筒和玻璃钢防撞桶。防撞桶一般设置在公路及城市道路上容易发生汽车与路中固定设施发生碰撞的部位,如道路转弯处、路中岗亭、收费站及高架路的进出口、停车场等。其表面贴有反光膜,在有效减小碰撞冲击力的同时,还可以作为驾驶员在夜间行驶醒目的标志。

图5-87 防撞垫

图5-88 防撞桶

## 【案例训练】

# 高速公路上的这项新发明,将拯救数百万人的生命

高速路上的金属护栏本是用来保护行车安全的,可正如本节案例,万一发生车祸,却很有可能成为致命帮凶。为了避免这类事故的再次发生,韩国ETI公司设计出了一种全新的护栏——旋转防撞桶(图5-89)。

通过实验可以看到,当小汽车不小心撞上这种护栏时,并不会失控冲出护栏,甚至是大客车也没问题!而至于原理其实很简单,两个字——旋转!当车辆撞向护栏,这些筒子会滚动,将撞击的力量转变为旋转动能,可以极大地吸收撞击力、降低冲击力,减轻车祸带来的伤害。

同时,这种滚筒坚固且极易养护。旋转桶采用EVA和聚氨酯的复合材料,这种高强度

EVA和聚氨酯材料本身就富有弹性且防撞耐磨,可以避免旋转桶受冲击时被撞碎,有效地对防护栏和驾乘人员进行保护。除此之外,它还具有抗化学物质腐蚀、抗紫外老化、抗候性等优点,自然条件下,使用寿命可长达十年以上。值得一提的是,旋转桶还有很强的恢复力,即使受到严重的撞击,也能迅速恢复原样。

图5-89　路侧的塑料旋转防撞桶

与此同时,这种防撞桶颜色鲜艳,可吸引驾驶员的注意力,降低交通事故的发生率。另外,会发光的特性,能让驾驶员在晚上也清楚地看到它们。

目前,该产品已获得22项发明专利,在韩国、日本、美国等国家被广泛使用,我国部分地区也已经开始使用,使用地段的交通事故死亡率降低90%以上。不过,这款新型的护栏成本可不低,而且有些人认为弹力会造成车辆不经意间撞上其他车辆,还是存在一定危险性的。

请根据以上的材料写一篇4000字以上的论文。

# 单元5.3　道路交通服务设施

## 【案例导入】

### "抢车位大战"

近年来,私家车数量急剧增长,而相应的固定停车位配置却明显滞后。同时,由于固定停车位停车成本高,我国各地不同程度都在上演"抢车位大战"。除了汽车本身,人们还动用了门板、沙发、车位锁等各种工具来抢路边停车位。2016年9月23日,上海宝山区的一处新建商品房小区,居民为买车位已排队3天2晚。"停车难"成为现代城市亟待解决的问题之一。

## 【知识储备】

道路交通服务设施不仅直接影响道路交通服务水平,也间接地影响着道路交通秩序和安全,是现代道路交通系统不可或缺的重要组成部分。道路交通服务设施包括公交停靠站、停车管理设施、加油站、道路照明设施等。这里重点介绍城市道路的停车管理设施和高速公路的特殊服务设施。

### 5.3.1 停车管理设施

车辆的停放对动态交通有着直接影响,不规范的停车行为容易诱发交通事故、降低道路通行能力、降低城市的活力,同时破坏城市景观环境。在我国,与急速增长的机动车辆相比,停车场的配置明显滞后,无法满足日益增长的停车需求,"停车难"成为亟待解决的城市交通问题。同时,正因为停车难,所以乱停车。"停车难、乱停车"的恶性循环已成为道路交通管理的难点和热点问题。再者,停车场管理设施落后、缺乏指示信息、使用不便、使用率低等问题使得停车难现象雪上加霜。

现代化的停车管理设施可有效提高现有停车场利用率、减少停车事故的发生、改善动态交通的行车安全及秩序,是道路交通系统中必不可少的服务设施。

1) 机械式立体车库

有限的不可再生城市土地资源无法满足日益增长的停车需求,占地小、容量大的机械式立体车库得以迅速发展,是现今乃至未来的停车发展趋势。机械式立体车库,顾名思义,是有机械外形、采用机械运动原理实现停车的一种设备,它的出现,使得停车在横向、竖向空间上得到延展,有效增加了车位数量,如图 5-90 所示。机械式立体车库占地面积小,停车、取车完全由机械操作,入库出库安全、有序、快速,可以有效地缓解停车难现象。

a) 中小型立体停车库

b) 大型机械式停车库(内部)

c) 大型机械式停车库(外观)

图 5-90 立体车库

2)停车诱导屏

不同等级的停车诱导系统,动态地为驾驶人提供指定区域附近停车场泊位数量信息,引导驾驶员最快速地找到停车泊位,缩短因寻找停车位而产生的绕行距离和绕行时间,从而降低对动态交通的影响,如图 5-91 所示。一级屏设置在区域主要道路上,发布区域所辖不同停车场空车位数据信息。二级屏设置在停车场(库)周边道路上,发布停车场(库)的名称、行驶路线、空车位数据等信息,同时接受停车场管理中心停车泊位数据。三级屏设置在停车场入口处道路边,接收、处理并发布停车场空位数据。四级屏设置于大型停车内部,用于发布各小区域范围内的车位状态,可直接显示空车位数,可简化为显示"空"与"满",避免驾车者无谓兜圈。

a) 一级停车诱导屏

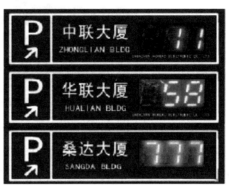

b) 二级停车诱导屏

c) 三级停车诱导屏

d) 四级停车诱导屏

图 5-91　停车诱导屏

3)咪表

咪表一词源于香港,即电子计时表,分为电子泊车咪表和凭票泊车咪表。如图 5-92 所示。所谓"咪表"泊车管理,就是采取国际通行的"咪表"计时刷卡收费的方式,提示车主在占用道路停放车辆时,应有时间观念和缴费意识,以减少机动车对道路的占用时间和空间。随着私家车的日益增多,城市停车位的日益紧缺,停车咪表的应用越来越广泛。

图 5-92　咪表

### 5.3.2 高速公路服务区

高速公路服务区又称高速公路服务站，通常设有加油、汽车修理、餐饮、休息、通信等功能。一方面能满足驾驶人和乘客出行的需要，另一方面使驾驶人有了充分休息的条件，有效防止了疲劳驾驶行为的发生，保障了行车安全，因此是高速公路上必不可少的安全设施，如图5-93所示。随着我国高速公路通车里程的不断增加，以及高速公路交通安全形势的日益严峻，服务区无论从规模、设施、功能、服务质量等各方面，都越来越受到重视。

图5-93 高速公路服务区

高速公路服务区的设置标准：平均间距不宜大于50km，最大间距不宜大于60km；建筑规模根据交通量、交通组成、沿线城镇布局、用地条件等因素确定。

## 【案例训练】

# 智能技术解"停车难题"

截至2016年年底，宁波市完成了对核心区域500余台咪表的智能化升级改造及配套管理系统的建设工作，成功建立涉及海曙区、江北区、鄞州区42个停车场11667个车位的停车诱导网络，获评"2016年度全国停车行业智慧停车示范城市"称号。

1. 咪表停车迈入"掌上支付"时代

2015年4月，城管市政部门正式启动咪表智能化升级改造项目。经过一期、二期建设，市区共500余台咪表完成了升级改造。相较于原版咪表，新型咪表的"颜值"更高，操作更加方便，支付渠道也更宽广。除支持咪表卡进行停车支付外，还支持新版市民卡、甬城通互联互通卡的刷卡支付以及手机微信支付，大大方便了车主的停车出行。

2. 停车场是否有车位，打开手机就知道

在停车诱导系统一期项目中，宁波市建成了42个停车场11667个车位的停车诱导信息网络。共建成路面一级诱导屏11套，二级诱导屏30套，三级诱导屏41套，以及前端采集设备61套。同时，停车诱导智能管理系统和停车诱导服务网已建立完成并投入使用。目前，正在对"宁波通"APP停车诱导模块进行开发完善。不久的将来，车主不管是登录停车诱导网站还是"宁波通"APP，都能实现对停车场车位情况的远程查询，大大提高停车的便利性及停车设施的使用效率。

3. 智能咪表停车大数据

智能咪表系统自2015年4月上线以来，截至2016年12月31日，已经累计发生停车139万余次。二期咪表上线后，智能咪表的日平均停车次数达5046次，相当于一个车位日均停车5.6次，车位平均使用率为54.7%。

以首批改造的200余台咪表为例，2014年5~10月，未改造的咪表共发生停车159819次；2016年5~10月（升级运行一年后），该批咪表发生的停车次数就达到了310999次，与2014年同期相比翻了一倍，并长期处于稳步上升的趋势。排除汽车保有量增加等因素，可以看到，智能咪表一经推出就已经被车主广泛接受，同时对于规范停车刷卡的行为具有较明显的促进作用。

4. 微信停车支付方式受追捧

2016年4月，咪表微信停车正式投入运行，截至2016年12月31日，咪表微信停车公众号的粉丝量已达38861人，"微停车"总用户数达26582个，微信总停车次数达47248次，累计停车时长83332h，用户数、停车次数、停车时长、收费金额一直处于快速增长的趋势。

从统计数据看，车主使用微信进行停车的比例已经占到所有支付方式的12%，微信停车产生的收费金额已占到所有收费金额的14%，微信停车功能已经被广大车主接收并受到欢迎，将逐渐成为主流的咪表停车支付方式。

5. 咪表停车，"短停快走"成主流

从统计数据来看，在智能咪表泊位上，停车时长小于15min（免费停车时长）的比例为30.54%，小于1h的比例为63.5%，小于2h的比例为85.7%，停车时长大于2h比例为14.3%，超过5h（可停时限）的比例为0.66%。

大部分车主已经养成了"短停快走"的良好停车意识，道路咪表泊位满足临时停车的功能得到了较好发挥，既解决了市民临时停车难的问题，又有效提升了公共车位的周转率和使用效率。

针对城市停车难问题，请谈谈你的想法，写一篇4000字以上的论文。

# 单元6　道路运输安全管理

## 知识目标

1. 理解安全管理的内涵。
2. 掌握企业安全管理的措施。
3. 掌握企业安全事故的调查及事故处理方法。
4. 理解企业安全评价的内涵。
5. 了解行业监管。

## 能力目标

1. 能够建立健全企业安全生产管理机构,配备安全生产管理人员,落实各项安全生产制度。
2. 能够对企业安全事故进行调查与处理。
3. 能够提出科学、合理、可行的安全对策、措施和建议,做出安全评价结论。

## 单元6.1　企业安全管理

道路运输安全与人民群众生产生活和生命财产息息相关,做好道路运输安全管理工作,加强道路运输企业安全管理,有效控制特大、重大事故发生、降低总体安全事故率、减少经济损失、保障广大居民人身安全,是交通参与者及社会的共同需求。

【案例导入】

### 包车返乡为阖家团聚　疲劳驾驶致亲人永别
### ——2012.1.4沪昆高速公路贵州黔南重大道路交通事故

2012年1月4日18时30分,安徽省黄山市某旅游客运有限公司驾驶人杨某驾驶大型普通客车(核载53人,实载57人,其中包括4名儿童),从浙江省义乌市驶往四川省泸州市叙永县,沿沪昆高速公路行至K1765+500处贵州省黔南州贵定县境内裕民大桥路段,车辆越过中心隔离带及对向车道路侧防护栏,翻入路边垂直高度8.8m下水沟中,造成18人死亡,39人受伤。

[教训与启示]

从事故调查情况看,暴露出旅游运输企业内部管理混乱、私自转租、私下揽客、非法改装、随意变更线路,企业雇用驾驶人审查不严。

此次事故中,大客车为旅游包车,不是公路客运车辆;车上省际包车标志牌标明起始地为安徽省六安市,终点为四川省泸州市,线路两端均不在车籍所在地安徽省黄山市;发证单位为六安市运管处,也不是车籍所在地运管部门。车上违法装载的是从浙江省义乌市返回四川、云南等地与家人团聚、共度春节的农民工,不是旅游观光的旅客。大客车自1月3日14时由安徽省黄山市出发,当日23时在浙江省义乌市搭载乘客后驶往四川省泸州市,到1月4日18时30分发生事故时已行驶超过28个小时。期间,车上两名驾驶人一直未得到充分休息,疲劳驾驶,最终导致事故发生。

## 【知识储备】

2001年国务院颁布了302号令《关于特大安全事故行政责任追究的规定》,2002年国务院又颁布了344号令《危险化学品安全管理条例》;2003年全国人大相继发布了《中华人民共和国安全生产法》和《道路交通安全法》,2006年7月1日,我国正式施行《机动车交通事故责任强制保险条例》。这些法律法规的施行,充分表明我国道路交通监管部门对于道路交通安全的重视程度。

道路运输安全生产工作是构建和谐社会,统筹社会经济全面、协调、健康发展的重要内容,是实施交通跨越式发展的有机组成部分,是政府履行管理工作的重要职能,也是道路运输企业生存发展的基本要求。道路运输企业安全管理课题的研究成果可以为道路运输业的发展和战略规划提供现实的参考价值。因此开展对道路运输企业安全管理工作具有重要的现实意义。

### 6.1.1 安全管理工作的任务和内容

1)道路运输企业安全管理

道路运输企业同一般的企业一样,追求利益最大化,即在企业运营过程中以最低的成本,获取最高的利润。事故损失在企业运营成本构成中占有很大的比例,交通事故的发生不仅会使道路运输企业蒙受巨大的直接经济损失,更会使企业的社会形象受损,而这种形象受损带来的间接损失是无法估量的,因此道路运输企业都将最大限度地减少交通事故放在首位。

道路运输企业是指专业从事道路客运、货运的企业。安全生产是企业通过驾驶员驾驶营运车辆,利用路网,将乘客或货物按照客户的要求安全地运送至目的地的运输过程。

道路运输企业安全管理是指交通管理部门及企业自身利用各种资源和方法对企业的生产过程进行监控、引导,促进企业安全生产的管理过程。

2)道路运输企业安全管理工作的任务

道路运输企业安全管理是企业经营者、管理者和全体从业人员,为了实现企业安全生产目标,结合道路运输行业及企业自身经营特点,遵循一定的安全管理原则,组织、指挥和协调全体员工安全生产的活动。道路运输企业安全管理工作的目的是强化企业安全生产主体地位,建立健全企业安全生产管理体系,完善安全生产条件,确保道路运输企业生产经营过程中的安全生产,防止人员伤亡和经济损失。

道路运输企业安全管理工作的主要任务是：

(1)认真贯彻执行国家安全生产法律、法规及有关道路运输法律、法规和规章。

(2)坚持"安全第一,预防为主,综合治理"的方针,建立"管生产必须管安全""谁主管谁负责"的安全生产管理责任制,形成企业管理者和全体员工"各司其职、各尽其责、分兵把口、齐抓共管"的安全生产管理格局。

(3)建立健全企业安全生产管理机构,配备安全生产管理人员,落实各项安全生产制度。

(4)制定切实可行的安全措施,做好事故预防工作,把交通事故消灭在萌芽状态,实现"杜绝特大事故,遏制重大事故,减少一般事故"的安全目标。

(5)强化企业安全管理自我约束机制,提高安全生产管理水平,确保旅客和货物的运输安全,最大限度地为社会提供安全、及时、经济、方便、舒适的运输服务,实现企业经济效益最大化的目的。

(6)企业经营者、管理者和全体员工要克服"重生产、轻安全,重经营、轻管理,重经济效益、轻思想教育"的"三重三轻"的思想,切实处理好安全与效益,安全与生产的关系,把"安全第一,预防为主"的方针真正落到实处。

3)道路运输企业安全生产管理工作的主要内容

(1)建立健全企业安全生产规章制度

安全生产规章制度是指道路运输企业为保证企业运输生产经营过程的安全,结合企业自身实际而制定的一系列管理制度和行为规范的总称,一般包括:规程、标准、规定、措施、办法、制度、指导意见等。具体内容包括:企业安全生产责任制,安全生产操作规程,安全生产监督检查制度,安全生产费用提取和使用管理制度,设施、设备管理制度,从业人员管理制度等。

①安全生产责任制。安全生产责任制主要指企业的各级领导、职能部门和在一定岗位上的劳动者个人对安全生产工作应负责任的一种制度,也是企业的一项基本管理制度。道路运输企业通过建立健全安全生产责任制,明确企业全体员工的安全工作职责,将企业安全生产责任分解到运输生产活动的各个环节和工作岗位,实现全员参与、全面、全过程的安全管理,确保生产经营过程的安全。

②安全会议制度。道路运输企业应当定期召开安全生产工作会议和例会,分析企业安全形势,部署安全生产工作,研究解决安全生产中的重大问题。企业安全工作会议每季度召开一次,安全例会至少每月召开一次,驾驶员安全例会每周召开一次,每月不少于两次。遇特殊情况或发生重特大事故,应随时召开有关会议。

③安全生产费用提取和使用管理制度。安全生产费用(以下简称安全费用)是指企业按照规定标准提取,在成本中列支,专门用于完善和改进企业安全生产条件的资金。企业应当建立健全安全费用管理制度,明确安全费用使用、管理的程序、职责及权限,按规定提取和使用安全费用。

道路运输企业以上年度实际营业收入为计提依据,按照以下标准平均逐月提取：

a.普通货运业务按照1%提取。

b.客运业务、管道运输、危险品等特殊货运业务按照1.5%提取。

④安全生产培训和教育学习制度。道路运输企业应当建立安全生产培训和教育学习制度,制订从业人员年度及长期的继续教育培训计划。培训制度内容包括:明确负责安全生产培训和教育学习工作的部门,明确安全生产教育培训的对象,明确各类人员接受安全生产培训的内容,明确安全生产教育培训要达到的效果、资格要求、培训时间、培训方式、考核方式。

道路旅客运输企业要对新职工进行至少72学时的安全培训，每年进行至少20学时的再培训；其他企业包括普通货运企业新职工上岗前要经过至少24学时的安全培训，每年进行至少8学时的再培训。

道路旅客运输企业应定期对客运驾驶人开展交通法律法规、典型交通事故案例警示、安全驾驶操作技能、应急处置等教育培训。客运驾驶人每月接受不少于2次，每次不少于1小时的教育培训。

⑤安全生产监督检查制度。安全生产监督检查是企业安全管理体系有效实施的保证。企业内部监督检查的主要任务是将企业各项安全生产工作纳入日常监督的范畴，通过一整套措施，系统地、有针对性地对企业的安全生产状况进行定期和不定期的监督检查，确保各项安全管理规章制度得到贯彻和落实，各项安全管理工作能有效地开展。企业安全生产监督检查制度应明确安全生产监督检查的目的、组织、内容、方式方法，检查周期、参加人员、检查内容、检查记录、处理结果和整改复查责任等方面的规定。

⑥设施、设备安全管理制度。道路运输企业的设施、设备主要包括：运输工具，运输与装卸设备，运输装卸特种与辅助设备，消防、环保与应急设施设备，防护器材与设备，站（场）基础设施。企业应当建立健全设施、设备安全管理制度，明确设施设备的购置（建设）、基础管理、使用与保养，操作人员教育与培训等各项要求。

⑦安全生产文件和档案管理制度。道路运输企业应建立健全安全生产文件和档案管理制度，确保清晰、确定、完整地记录企业安全生产及相关活动的信息，准确再现企业安全生产的真实面貌。道路运输企业建立的安全生产文件和档案管理制度应包括：建档的内容及档案的移交、整理、归档、分类编目、档案室的管理、档案借阅、保存期限、销毁处理、保密等内容。

⑧安全生产事故统计报告制度。落实道路运输企业安全生产事故统计报告工作，及时、准确、完整地反映道路运输企业的事故状况，为政府安全管理部门、行业管理部门、企业自身分析事故原因，总结经验教训，制定安全对策提供依据，是保障安全生产事故应急处置及时性和有效性的信息支撑，是确保事故调查处理公正性和科学性的重要依据，是落实事故责任追究制度的前提条件。道路运输企业建立的安全生产事故统计报告制度应包括：事故报告程序、事故报告内容、道路运输行车事故快报、行车事故统计和分析等内容。

⑨安全考核制度。对企业安全管理人员和驾驶员，进行日常管理和安全运营的全过程考核。

⑩安全生产奖惩制度。道路运输企业建立的安全生产奖惩制度，应确定奖惩原则，明确奖惩范围、类型、标准、奖惩措施，根据安全考核结果实施奖惩，并保证落实到位。

⑪安全生产责任追究制度。严格按照"安全生产事故原因未查清不放过、责任人员未处理不放过、整改措施未落实不放过、有关人员未受到教育不放过"的"四不放过"原则，建立安全生产责任追究制度，追究事故直接责任人和有关负责人的责任。

⑫行车日志制度。加强对车辆的运行管理，记录的主要内容包括：始发站、中途停靠站、终点站、停车时间、天气和道路状况，以及行车中发生的车辆故障、隐患、事故等。记录由驾驶员负责填写，企业有专人负责管理。

⑬问询告知制度。驾驶员出车前要进行问询、告知，督促驾驶员做好对车辆的日常维护和检查，防止驾驶员疲劳、酒后或带病上岗，并将有关道路状况及天气情况及时告知驾驶员。

⑭事故隐患排查整改制度。企业应逐级建立并落实从企业主要负责人到员工的事故隐患排查与治理机制，排查企业生产经营中的事故隐患和薄弱环节，确保事故及安全检查中发现的

安全事故隐患得到及时和有效的整改。

⑮安全生产操作规程。安全操作规程是指在企业生产活动中,为消除能导致人身伤亡或造成设备、财产破坏以及危害环境的因素而制定的具体技术要求和实施程序的统一规定,是企业安全制度的重要组成部分。企业应根据现行的国家、行业安全技术标准和规范、安全规程等规定,结合本企业自身实际,制定各个生产岗位、生产设施设备的安全操作规程。

⑯企业安全生产管理所需要的其他制度。如安全生产值班制度、车辆技术管理制度、车辆安全检查制度、驾驶员安全管理制度、GPS监控值班制度、站场安全管理制度等。

(2)确定安全生产目标

道路运输企业在安全生产管理中引入目标管理,制定阶段性的控制指标,通过划分组织目标和个人目标,将企业安全生产管理过程中的关键活动结合起来,对企业安全生产情况实行阶段性定量控制和考核,实现企业安全生产全面、有效的管理。

道路运输企业常用的安全生产目标主要包括:道路交通责任事故起数(次)、死亡人数(人)、受伤人数(人)、财产损失(元)、万车公里事故起数(次/万车公里)、万车公里伤亡人数(人/万车公里)、行车安全责任事故频率(次/车)、行车安全责任事故死亡率(人/车)、行车责任事故受伤率(人/车)、直接经济损失率(元/车)。

(3)明确道路运输企业安全生产主体责任

企业是安全生产责任的主体,对本单位的安全生产承担主体责任,并对未履行安全主体责任导致的后果负责。企业的安全生产主体责任是指企业遵守有关安全生产的法律、法规、规章的规定,加强安全生产管理,建立安全生产责任制,完善安全生产条件,执行国家、行业标准,确保安全生产,以及事故报告、应急救援和善后处理的责任。主要包括以下内容:

①具备法律法规和国家标准、行业标准规定的安全生产条件,贯彻执行国家有关安全生产的法律、法规和政策,完成上级下达的各项安全考核指标。

②建立健全安全生产责任制。企业法定代表人为安全生产第一责任人,对企业的运输安全生产条件予以保障;分管安全的领导为直接责任人;其他分管领导对分管范围的安全工作负责。企业领导和从业人员实行"一岗双责"制,即企业领导和职员既对分管的业务工作负责,又对分管业务范围的安全工作负责。

③依法设置安全生产管理机构,配备安全生产管理人员;建立健全各项安全生产规章制度和安全生产操作规程。

④按规定提取和使用安全生产费用,确保安全资金投入满足安全生产需要;按规定存储安全生产风险抵押金;依法参加工伤社会保险,为从业人员缴纳保险费;依法投保国家强制性的机动车交通事故责任强制保险和承运人责任险,并积极参投其他商业险种。

⑤依法履行建设项目安全设施同时设计、同时施工、同时投入生产和使用的"三同时"规定。

⑥使用符合国家规定标准的车辆从事道路运输经营活动,提供道路旅客、货物运输的安全操作规范和安全工作环境;依法为从业人员提供劳动防护用品,并指导、监督其正确佩戴和使用。

⑦建立完善的安全教育和培训机制,保证安全生产教育培训的资金投入,依法组织从业人员参加安全生产教育培训。确保道路运输过程中每个环节的参与者接受必要的培训,熟悉相关安全生产规定、标准和规章制度,充分理解和掌握其岗位安全生产职责,并具备与之相适应的安全操作技能。

⑧依法加强安全生产管理,采取积极措施降低运输安全风险,定期组织开展安全生产检

查,针对已认定的风险制订防范措施,及时消除事故隐患,依法对重大危险源实施监控。

⑨依法取得安全生产行政许可。

⑩统一协调管理承包、承租单位的安全生产工作,对所属车辆及驾驶员(包括聘用)承担管理责任。

⑪建立安全生产事故应急救援机制,依法报告生产安全事故,及时开展事故应急抢险救援,妥善处理事故善后工作。

⑫负责作业场所职业危害的预防和职业病防治工作。

⑬积极推行和运用现代化科学管理方法,积极采用新技术、新工艺、新设备和新材料,不断改善安全生产条件。

⑭法律、法规规定的其他安全生产责任。

(4)建立安全管理机构、配备安全管理人员

道路运输行业属于高危行业,企业及其二级经营单位应根据本单位的危险性大小、经营规模的大小、从业人员的多少等因素,依法设置专门的安全生产管理机构和配备专、兼职安全生产管理人员。

(5)做好安全生产基础保障工作

道路运输企业要确保安全投入,从硬件和软件两个方面完善基础工作,为安全生产提供必要的保障和支持。企业应当购置安全设施设备,配备开展安全管理工作所需的交通工具、智能电子设备等办公和安全检查有关设备;开发与企业业务相适应的安全管理信息化系统;配置应急救援物资,保证安全生产事故的抢险救灾和善后处理工作等安全投入资金的稳定来源,形成企业安全生产投入的长效机制。

(6)加强从业人员安全管理

道路运输企业从业人员构成主要有道路客货运输驾驶员、道路危险货物运输从业人员、机动车维修技术人员、机动车驾驶培训教练员、道路运输经理人和其他道路运输从业人员等。对从业人员的管理主要应侧重岗前管理、行为管理、周期评价、继续教育等方面。

①岗前管理:对从业人员进行从业资格条件审查、驾驶技能和综合素质测试、驾驶适宜性检测、企业安全生产管理部门审核、岗前三级安全教育、企业依法录用。

②作业过程行为管理:对从业人员进行作业前安全管理、作业过程中安全管理。

③定期安全考核评价:对从业人员职业行为进行定期跟踪考察,考核从业人员在作业活动中"违章指挥、违章操作、违反劳动纪律"情况、安全事故情况、服务质量、安全生产情况、安全操作规程执行情况、参加安全教育与培训情况以及职业健康状况等。

④继续教育:加强从业人员岗位中期继续教育,及时进行针对性的安全教育和培训。定期开展法律法规、典型交通事故案例警示、技能训练、应急处置等教育培训。根据2012年11月国务院安委会《国务院安委会关于进一步加强安全培训工作的决定》的相关规定,道路运输企业要对新职工进行至少72学时的安全培训,每年进行至少20学时的再培训;企业应对教育与培训的效果进行考核,教育与培训考核相关资料纳入教育与培训档案。

(7)加强道路运输车辆的管理

道路运输企业应加强营运车辆的技术管理,对运输车辆进行择优选配、正确使用、定期检测、强制维护、视情修理、合理改造、适时更新和报废的全过程综合性管理。

道路运输企业应建立车辆技术管理组织体系,做到上下统一,彼此协调,组织健全,人员精干,技术素质高。建立健全车辆技术管理的各级岗位责任制,明确车辆技术管理人员的职责和权限。

企业投入运营的营运客车、重型货车、半挂牵引车和危险货物运输车,应严格按照国家相关规定安装符合国家标准的行车记录仪、GPS等动态监控设备,企业设立专职监控部门或监控人员,负责监控车辆行驶动态,对车辆运行过程中出现的违规违章及时进行分析处理。

企业投入运营的营运车辆应当符合国家有关标准要求,安全设施设备齐全,并保持车辆技术状况良好。客运车辆技术等级必须达到营运线路要求的条件;货运车辆技术等级必须与其经营业务相适应,其中危险货物运输车辆专用装置必须为经有关部门检测合格的,并配备必要的通信工具。

企业应制定营运车辆维护保养制度,按照规定的时间、里程间隔或定期对车辆进行维护与检测;企业应当制定程序,保证车辆按照有关规定和标准以及企业制定的相关要求进行维护和检测,确保营运车辆保持良好的技术状况。

企业应当建立营运车辆信息管理系统,加强车辆技术档案的管理。

(8)制定安全生产操作规程

道路运输企业应当根据关键岗位的特点,分类制定安全生产操作规程,并监督员工严格执行,推行安全生产标准化作业。

安全生产操作规程内容包括:企业安全管理手册;安全管理人员工作规程;旅客运输驾驶人行车操作规程,包括"出车前、行车中、收车后"的车辆技术状况检查、开车前向旅客的安全告知、高速公路及特殊路段行车注意事项、恶劣天气下的行车注意事项、夜间行车注意事项、应急驾驶操作程序、进出客运站注意事项等;危险货物运输驾驶员安全操作规程;危险货物运输押运员、装卸管理员安全操作规程;普通货物运输驾驶人安全操作规程;调度员安全操作规程;乘务员安全服务操作规程;车辆日常安全检查操作规程调度员安全操作规程;车辆动态监控操作规程;根据企业安全运营实际需求,制定的其他相关安全运营操作规程。

(9)建立突发事件应急救援体系

道路运输企业突发事件一般有道路运输事故、自然灾害事件、危险物品泄漏事故、客运站旅客滞留、火灾等。道路运输企业建立应急管理制度和安全生产应急救援体系,编写突发事件应急预案。

应急预案应形成体系,针对各级各类可能发生的事故和所有危险源制订专项应急预案和现场应急处置方案,并明确事前、事发、事中、事后的各个过程中相关部门和有关人员的职责。生产规模小、危险因素少的生产经营单位,综合应急预案和专项应急预案可以合并编写。

综合应急预案是从总体上阐述处理事故的应急方针、政策,应急组织结构及相关应急职责,应急行动、措施和保障等基本要求和程序,是应对各类事故的综合性文件。

专项应急预案是针对具体的事故类别(如道路运输事故、自然灾害事件、危险物品泄漏事故、客运站旅客滞留、火灾等事故)、危险源和应急保障而制定的计划或方案,是综合应急预案的组成部分,应按照综合应急预案的程序和要求组织制定,并作为综合应急预案的附件。专项应急预案应制定明确的救援程序和具体的应急救援措施。

现场处置方案是针对具体的装置、场所或设施、岗位所制定的应急处置措施。现场处置方案应具体、简单、针对性强。现场处置方案应根据风险评估及危险性控制措施逐一编制,做到事故相关人员应知应会,熟练掌握,并通过应急演练,做到迅速反应、正确处置。

### 6.1.2 安全管理机构和职责

道路运输企业要确保安全管理工作得到有效开展,需要设置与企业安全生产工作相适应的安全管理机构,配备专(兼)职安全管理人员,确保企业的日常安全管理工作有专门的部门负责,有专人实施和执行。

安全管理机构是指在道路运输企业中专门负责安全生产监督管理的内设机构,是企业安全生产的组织保障。安全生产管理机构具体实施安全生产监督管理各项工作,如对企业的安全生产管理提出建议、制定规划、建立制度、组织考核等,对企业的安全生产状况进行经常性的检查,及时处理检查中发现的安全问题,及时排除安全生产事故隐患等。

安全生产管理人员是指在道路运输企业中从事安全生产管理工作的专职或兼职人员。在企业中专门从事生产管理工作的人员为专职安全生产管理人员;在企业中既承担其他工作职责,同时又承担安全生产管理职责的人员则为兼职安全生产管理人员。

1)安全管理机构设置和人员配备

(1)安全管理机构设置

道路运输行业属于高危行业,道路运输企业必须依法设置安全生产管理机构或者配备专职安全生产管理人员,建立完善的从上到下的安全管理机构。按照"全员、全过程、全方位管理"的原则,根据本企业生产经营工作的危险性大小、从业人员的多少、生产经营规模等因素,确定是否设置安全生产管理机构或者配备专职安全生产管理人员的数量。

一般中小企业设立三级管理机构,大型企业设立四级管理机构,机构设置分别如图6-1、图6-2所示。

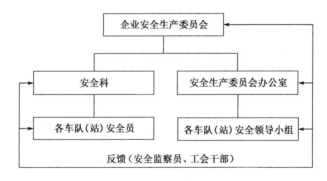

图6-1　三级安全管理机构结构

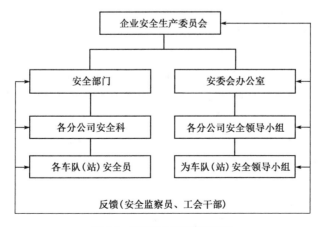

图6-2　四级安全管理机构结构

安全生产委员会由企业法人代表担任主任,党委书记和主管安全生产的副经理任副主任,企业其他领导和各部门负责人任委员。

各企业设安全部门,配备专职安全生产管理人员,具体指导、管理、监督、协调企业安全生产工作;同时履行安委会办公室职责,是企业安全生产管理的职能部门。

企业下属的各单位,成立安全领导小组并设立安全科,配备专职安全管理人员;各基层单位(如车队)成立安全小组,配备专职或兼职安全员。

(2)安全生产管理人员

道路运输企业专职安全管理人员人数的规定配置见表6-1。

企业规模与安全人员配置表　　　表6-1

| 车辆数(辆) | 安全管理人员(人) | 车辆数(辆) | 安全管理人员(人) |
|---|---|---|---|
| 10~50 | 1~2 | ≥100 | ≥6 |
| 50~100 | 3~5 | | |

安全管理人员要出色地完成自己职责范围内的安全管理工作,就必须具备相应的思想和业务素质。思想素质主要体现在职业道德方面,业务素质主要体现在知识、资历和能力方面。

①安全管理人员的职业道德要求。

a.应有较高的思想觉悟和政策水平。

b.遵守党纪国法。

c.忠于职守、勇于负责、处事果断、办事认真。

d.坚持原则、廉洁奉公,具有高度的事业心和责任感。

②安全管理人员应具备的知识。安全管理人员应具备一定的专业知识、相关知识和法律知识。

a.专业知识包括车辆构造及性能、道路工程、交通工程、运输工程、车辆技术管理、交通安全管理等方面的基本知识。

b.相关知识包括人员救护、车辆消防、车辆保险、气象分析以及辩证法、心理学和行为科学方面的基础知识。

c.法律知识指党和国家颁布的交通安全管理方面的政策、法规和条例等;此外,还有刑法、民法、经济法和涉外法律与纪律方面的相关知识。

③安全管理人员应具备的资历。安全管理人员应有在运输企业基层工作三年以上的经历,熟悉车辆检测、维修和驾驶技术。从学历上讲,原则上应有大专及以上学历;不低于或相当于高中学历,经过专业培训,考试合格后方可上岗。

④安全管理人员应具备的能力。安全管理人员应具备运用科学知识和实际经验,因时因地、联系实际、果断有效地解决具体问题和作出相应决策的能力。具体体现在以下几个方面:

a.正确分析、判断和处理安全管理工作中多种问题的能力;

b.对意外和突发事故及时果断采取相应对策的应变协调能力;

c.较强的口头和文字表达能力;

d.较强的内外事务沟通和社会公关能力;

e.较强的组织领导能力。

2)各级安全生产管理机构和人员的安全职责

(1)安全生产委员会工作职责

在企业法定代表人的领导下,全权负责本企业安全生产管理工作。

贯彻落实党和国家安全生产的方针、政策、法规、法令和企业安全生产管理规章制度,并对执行情况进行监督检查。

审定企业重要的安全管理规章制度,必要时提请职工代表大会审议。

组织召开安全生产委员会会议;总结分析企业内部安全生产情况,及时解决倾向性问题,审议安全职能部门提出的安全生产工作计划。

定期审议安全奖惩方案,审查安全经费使用情况;听取事故情况汇报,确定对有关人员处理办法。

定期组织安全生产竞赛和安全联检活动。

(2)安全部门工作职责

①认真贯彻执行"安全第一,预防为主"的方针,组织、计划、布置、总结、评比企业安全工作,并对其履行指导、监督和服务责任。

②贯彻落实国家和上级管理部门有关安全生产的方针、政策、法规、规章和指示精神。

③贯彻落实企业行政、党委及安全生产委员会有关安全生产的决议、决定和指示。

④具体制订(或修订)企业内部安全管理和安全生产规章制度、安全操作规程,起草企业安全生产计划和总结。

⑤经常深入基层,掌握和了解企业安全生产情况,及时纠正违章,及时发现事故隐患和倾向性问题,并责成有关单位或部门限期落实整改。

⑥定期和不定期组织安全检查,掌握公司安全生产动态,每季度向安委会汇报一次。

⑦负责事故的分析、统计和上报工作,建立事故档案,发生重大责任事故,应亲临现场,查清原因,落实责任,提出处理意见和落实预防措施。

⑧组织开展安全生产竞赛活动,总结推广先进经验,定期组织评优活动。

⑨负责企业运输生产驾驶员招聘、安全管理及再培训工作,配合做好年审工作。

⑩审核事故费用,具体办理旅客意外伤害保险理赔,监督内部车辆赔偿及安全互助金的使用,督促落实事故的"四不放过",定期通报重大违章及一般以上行车事故。

⑪指导和服务各下属单位安全生产职能部门的业务工作,督促各下属单位履行安全职责,落实安全管理规章。

⑫筹备安委会会议,定期召开全公司行车安全例会,通报分析各下属单位安全生产情况。

⑬在接到事故报告后,立即派人前往事故现场。发生死亡事故时,必须同时报告所在地的交通主管部门。

⑭负责重特大事故的调查和处理,对有关人员提出处理意见,并上报交通行业主管部门。

⑮行使安全否决权。

⑯一般中小运输企业的安全科的职责参照以上执行。

(3)企业法定代表人安全工作职责

①组织贯彻落实党和国家安全工作方针、政策和法规,制订和完善企业安全生产规章制度,并检查督促实施。企业法定代表人是整个企业安全生产的第一责任人,与上级主管部门签订责任书。

②领导安全生产委员会的工作,主持召开企业安委会会议,审定年度安全生产工作计划,及时研究和解决安全生产中的各种重大问题。

③督促下属各单位、各部门行政负责人做好安全工作,并根据安全责任心及安全工作实绩

正确行使聘任权。

④负责对各单位、各部门行政负责人和中层以上干部的安全奖惩,正确行使奖惩权。

⑤负责向职工代表大会报告企业安全生产工作情况,广泛听取职工意见和建议。

⑥遇有特大事故必须亲临事故现场,做好事故调查处理工作,总结教训,落实防范措施。

(4)企业分管安全的负责人(安全副总经理)工作职责

①在企业法定代表人的领导下,对全企业的安全生产负直接领导责任,主持企业日常安全工作。

②认真贯彻执行国家和上级颁布的有关安全生产的方针、政策和法规,并检查督促实施。

③组织和协调企业的安全工作,组织推广和总结安全生产中的典型经验。

④经常深入基层和现场,检查安全生产情况,发现事故隐患,及时责成有关部门限期整改和解决。

⑤组织全企业综合性安全大检查,在企业行政第一负责人因公外出期间,行使第一负责人的安全职能。

⑥发生重大事故,要督促职能部门及时报告当地交通主管部门,并亲临现场,查清事故原因,吸取事故教训,采取防范措施,具体指导协调事故处理。

⑦定期向安全生产委员会和法定代表人报告工作,并具体提出须由安全生产委员会、职工代表大会研究、讨论和通过的安全工作议题。

(5)安全部(处、科)长工作职责

①对整个企业的安全工作负监督、检查、指导和服务责任。

②认真贯彻、落实国家及交通主管部门有关安全生产的方针、政策、法规、法令,把"安全第一,预防为主"的方针真正落到实处。

③制订并不断完善企业内部安全生产规章制度和各类人员行为规范,推行安全新机制并加强监督和检查,及时发现隐患,制订防范措施。

④实施安全目标管理,制订月、季、年度安全工作规划,严格考核,奖优罚劣。

⑤组织安全管理人员业务培训和驾驶员轮训及年审工作,不断提高其安全意识和综合素质。

⑥组织上路上线检查,实施有效的现场监督和动态监控。

⑦组织各种形式的安全竞赛活动。

⑧结合重大节假日、季节变换、政治活动等,组织安全检查,发现并及时处理安全问题和隐患,确保安全生产。

⑨发生死亡事故必须立即上报当地交通主管部门,并亲自参与重大及以上事故的处理与调查,切实抓好"四不放过"和善后处理。

### 6.1.3 企业安全管理措施

1)加强企业安全生产风险防控

道路运输企业应具备与其经营范围相适应的责任赔偿能力,一旦发生责任行车事故,运输企业应具有承担赔偿责任的能力。运输企业加强安全风险防范能力的措施主要有:道路运输企业建立安全风险防范机制,依法投保国家强制性的机动车交通事故责任强制保险、承运人责任险,并积极参投其他商业险种;企业必须将其各种不同经营方式的所有营运车辆全部纳入安全生产管理范围,加强承包车辆、挂靠车辆的安全管理;建立安全责任追究制度,对安全生产事故进行责任追究和倒查;建立安全生产隐患排查制度,及时排查安全隐患,制定有效措施进行整改,将安全隐患消灭于萌芽状态。

2) 安全生产会议

道路运输企业应定期召开安全生产工作会议,并根据安全生产形势,有针对性地召开专项安全生产会议。

企业安委会每季度召开一次会议。会议由安全生产委员会主任或副主任主持,召集企业安全生产委员会全体成员、各下属单位负责人和各安全管理职能部门领导参加,总结上季度安全生产工作,研讨存在的问题,部署下季度安全生产工作。

企业下属二级单位应每月末召开安全生产领导小组会议,召集本单位安全生产主管领导、安全管理职能部门领导参加,传达上级文件精神,通报上月安全生产状况,检查上月安全例会相关决议落实情况,部署下月工作。

安全生产会议参加人员要提前准备好书面材料,包括上一阶段的安全生产工作情况,存在的问题和不足,具体的应对措施,下一阶段的安全生产工作安排和计划等内容,准时出席,做好记录。会后应形成会议纪要,抓好落实,及时上报,及时反馈。

3) 安全生产教育培训

安全教育和培训是确保企业员工的安全意识、安全素质得以提升,营造良好安全文化的基础。道路运输企业应严格遵守国家相关部门关于安全生产教育培训的规定,建立自上而下的、系统完整的安全教育和培训系统,同时通过自身的管理得到保障和落实。具体包括安全教育培训的类型、安全教育培训的形式和安全教育与培训效果的监控。

(1) 安全教育培训的类型包括:企业安全文化、岗前安全教育、专项安全培训、每月安全形势和专业安全知识。

(2) 安全教育培训内容包括:安全思想教育、安全知识教育、安全技能教育、应急处置教育。

(3) 安全教育培训的形式包括:讨论式、答题式、竞赛式、互动式、换位式、观看式、见缝插针式、活动式、讲授式。

(4) 安全教育与培训效果的监控。企业应定期对安全培训的效果进行评价,通过问卷、总结、组织交流的方式听取职工对培训内容的反馈,以及对培训内容、技能吸收掌握程度,对培训人员获得安全知识的效果进行检验评价;也可按不同的考核项目,按年、季、月进行考核及检查来评价安全教育的效果。通过评价,对企业的安全教育计划进行修改和完善,找出不足之处,进行针对性的改进和加强,确定下一阶段主要的培训方向。

4) 安全生产监督检查

(1) 目的

通过监督检查,使企业及时发现道路运输生产经营过程中生产设备、作业场所环境中(物、环境)存在的危险和有害因素,并予以消除;及时发现操作者(人)的违章操作,并及时制止、纠正;防止安全生产事故和职业病的发生。同时,通过安全生产检查了解企业整体的安全状况,找出安全管理制度、管理方法的缺陷,检查安全生产管理制度是否健全并能否严格执行;针对检查发现的人的不安全行为和物的不安全状态追查管理上的缺陷。

(2) 原则

分级负责制:企业安全生产委员会对下属各单位的监督检查负责;各下属单位对本单位的

监督检查负责。

检查负责制:谁检查,谁签字,谁负责。

配合协作制:各单位应积极配合检查,任何单位和个人不得妨碍和干扰正常的检查。

(3)形式和内容

企业在安全生产监督检查中要做到"五个结合",即上级检查与单位自查相结合、领导检查与岗位检查相结合、普通检查与专项检查相结合、经常性检查与定期检查相结合、检查与整改结合。

安全生产检查的主要形式包括:岗位日常安全检查、安全生产管理人员日常巡查、定期综合性安全生产检查、专项安全检查、季节性安全检查。

①岗位日常安全检查。要求企业每个作业岗位的操作人员在每天作业前,对本岗位或者将要进行的工作进行自检,并做好简要记录,确认安全可靠后才进行操作。

检查内容主要包括:设备的安全状态是否完好;安全防护装置是否有效;规定的安全措施是否具备;所用的工具是否符合安全规定;作业场所是否符合安全规范;个人防护用品、用具是否准备齐全,是否可靠;操作要领、操作规程是否明确。

一旦在日常的安全检查中发现问题,应立即自行解决后方可上岗操作,如果自己无法处理的问题或隐患,应及时向班组长或安全员反映,待问题解决后再上岗操作。

②安全生产管理人员日常巡查。安全生产管理人员日常巡查是指生产作业现场的安全生产专(兼)职管理人员每天对安全生产情况进行检查,这是安全生产监督检查的重要方式。通过日常的安全巡查可以让安全管理人员了解掌握企业安全生产状况,对巡查中发现的事故隐患和问题及时进行整改和处理。

检查内容主要包括:各岗位是否做好日常检查;是否有职工反映安全生产存在问题;职工是否遵守劳动纪律,是否遵守安全生产操作规程;生产场所是否符合安全要求;现场生产管理人员有没有认真履行安全生产管理职责,进行现场安全检查并制止违章作业行为。

③定期综合性安全生产检查。定期综合性安全生产检查以企业相关领导为主,组织专门的安全检查组进行,检查组的组成应包括企业的负责人、安全管理人员、生产部门以及相关管理部门的负责人、专(兼)职安全员以及职工代表。检查组应明确检查的对象、范围、将检查的内容具体化,制定安全生产检查表,检查时根据检查表的内容逐项进行检查,以保证检查的有效性和针对性,避免流于形式。对检查出的问题要做好记录,并以整改通知书的形式确定整改内容、整改责任人、整改期限。对重大隐患,由企业负责人组织研究、落实整改措施。检查完毕,检查组应讨论分析企业的安全生产现状,包括经验和存在问题,研究改善安全生产状况的措施。

定期综合性安全生产检查的重点是了解掌握事故隐患是否得到有效控制,安全生产的规章制度是否有效贯彻执行,安全管理措施是否足够,分为安全管理和劳动工作条件两个方面的检查。安全管理进行的定期综合检查包括对安全规章制度的检查、安全工作计划的检查、安全生产组织的检查、安全教育和培训的检查、安全生产应急预案的检查等内容;劳动工作场所进行的定期综合检查包括生产场所、机械设备、危险化学品、用电安全、防火防爆、防尘防毒等方面的内容。

④专项安全检查。企业通过组织专业技术人员或委托有关专业检查单位,以国家标准和专业标准为依据,对企业中专业性强的项目或设备的安全生产状况进行检查。

专项安全生产检查的项目包括:消防安全检查、特种设备安全检查、电气设备安全检查、机械设备安全检查、易燃易爆设备(设施)安全检查、作业场所安全检查等。

⑤季节性安全生产检查。企业根据季节的特点以及对安全生产的不利影响,及时开展检查,并制定相应措施消除安全隐患和问题。

季节性安全生产检查企业根据季节、行业、经营业务等特点进行安全生产检查,主要包括春夏秋冬"四季"安全生产检查,"春节""五一""国庆""元旦"等节日安全生产检查,"安全生产年""安全生产月""打非治违"等活动的安全生产检查。针对特殊的时期开展的安全生产检查,其形式多种多样,企业应结合自身情况组织。

⑥监督检查的总结。监督检查工作完毕后,要认真总结,立卷归档。对特殊内容的监督检查要形成书面材料,逐级上报。对存在问题的单位、部门和个人,检查组要签发隐患整改通知书,隐患整改单位要制定限期整改方案和计划,落实整改责任人,加强整改期间的跟踪监控,加大防范措施,确保安全生产。

5) 安全生产隐患排查与治理

为加强安全生产管理,迅速消除安全生产中发生的事故隐患,最大限度地减少一般事故,有效遏制重特大事故的发生,道路运输企业必须依据国家、行业和地方政府有关法律、法规以及企业内部相关制度,做好事故隐患的整改工作。

(1) 隐患及其分类

安全生产隐患是生产经营单位违反安全生产法律、法规、规章、标准、规程、安全生产管理制度的规定,或者其他因素在生产经营活动中存在的可能导致不安全事件或事故发生的不安全状态、人的不安全行为和管理上的缺陷。从性质上分为一般安全隐患和重大安全隐患。重大事故隐患是指可能导致重大人身伤亡或者重大经济损失的事故隐患。安全隐患具有隐蔽性、危险性、突发性、因果性、关联性、重复性、时效性等特点。

(2) 安全生产隐患排查与治理的原则

安全生产隐患排查与治理是事故预防的重要手段和主要内容。在进行安全生产隐患排查治理时,应遵循制度化、科学化、规范化及常态化的原则。

制度化是指企业作为安全生产隐患排查治理的责任主体,应根据国家法律法规的要求并结合企业的实际情况,建立健全安全生产隐患排查治理制度,逐级建立并落实从企业主要负责人到员工的安全生产隐患排查与治理机制。

科学化是指安全生产隐患的识别方法、排查治理方案必须科学合理。

规范化是指安全生产隐患排查治理应表单化和流程化。为规范安全生产隐患排查治理工作,企业应按照隐患排查的策划、隐患排查的实施、隐患的汇总、隐患的分析、隐患的整改及隐患消除六个阶段进行。

常态化是指企业应重点开展好安全生产隐患的日常检查工作,将隐患排查治理纳入日常安全管理,使隐患排查治理工作常态化,形成全面覆盖、全员参与的隐患排查治理工作机制。

(3) 安全生产隐患排查的方式

道路运输企业安全生产隐患排查可以利用企业自查自纠、相关管理部门督察、第三方机构评估和社会举报监督等方式,组织形式可以灵活多样,重点在于运输经营活动的现场排查和日常排查。安全生产隐患排查可与综合检查、专业检查、季节性检查、节假日检查、日常检查等相结合进行。

当法律法规、标准规范发生变化或更新,以及企业经营条件或规范、流程改变,对事故、事件或其他信息有新的认识,组织机构发生大的调整时,应及时组织隐患排查。

安全生产隐患排查应特别重视运输经营活动的现场排查,在运输经营现场更能贴近生产经营实际,有利于在运输经营过程中发现安全隐患,并及时进行纠正和修订完善相关管理制度,实现安全管理与运输经营的紧密结合。道路运输经营现场安全生产隐患排查应遵守三项基本原则:一是重大安全隐患未彻底整改,不应重新从事运输经营活动;二是运输经营过程中出现安全隐患,必须立即暂停运输经营,进行安全隐患整改;三是交班时,必须将安全隐患向下班交代清楚。

安全生产隐患排查治理应抓住"人"这个关键,坚持以人为本,不断强化员工、安全管理人员的安全素质教育,增强人的安全责任心,层层落实责任制,广泛地学习、利用新技术、新设备,做到人人都能深刻地认知安全隐患,处理安全隐患得心应手,方能达到消灭事故的目的。

(4)安全生产隐患治理要求

道路运输企业应对排查出的安全隐患进行登记和治理,落实整改措施、责任、资金、时限和预案,及时消除事故隐患。安全生产隐患排查是治理的基础,治理是手段,完善管理是治本之策。安全生产隐患排查的目的是找出风险源,确定风险等级。隐患治理就是根据隐患程度和特点,提出有效措施,进行及时纠正和治理,提出预防措施,降低事故风险。安全生产隐患治理的关键是确定合理的治理措施,明确治理责任和分工,落实资金,严格遵守治理时限要求,做好隐患治理期间包括防范措施的应急预案。

道路运输企业对排查出的安全生产隐患,应当按照隐患的等级进行登记,建立隐患信息档案,档案内容一般包括:隐患排查治理日期;隐患排查的具体部位或场所;发现隐患的数量、类别和具体情况;安全隐患治理意见;参加隐患排查治理的人员及其签字;安全隐患治理情况、复查时间、复查人员及其签字。

(5)安全隐患治理措施

对安全隐患治理措施的基本要求是能消除或减弱生产经营过程中的危险和危害;处置危险或危害物质、设备及设施,使之符合相关标准和规定;预防生产经营装备和操作失误引发的危险和危害;能有效预防重大事故和职业危害的发生;发生意外事故时,能为遇险人员提供自救和互救条件等。

安全隐患治理措施的针对性、准确性和有效性对隐患治理至关重要。制定安全生产隐患治理措施时应遵循以下原则:满足法律法规的要求;当与经济效益发生冲突时,应优先考虑安全生产的要求;应按照消除危害、减弱风险、隔离危害、预防事故的层次;具有针对性、可操作性和经济合理性。安全隐患治理措施主要包括防止人为失误的措施、安全技术措施和安全管理措施等。

防止人为失误的技术措施主要包括采用自动化程度高的生产经营装备、采用人机交互技术、增加岗位人员的配备、提高装备防误操作技术、警告和说明信息;防止人为失误的管理措施主要包括职业适宜性分析和测试、岗位适合性和人员的选择、安全培训和教育、合理安排工作任务、建立和谐人际关系等。

安全技术措施主要包括防止事故发生的技术、减少或避免事故损失的技术。例如利用卫星定位系统提醒和警告驾驶人控制好车速;为车辆安装防爆胎装置、发动机灭火装置;对旅客行李进行安检仪全面检查,防止违禁物品上车;客车乘客座椅配备安全带,乘客正确使用安全带;客车配备安全锤、灭火器等应急设备等措施。

安全管理措施是为了预防事故发生,降低事故危害而制定的规定、制度及操作规程。例如制定并严格执行安全操作规程,建立并落实安全生产责任制,进行生产安全事故隐患排查和整改,对驾驶人和从业人员进行安全教育和培训,关心驾驶人和从业人员的生产条件和身心健康等。

道路运输企业安全生产隐患的治理按照"及时消除"的原则,对于能够立即整改的一般安全隐患,由道路运输企业立即组织整改;对于不能立即整改的重大安全隐患,道路运输企业应组织制定安全隐患治理方案,依据方案及时进行整改;对于自身不能解决的重大安全隐患,运输企业应立即向有关部门报告,并制定整改预案,依据有关规定进行整改,切实做到整改措施、责任、资金、时限和预案"五到位"。企业在安全隐患治理过程中,应当采取相应的安全防范措施,防止事故发生。

(6)隐患整改总结及信息反馈

隐患整改完毕,隐患单位要形成隐患整改总结,填写隐患整改反馈单,并按规定上报。同时,按"四不放过"的原则查处事故隐患,追究构成事故隐患的相关责任人,以警后事,杜绝类似情况的再次发生。一般隐患由隐患单位的企业安全处复查,合格后,签署意见,隐患注销。重特大隐患由地方交通主管部门安全生产委员会根据企业的检查意见,组织有关人员进行复审,合格后由复审小组签署意见,并上报安全管理部门注销隐患。

企业各单位要高度重视隐患整改工作,对隐患整改,特别是重特大隐患整改及时、彻底的,企业应给予通报表彰,对表现突出的职工给予一定的物质或资金奖励。对存有隐患,尤其是重特大安全隐患瞒报,或整改措施不力,或久拖不改,或不按规定及时整改的单位和个人,应给予取消评优资格等相应处罚,对因整改不彻底造成事故的,严格执行责任倒查制度,追究隐患单位负责人和个人的安全生产责任。

### 6.1.4 企业安全事故调查及处理

1) 企业安全事故调查

事故信息报告程序如下:

道路运输经营企业在道路运输经营活动中一旦发生安全生产事故,要依照国家有关道路交通事故上报要求进行报告,以便及时进行救援和事故责任调查。

①属于超过一般事故等级需向政府上报事故报告程序。当道路运输生产经营企业发生涉及达到法定上报等级的人身事故、机械设备事故、火灾事故、交通事故、环境污染等事故时,按照《生产安全事故报告和调查处理条例》和交通运输部有关交通运输安全生产事故的信息报告的有关规定,其事故报告程序如下:

道路运输生产经营企业班组(车间)发生上述事故,现场指挥人员或作业人员应立即采取适当方式通知班组(车间)负责人或企业安全部门。

企业安全部门在接到报告后,应立即向公司负责人报告。

企业接到报告后,应当于1h内向辖区县级以上人民政府安全生产监督管理部门和道路运输管理部门、公安交警等负有安全生产监督管理职责的有关部门报告。

道路交通事故、火灾事故自发生之日起7日内,事故造成的伤亡人数发生变化的,应于当日续报。

发生道路交通生产安全事故的,事故现场有关人员首先要向公安交通管理部门报案,还应当立即向本单位负责人报告。单位负责人接到报告后,应当迅速(1h内)向事故发生地县级以上人民政府安全生产监督管理部门以及负有安全生产监督管理职责的有关部门报告。

道路交通生产安全事故报告的具体程序如下:

事故现场人员报告,报告的内容包括事故发生的时间、地点、企业名称、运行线路、事故车辆型号、车牌号、姓名、乘客人数、伤亡情况、事故大概经过、已经采取的措施等内容。

危险货物运输过程中发生燃烧、爆炸、污染、中毒或者被盗、丢失、流散、泄漏等事故,驾驶员、押运人员应当立即向当地公安部门和本运输企业报告,说明事故情况、危险货物品名、危害和应急措施,并在现场采取一切可能的警示措施,并积极配合有关部门进行处置。

单位负责人接到报告后,应当在1h内向事故发生地县级以上人民政府安全生产监督管理部门和道路运输管理部门、公安交警等负有安全生产监督管理职责的有关部门报告。

事故具体情况暂时不清楚的,负责事故报告的单位可以先报事故概况,随后补报事故全面情况。

②属于不需向政府上报事故报告程序。当道路运输生产经营企业发生不涉及达到法定上报等级的轻伤事故、一般机械设备事故、一般火灾事故、一般交通事故、一般环境污染等事故时,其事故报告程序如下:

道路运输生产经营企业班组(车间)发生上述事故,现场指挥人员或作业人员应立即采取适当方式通知班组(车间)负责人或企业安全部门。

企业安全部门在接到报告后,应立即向公司负责人报告。

企业接到报告后,应立即组织相关人员组成事故调查组,对事故进行调查、分析与处理。每月底将本月所发生的事故和处理情况(如已处理完毕)以书面报告的形式上报企业安全部门备案。

2)事故处理

(1)现场处置

道路运输经营单位发生生产安全事故,单位负责人接到事故报告后,应根据事故等级启动相应级别的应急预案,或者采取有效措施,组织抢救,防止事故扩大,减少人员伤亡和财产损失。

①现场人员的现场处置。停止生产经营活动,采取措施防止事故扩大。如在道路上发生交通事故后,车辆必须首先采取制动措施停车,避免交通事故损害的进一步扩大,也有利于交通事故的处理和现场证据的固定。

保护事故现场。如在发生道路交通事故时,要注意保护现场,有利于查清事故原因和认定相关方的责任。对于未造成人员伤亡的交通事故,当事人对事实及成因无争议的,可立即撤离现场或者报告公安交通管理部门。

立即抢救伤员。如在发生道路交通事故时,事故现场有人员受伤,应立即抢救伤员,但注意保护好现场和有关证据。

及时报案。事故发生后,属于超过一般事故等级需向政府上报的事故,应即通知公安110和112,如有人员伤亡还应通知急救中心120,同时报告所属单位及相关管理部门,并及时组织抢救伤员。

②事故单位的现场处置。事故单位在公安、消防、卫生等专业抢险力量到达现场前,应启动本单位应急预案,立即组织有关应急救援队伍和人员营救遇险人员,疏散、撤离、安置受到威胁的人员,控制危险源,标明危险区域,封锁危险场所,并采取其他防止危害扩大的必要措施,妥善保管有关物证,并按照规定及时报告。

当上级政府、部门负责现场指挥救援工作时,事故单位应积极听从指挥,做好抢险救援、现场取证、道路引领、后勤保障、秩序维护等协助处置工作。

事故发生地有关地方人民政府、安全生产监督管理部门和负有安全生产监督管理职责的有关部门接到事故报告后,其负责人应当立即赶赴现场,组织事故救援。

③事故发生后,有关单位和人员应当妥善保护事故现场以及相关证据,任何单位和个人不得破坏事故现场、毁灭相关证据。

因抢救人员、防止事故扩大以及疏通交通等原因,需要移动事故现场物件的,应当作出标志,绘制现场简图并作出书面记录,妥善保存现场重要痕迹、物证。

(2)事故善后处置

①社会救助。事发地各级交通运输主管部门配合当地人民政府,对因参加事故应急处理而致病、致残、死亡的人员,及时进行医疗救助。

依据相关规定,对因事故造成生活困难、需要社会救助的人员,配合当地人民政府做好相关救助工作。

②安抚家属。对在事故中伤亡的人员及家属,由当地人民政府按照国家有关规定进行安抚、抚恤及善后处理,各级交通运输主管部门以配合为主,做好相关人员的思想稳定工作,消除各种不利因素,确保社会稳定。

③物资征用补偿。道路运输生产安全事故物资征用由事发地人民政府负责,并按照国家有关规定进行补偿。

对紧急调集、征用的有关单位及个人的物资在使用完毕或者应急工作结束后,应当及时返还。在调集、征用后被毁损、灭失的,应当按照规定给予补偿或补助。

(3)事故现场处置方案的制定

为迅速、高效、有序地控制灾情、抢救被困人员、救治伤员,减少道路运输生产安全事故造成的损失,所有道路运输生产经营单位必须制定本单位事故现场处置方案,对可能发生的事故处置进行尽可能的规划。

现场处置方案是针对具体的装置、场所或设施、岗位所制定的应急处置措施。现场处置方案应具体、简单、针对性强。现场处置方案应根据风险评估及危险性控制措施逐一编制,做到事故相关人员应知应会,熟练掌握,并通过应急演练,做到迅速反应、正确处置。

现场处置方案的主要内容有以下几个方面。

①事故特征的描述包括:危险性分析;事故发生的区域、地点或装置的名称;事故可能发生的季节和造成的危害程度;事故前可能出现的征兆。

②应急组织与职责:基层单位应急自救组织形式及人员构成情况;应急自救组织机构、人员的具体应急工作职责。

③应急处置的描述包括:事故应急处置程序;现场应急处置措施;报警电话及上级管理部门、相关应急救援单位联络方式和联系人员、事故报告基本要求和内容。

④注意事项的描述包括:佩戴个人防护器具方面的注意事项;使用抢险救援器材方面的注意事项;采取救援对策或措施方面的注意事项;现场自救和互救注意事项;现场应急处置能力确认和人员安全防护等事项;应急救援结束后的注意事项;其他需要特别警示的事项。

(4)事故调查分析

道路运输经营企业在安全生产事故发生后,要严格落实事故调查分析工作,分析事故,查找原因,吸取教训,杜绝类似事故再次发生。

道路运输企业发生的不涉及达到法定上报等级的安全生产事故,由企业安全生产管理部门牵头,组织纪检、技术、务运等相关部门人员参加,并吸收具有一定业务专长和资质的技术人员参加,组成专门事故调查小组,负责对安全生产事故进行调查,并提出处理意见。

事故调查小组通过对事故调查分析,形成事故调查报告,事故调查报告应当包括下列内容:事故发生单位概况;事故发生经过和事故救援情况;事故造成的人员伤亡和直接经济损失;事故发生的原因和事故性质;事故责任的认定以及对事故责任者的处理建议;事故防范和整改措施。

道路运输企业发生的行车事故的处理应以公安管理部门的裁决书为准。企业安全管理部门根据公安部门的裁决,提出对事故责任者的内部处理意见,报分管安全的企业负责人和安全生产委员会审批。

企业安全生产委员会根据事故级别、责任大小和所造成的影响,按企业有关规定,在审批对事故当事人处理决定的同时,追究相关单位、部门负责人的领导责任,视情节轻重给予行政处分;构成犯罪的,依法追究刑事责任。

道路运输企业发生的重大事故、较大事故、一般事故分别由事故发生地省级人民政府、设区的市级人民政府、县级人民政府负责调查,省级人民政府、设区的市级人民政府、县级人民政府可以直接组织事故调查组进行调查,也可以授权或者委托有关部门组织事故调查组进行调查;特别重大事故由国务院或者国务院授权有关部门组织事故调查组进行调查。

(5)事故责任的追究

道路运输企业要建立事故责任追究制度和奖惩制度,依照"四不放过"原则,追究事故责任人的责任。

①方法要求。事故原因没有查清不放过。企业在分析解剖事故时,首先要把事故原因分析清楚,找出导致事故发生的真正原因,不能敷衍了事,不能在尚未找到事故主要原因时就轻易下结论,也不能把次要原因当成真正原因,未找到真正原因决不轻易放过,直至找到事故发生的真正原因,并搞清各因素之间的因果关系才算达到事故原因分析的目的。

事故责任者没有严肃处理不放过。对照事故调查处理的法律法规和企业安全生产奖惩制度,对事故责任者进行严肃处理。

职工没有受到教育不放过。企业要向全体职工通报事故相关情况,要使事故责任者和广大群众了解事故发生的原因及所造成的危害,并深刻认识到搞好安全生产的重要性,使大家从事故中吸取教训,在今后工作中更加重视安全工作。

防范措施没有落实不放过。企业要结合本单位实际,针对事故发生的原因,提出防止相同或类似事故发生的切实可行的预防措施,督促事故发生单位加以实施,预防措施必须责任到人,落实到位,只有这样,才算达到了事故调查和处理的最终目的。

②具体做法。学习设备、工艺技术、环境等事故通报的重点是事故发生的对口专业人员,该专业所有人员学习后要按照"四不放过"的要求写出专题报告。

学习人身事故通报,企业各生产单位、班组都要按照"四不放过"的要求写出专题报告。

通过学习通报,对本单位相关对应人员行为、设备、环境、工艺的安全状况进行分析,对照本企业安全管理、设备管理、技术管理、制度落实等方面进行自查,能解决的自行整改,需要上级部门协调解决的报相关管理部门备案,由相关管理部门协调责任部门整改。

企业各职能部门按照"谁检查、谁签字、谁负责"的原则,对整改或防范措施落实情况进行抽查,发现落实不力者,按照企业安全管理制度追究单位安全生产第一责任人的责任。

企业安全生产管理部门应及时总结各下属单位好的经验、做法及存在的问题,组织下属单位进行交流,整改安全管理中的薄弱环节和突出问题,不断提高安全管理水平。

【拓展提高】

# 交通运输企业安全标准化建设

1) 政策文件指导

2011年5月3日,国务院安委会下发了《国务院安委会关于深入开展企业安全生产标准化建设的指导意见》(安委〔2011〕4号),要求全面推进企业安全生产标准化建设,进一步规范企业安全生产行为,改善安全生产条件,强化安全基础管理,有效防范和坚决遏制重特大事故发生。

2011年6月29日,交通运输部下发了《关于印发交通运输企业安全生产标准化建设实施方案的通知》(交安监发〔2011〕322号),方案中指出要全面开展安全生产标准化建设工作,实现企业安全管理标准化、作业现场标准化和操作过程标准化。并指出了力争从事客运、危险化学品和烟花爆竹等重点运输企业在2013年底前达标,其他交通运输企业在2015年前达标的总体建设目标。

2012年4月20日,交通运输部起草了《交通运输企业安全生产标准化考评管理办法》和《交通运输企业安全生产标准化达标考评指标》,并下发了《关于印发交通运输企业安全生产标准化考评管理办法和达标考评指标的通知》(交安监发〔2012〕175号),要求各企业结合实际,抓好细化落实。

2012年6月12日,交通运输部办公厅下发了《关于印发交通运输企业安全生产标准化相关实施办法的通知》(厅安监字〔2012〕134号),制定了考评发证、考评机构管理及考评员管理等实施办法,来进一步规范交通运输企业安全生产标准化建设工作。

为深入贯彻落实新《中华人民共和国安全生产法》,大力推进企业安全生产标准化建设,2016年7月26日交通运输部对原《交通运输企业安全生产标准化建设评价管理办法》进行了修订,印发了新《办法》。

2) 行业特点

当前,我国交通运输业安全形势严峻,在交通运输行业中影响和制约安全生产的问题没有根本解决,诱发交通运输安全事故的因素仍然存在。主要表现为:

(1) 防范重特大交通运输事故的能力没有得到很好提高,交通运输安全生产的形势依然严峻。

(2) 少数交通运输企业管理责任不落实,规章制度流于形式,有的运输企业对驾驶员的管理教育不力、措施不到位,驾驶员整体素质不高,职业道德差、安全意识淡薄,超速行驶、超载运行、疲劳驾驶现象时有发生。

(3) 交通运输部分企业证照不全,只重视经济效益,忽视证件的到期提醒及补办。

(4) 安全管理工作上还存在着不少漏洞,安全管理制度不健全,部分交通运输企业管理的责任意识淡薄,建设资金等、靠、要的依赖思想严重,对交通工具只管使用,不求投入。

(5) 个别交通运输企业没有建立健全安全应急响应体系,未建立应急预案,缺乏相应的快速反应救助力量、手段和措施,从业人员对应急反应的演练不足,部分从业人员未参加应急的特殊培训。

(6) 老旧交通工具随使用年头的增加性能日益恶化,部分交通工具锈蚀严重,年久失修,设备老化,仍没有淘汰出运输市场;部分交通工具上的安全救生设施配备不足,放置不当,灭火器过期失效;大部分从业人员没有受过正规生产设施培训,业务素质低,违章操作时有发生。

3) 达标考评指标目录

(1) 道路

道路交通普通货运企业安全生产达标考评指标

道路危险货物运输企业安全生产达标考评指标

道路旅客运输企业安全生产达标考评指标

道路货物运输场站安全生产达标考评指标

汽车客运站安全生产达标考评指标

机动车维修企业安全生产达标考评指标

(2) 水路

水路普通货物运输企业安全生产达标考评指标

水路危险货物运输企业安全生产达标考评指标

水路旅客运输企业安全生产达标考评指标

(3) 港口

港口普通货物码头企业安全生产达标考评指标

港口危险货物码头企业安全生产达标考评指标

港口客运(滚装、渡船渡口)码头企业安全生产达标考评指标

(4) 城市客运

城市轨道交通运输企业安全生产达标考评指标

城市公共汽车客运企业安全生产达标考评指标

出租汽车企业安全生产达标考评指标

(5) 交通运输建筑施工

交通运输建筑施工企业安全生产达标考评指标

4) 达标等级划分

交通运输企业安全生产标准化达标等级分为一级、二级、三级,其中一级最高,三级最低。其中城市轨道交通企业安全生产达标标准等级分为一级、二级。评为一级达标企业的考评分数不低于900分(满分1000分,下同)且完全满足所有达标企业必备条件,评为二级达标企业的考评分数不低于700分且完全满足二、三级达标企业必备条件,评为三级达标企业的考评分数不低于600分且完全满足三级达标企业必备条件。

5) 考评主管单位

交通运输部负责全国交通运输企业安全生产标准化建设工作的指导,具体负责一级评价机构的监督管理。

省级交通运输主管部门负责本管辖范围内交通运输企业安全生产标准化建设工作的指导,具体负责二、三级评价机构的监督管理。

长江航务管理局、珠江航务管理局分别负责行政许可权限范围内的长江干线、西江干线省际航运企业安全生产标准化建设工作的指导,具体负责二、三级评价机构的监督管理(以上部门和单位统称为主管机关)。

6）标准化建设流程

（1）策划准备及制定目标

企业需成立安全生产标准化建设小组,并明确目标,全面保障安全生产标准化的建设落实。

（2）教育培训安全生产标准化建设需要全员参与

教育培训要解决的就是领导层的认识以及执行层的理解。

（3）现状梳理

对企业应安全管理情况、现场设备设施状况进行全面摸底,并根据企业自身情况及时调整目标,开展建设。

（4）管理文件制修订

结合现状摸底所发现的问题,准确判断管理文件亟待加强和改进的薄弱环节,并提出有关文件的制修订计划。

（5）实施运行及整改

企业要在日常工作中依据制修订的管理文件进行实际运行,并根据运行情况及时进行整改及完善。

（6）企业自评

经过一段时间的运行,应依据评定标准,开展自评工作。并结合发现的问题进行整改,着手准备评审申请材料。

7）考证流程

包括自评、申请、受理、考评、发证和监督管理。

（1）企业自评

（2）企业申请

①交通运输企业应根据经营类别分别申请达标等级。

②申请达标等级的交通运输企业应对照《交通运输企业安全生产标准化达标考评指标》进行自评,逐项给出自评分值,形成自评报告,并通过交通运输企业安全生产标准化管理信息系统向相应的主管机关提出考评申请。

（3）主管机关受理

①评价机构负责交通运输企业安全生产标准化建设评价活动的组织实施和评价等级证明的颁发。

②考评机构应在5个工作日内完成对企业申请材料的真实性和符合性的核查,对核查通过的企业启动考评;核查不通过的,应及时告知主管机关和企业,并说明原因。

③考评机构应组织3名以上(含3名)具有相应资质的考评人员成立考评组,制定具体考评计划,告知企业后实施。

（4）考评

评价机构接到交通运输企业评价申请后,应在5个工作日内完成申请材料完整性和符合性核查。核查不通过的,应及时告知企业,并说明原因。评价机构对申请材料核查后,认为自身能力不足或申请企业存在较大安全生产风险时,可拒绝受理申请,并向其说明,记录在案。

①企业申请资料核查通过后,评价机构应成立评价组,任命评价组长,制定评价方案,提前5个工作日告知当地主管机关后,满足下列条件,可启动现场评价。

a.评价组评审员不少于3人,其中自有评审员不少于1人。

b. 评价组长原则上应为自有评审员,且具有 2 年和 8 家以上同等级别企业安全生产标准化建设评价经历,3 年内没有不良信用记录,并经评价机构培训,具有较强的现场沟通协调和组织能力。

c. 评价组应熟悉企业评价现场安全应急要求和当地相关法律法规和标准规范要求。

②评价机构应在接受企业评价申请后 30 个工作日内完成对企业的现场评价工作,并提交评价报告。

现场评价工作完成后,评价组应向企业反馈发现的安全事故隐患和问题、整改建议及现场评价结论,形成现场评价问题清单,问题清单应经企业和评价组签字确认。现场发现的重大安全事故隐患和问题应向负有直接安全生产监督管理职责的交通运输管理部门和相应的主管机关报告。

企业对评价发现的安全事故隐患和问题,在现场评价结束 30 日内按要求整改到位的,经申请,由评价机构确认整改合格,所完成的整改内容可视为达到相关要求;对于不影响评价结论的安全事故隐患和问题,企业应按评价机构有关建议积极组织整改,并在年度报告中予以说明。

(5) 结果复核

企业对评价结论存有异议的,可向评价机构提出复核申请,评价机构应针对复核申请事项组织非原评审员进行逐项复核,复核工作应在接受企业复核申请之日起 20 个工作日内完成,并反馈复核意见。企业对评价机构复核结论仍存异议的,可选择其他评价机构申请评价。涉及评价机构评价工作不公正和违规行为的,企业可向相应管理维护单位或主管机关投诉、举报。

(6) 发证

①评价机构应对评价案卷进行审核,形成评价报告及其他必要的评价资料通过管理系统向管理维护单位报备。评价机构评价结论认为符合颁发评价等级证明的,应报管理维护单位向社会公示 5 个工作日;公示结果不影响评价结论的,评价机构应向企业颁发交通运输企业安全生产标准化评价等级证明。

②交通运输企业安全生产标准化建设等级证明格式由交通运输部统一规定,证明应注明类型、类别、等级、适用范围和有效期等。证书分为正本 1 份,副本 3 份。

证书样例如图 6-3 所示。

图 6-3 证书样例

③监督管理。获得安全生产达标等级证书的企业每年应进行自评,并在次年1月底前将年度自评报告报发证主管机关。

8)考评形式

交通运输企业安全生产标准化建设评价包括初次评价、换证评价和年度核查三种形式。申请考评的企业应向主管机关提交申请。考评活动采用资料核对、人员询问、现场考评等方法进行,人员询问、现场查验可以按一定比例进行抽查。

(1)初次考评

申请初次考评的企业应具备以下条件:

①具有独立法人资格,从事交通运输生产经营建设的企业或独立运营的实体。

②具有与其生产经营活动相适应的经营资质、安全生产管理机构和人员,并建立相应的安全生产管理制度。

③近1年内没有发生较大以上安全生产责任事故。

④已开展企业安全生产标准化建设自评,结论符合申请等级要求。

初次考评应提交申请报告,并附以下材料:

①标准化建设评价申请表(样式由管理系统提供);

②法律法规规定的企业法人营业执照、经营许可证、安全生产许可证等;

③企业安全生产标准化建设自评报告。自评报告应包含:企业简介和安全生产组织架构;企业安全生产基本情况(含近3年应急演练、一般以上安全事故和重大安全事故隐患及整改情况);从业人员资格、企业安全生产标准化建设过程;自评综述、自评记录、自评问题清单和整改确认;自评评分表和结论等。企业安全生产标准化达标证书有效期为3年。

已取得相关机构颁发的安全生产管理体系证书(证明)的企业,连续3年未发生重特大事故的,经主管机关对必备条件审核后,可颁发二级或三级安全生产达标证书。

新组建企业应于正式运营6个月内提出初次考评申请。

(2)换证考评

已经取得安全生产标准化评价等级证明的企业在证明有效期满之前可向评价机构申请换证评价,换证完成后,原证明自动失效。

①企业申请换证评价时,应提交以下材料:

a.企业法人营业执照、经营许可证等;

b.原交通运输企业安全生产标准化建设等级证明;

c.企业换证自评报告和企业基本情况、安全生产组织架构;

d.企业安全生产标准化运行情况,以及近3年安全生产事故或险情、重大安全生产风险源及管控、重大安全事故隐患及治理等情况。

②申请换证的企业在取得等级证明3年且满足下列条件,在原证明有效期满之日前3个月内可直接向评价机构申请换发同等级企业安全生产标准化建设等级证明:

a.企业年度核查等级均为优秀(含换证年度)。

b.企业未发生一般以上等级安全生产责任事故。

c.企业未发生被主管机关安全生产挂牌督办或约谈。

d.企业安全生产信用等级评为B级以上。

e.企业未违反其他安全生产法律法规有关规定。

f.安全生产标准化建设标准发生变化的,年度核查或有关证据证明其满足相关要求。
　　③换证评价及等级证明颁发的流程、范围和方法按照初次评价的有关规定执行。
　（3）年度核查
　　企业取得安全生产标准化建设等级证明后,有效期内应按年度开展自评,自评时间间隔不超过12个月,自评报告应报颁发等级证明的评价机构核查。
　　①评价机构对企业年度自评报告核查发现以下问题的,可进行现场核查：
　　a.自评结论不能满足原有等级要求的；
　　b.自评报告内容不全或存在不实,不能真实体现企业安全生产标准化建设实际情况的；
　　c.企业生产经营状况发生重大变化的,包括生产经营规模、场所、范围或主要安全管理团队等；
　　d.企业未按要求及时向评价机构报告重大安全事故隐患和较大以上安全生产责任事故的；
　　e.相关方对企业的安全生产提出举报、投诉；
　　f.企业主动申请现场复核。
　　②评价机构应在企业提交年度自评报告15个工作日内完成自评报告年度核查,需进行现场核查的,应在30个工作日内完成。
　　③年度核查结论分为不合格、合格和优秀三个等级评价,并通过管理系统向社会公开。企业安全生产标准化建设运行情况不能持续满足所取得的评价等级要求,或长期存在重大安全事故隐患且未有效整改的,评为不合格；基本满足且对不影响评价结论的问题和重大安全事故隐患进行有效整改的,评为合格；满足原评价等级所有要求,并建立有效的企业安全生产标准化持续改进工作机制,且运行良好,重大安全事故隐患和问题整改完成的,评为优秀。对于年度核查评为优秀,应由企业在年度自查报告中主动提出申请,经评价机构核查,包括进行现场抽查验证通过后,方可评为优秀。
　　④评价机构对企业的年度核查评价在合格以上的,维持其安全生产标准化建设等级证明有效；年度核查评价不合格或未按要求提交自评报告的,评价机构应通知企业并提出相关整改建议,企业在30日内未经验收完成整改,或仍未提交自评报告,或拒绝评价机构现场复核的,评价机构应撤销并收回企业安全生产标准化建设等级证明,并通过管理系统向社会公告。
　　⑤已经取得交通运输企业安全生产标准化建设等级证明的企业,在有效期内发现存在重大安全事故隐患或发生较大以上安全生产责任事故的,应在10个工作日内向颁发等级证明的评价机构报送相关信息,评价机构可视情况开展企业安全生产标准化建设核查工作。
　　⑥评价机构撤销企业安全生产标准化建设等级证明的,应通过管理系统向管理维护单位备案。
　（4）证明补发和变更
　　①企业安全生产标准化建设等级证明遗失的,可向颁发等级证明的评价机构申请补发。
　　②企业法定代表人、名称、经营地址等变更的,应在变更后30日内,向颁发等级证明的评价机构提供有关证据材料,申请对企业安全生产标准化评价等级证明的变更。
　　③评价机构发现申请安全生产标准化建设等级证明变更的企业的安全生产条件发生重大变化,超出规定情况的,可进行现场核实,核实结果不影响变更证明的,应予以变更,核实认为企业安全生产条件不满足维持原证明等级要求的,原证明应予以撤销并通过管理系统向社会公示。
　　④评价机构应在接受企业提出的证明变更申请后30日内,完成证明变更。

# 单元6.2 企业安全评价

## 【知识储备】

### 6.2.1 企业安全评价的内涵

1) 安全评价的定义

2007年,国家安全监管总局批准颁发了《安全评价通则》(AQ 8001—2007)、《安全预评价导则》(AQ 8002—2007)、《安全验收评价导则》(AQ 8003—2007)。根据上述标准,安全评价是指以实现安全为目的,应用安全系统工程原理和方法,辨识与分析工程、系统、生产经营活动中的危险、有害因素,预测发生事故或造成职业危害的可能性及其严重程度,提出科学、合理、可行的安全对策措施建议,作出评价结论的活动。安全评价可针对一个特定的对象,也可针对一定区域范围。

2) 安全评价的分类

安全评价按照实施阶段不同分为三类:安全预评价、安全验收评价、安全现状评价。

(1) 安全预评价

安全预评价就是在建设项目可行性研究阶段、工业园区规划阶段或生产经营活动组织实施之前,根据相关的基础资料,辨识与分析建设项目、工业园区、生产经营活动潜在的危险、有害因素,确定其与安全生产法律法规、标准、行政规章、规范的符合性,预测发生事故的可能性及其严重程度,提出科学、合理、可行的安全对策措施建议,作出安全评价结论的活动。

安全预评价内容主要包括危险及有害因素识别、危险度评价和安全对策措施及建议。它是以拟建建设项目作为研究对象,根据建设项目可行性研究报告提供的生产工艺过程、使用和产出的物质、主要设备和操作条件等,研究系统固有的危险及有害因素,应用系统安全工程的方法,对系统的危险性和危害性进行定性、定量分析,确定系统的危险、有害因素及其危险、危害程度;针对主要危险、有害因素及其可能产生的危险、危害后果提出消除、预防和降低的对策措施;评价采取措施后的系统是否能满足规定的安全要求,从而得出建设项目应如何设计、管理才能达到安全要求的结论。

(2) 安全验收评价

在建设项目竣工后正式生产运行前或工业园区建设完成后,通过检查建设项目安全设施与主体工程同时设计、同时施工、同时投入生产和使用的情况或工业园区内的安全设施、设备、装置投入生产和使用的情况,检查安全生产管理措施到位情况,检查安全生产规章制度健全情况,检查事故应急救援预案建立情况,审查确定建设项目、工业园区建设满足安全生产法律法规、标准、规范要求的符合性,从整体上确定建设项目、工业园区的运行状况和安全管理情况,作出安全验收评价结论的活动。

安全验收评价是运用系统安全工程的原理和方法,在项目建成试生产正常运行后,在正式投产前进行的一种检查性安全评价。它通过对系统存在的危险和有害因素进行定性和定量的检查,判断系统在安全上的符合性和配套安全设施的有效性,从而作出评价结论并提出补救或补偿措施,以促进项目实现系统安全。

安全验收评价是为安全验收进行的技术准备,最终形成的安全验收评价报告将作为建设单位向政府安全生产监督管理机构申请建设项目安全验收审批的依据。另外,通过安全验收还可检查生产经营单位的安全生产保障、安全管理制度,确认《中华人民共和国安全生产法》的落实。

(3)安全现状评价

安全现状评价是针对生产经营活动中、工业园区的事故风险、安全管理等情况,辨识与分析其存在的危险、有害因素,审查确定其与安全生产法律法规、规章、标准、规范要求的符合性,预测发生事故或造成职业危害的可能性及其严重程度,提出科学、合理、可行的安全对策措施建议,作出安全现状评价结论的活动。

安全现状评价既适用于对一个生产经营单位或一个工业园区的评价,也适用于某一特定的生产方式、生产工艺、生产装置或作业场所的评价。

安全现状评价对在用生产装置、设备、设施、储存、运输及安全管理状况进行的全面综合的安全评价,是根据政府有关法规的规定或是根据生产经营单位职业安全、健康的管理要求进行的,主要内容包括:全面收集评价所需的信息资料,采用合适的安全评价方法进行危险识别、给出量化的安全状态参数值;对于可能造成重大后果的事故隐患,采用相应的数学模型,进行事故模拟,预测极端情况下的影响范围,分析事故的最大损失,以及发生事故的概率;对发现的隐患,根据量化的安全状态参数值、整改的优先度进行排序;提出整改措施与建议。

评价形成的现状综合评价报告的内容应纳入生产经营单位安全隐患整改和安全管理计划,并按计划加以实施和检查。

3)安全评价的作用

安全评价的作用在于可有效地预防事故发生,减少财产损失和人员伤亡和伤害。安全评价与日常安全管理和安全监督监察工作不同,安全评价是从技术带来的负效应出发,分析、论证和评估由此产生的损失和伤害的可能性、影响范围、严重程度及应采取的对策措施等。

(1)安全评价是安全生产管理的一个必要组成部分

"安全第一,预防为主"是我国安全生产的基本方针,作为预测、预防事故重要手段的安全评价,在贯彻安全生产方针中有着十分重要的作用,通过安全评价可确认生产经营单位是否具备了安全生产条件。

(2)有助于政府安全监督管理部门对生产经营单位的安全生产实行宏观控制

安全评价工作,特别是安全预评价,将有效地提高工程安全设计的质量和投产后的安全可靠程度;投产时的安全验收评价,是根据国家有关技术标准、规范对设备、设施和系统进行符合性评价,提高安全达标水平;系统运转阶段的安全技术、安全管理、安全教育等方面的安全现状评价,可客观地对生产经营单位安全水平作出结论,使生产经营单位不仅了解可能存在的危险性,而且明确如何改进安全状况,同时也为安全监督管理部门了解生产经营单位安全生产现状、实施宏观控制提供基础资料。

(3)有助于安全投资的合理选择

安全评价不仅能确认系统的危险性,而且还能进一步考虑危险性发展为事故的可能性及事故造成损失的严重程度,进而计算事故造成的危害,即风险率,并以此说明系统危险可能造成负效益的大小,以便合理地选择控制、消除事故发生的措施,确定安全措施投资的多少,从而使安全投入和可能减少的负效益达到合理的平衡。

(4)有助于提高生产经营单位的安全管理水平

安全评价可以使生产经营单位的安全管理变事后处理为事先预测、预防。传统安全管理方法的特点是凭经验进行管理,多为事故发生后再进行处理的"事后过程"。通过安全评价,可以预先识别系统的危险性,分析生产经营单位的安全状况,全面地评价系统及各部分的危险程度和安全管理状况,促使生产经营单位达到规定的安全要求。安全评价可以使生产经营单位的安全管理变纵向单一管理为全面系统管理。安全评价使生产经营单位所有部门都能按照要求认真评价本系统的安全状况,将安全管理范围扩大到生产经营单位各个部门、各个环节,使生产经营单位的安全管理实现全员、全面、全过程、全时空的系统化管理。系统安全评价可以使生产经营单位的安全管理变经验管理为目标管理。仅凭经验、主观意志和思想意识进行安全管理,没有统一的标准、目标;而安全评价可以使各部门、全体职工明确各自的安全指标要求,在明确的目标下,统一步调,分头进行,从而使安全管理工作做到科学化、统一化、标准化。

(5)有助于生产经营单位提高经济效益

安全预评价,可减少项目建成后由于达不到安全的要求而引起的调整和返工建设;安全验收评价,可将一些潜在事故隐患在设施开工运行阶段消除;安全现综合评价,可使生产经营单位较好地了解可能存在的危险并为安全管理提供依据。生产经营单位的安全生产水平的提高无疑可带来经济效益的提高。

4)安全评价的程序

安全评价程序主要包括:前期准备,辨识与分析危险、有害因素,划分评价单元,定性、定量评价,提出安全对策、措施、建议,作出安全评价结论,编制安全评价报告。

(1)前期准备

明确被评价对象,备齐有关安全评价所需的设备、工具,收集国内外相关法律法规、技术标准及工程、系统的技术资料。

(2)辨识与分析危险、有害因素

根据被评价对象的具体情况,辨识和分析危险、有害因素,确定危险、有害因素存在的部位、存在的方式、事故发生的途径及其变化的规律。

(3)划分评价单元

在辨识和分析危险、有害因素的基础上,划分评价单元。评价单元的划分应科学、合理,便于实施评价、相对独立且具有明显的特征界限。

(4)定性、定量评价

根据评价单元的特征,选择合理的评价方法,对评价对象发生事故的可能性及其严重程度进行定性、定量评价。

(5)提出安全对策措施建议

依据危险、有害因素辨识结果与定性、定量评价结果,遵循针对性、技术可行性、经济合理性的原则,提出消除或减弱危险、有害因素的技术和管理措施建议。

(6)作出安全评价结论

根据客观、公正、真实的原则,严谨、明确地作出评价结论。

(7)编制安全评价报告

依据安全评价的结果编制相应的安全评价报告。安全评价报告是安全评价过程的具体体现和概括性总结;是评价对象完善自身安全管理、应用安全技术等方面的重要参考资料;是由第三方出具的技术性咨询文件,可为政府安全生产管理、安全监察部门、行业主管部门等相关单位对评价对象的安全行为进行法律法规、标准、行政规章、规范的符合性判别所用;是评价对象实现安全运行的技术性指导文件。

### 6.2.2 企业安全评价

1) 企业安全评价的内容

安全评价主要内容包括:高度概括评价结果;从风险管理角度给出评价对象在评价时与国家有关安全生产的法律法规、标准、规范的符合性结论;给出事故发生的可能性和严重程度的预测性结论以及采取安全对策措施后的安全状态等。

(1) 安全预评价内容

①前期准备工作应包括:明确评价对象和评价范围;组建评价组;收集国内外相关法律法规、标准、行政规章、规范;收集并分析评价对象的基础资料、相关事故案例;对类比工程进行实地调查等内容。

②辨识和分析评价对象可能存在的各种危险、有害因素;分析危险、有害因素发生作用的途径及其变化规律。

③评价单元划分应考虑安全预评价的特点,以自然条件、基本工艺条件、危险和有害因素分布及状况、便于实施评价为原则进行。

④根据评价的目的、要求和评价对象的特点、工艺、功能或活动分布,选择科学、合理、适用的定性、定量评价方法对危险、有害因素导致事故发生的可能性及其严重程度进行评价。

对于不同的评价单元,可根据评价的需要和单元特征选择不同的评价方法。

⑤为保障评价对象建成或实施后能安全运行,应从评价对象的总图布置、功能分布、工艺流程、设施、设备、装置等方面提出安全技术对策措施;从评价对象的组织机构设置、人员管理、物料管理、应急救援管理等方面提出安全管理对策措施;其他安全对策措施。

⑥评价结论应概括评价结果,给出评价对象在评价时的条件下与国家有关法律法规、标准、行政规章、规范的符合性结论,给出危险、有害因素引发各类事故的可能性及其严重程度的预测性结论,明确评价对象建成或实施后能否安全运行的结论。

(2) 安全验收评价内容

安全验收评价主要包括:危险、有害因素的辨识与分析;符合性评价和危险危害程度的评价;安全对策措施建议;安全验收评价结论等内容。

安全验收评价主要从以下方面进行评价:评价对象前期(安全预评价、可行性研究报告、初步设计中安全卫生专篇等)对安全生产保障等内容的实施情况和相关对策措施建议的落实情况;评价对象的安全对策措施的具体设计、安装施工情况有效保障程度;评价对象的安全对策措施在试投产中的合理有效性和安全措施的实际运行情况;评价对象的安全管理制度和事故应急预案的建立与实际开展和演练有效性。

①前期准备工作包括:明确评价对象及其评价范围;组建评价组;收集国内外相关法律法规、标准、行政规章、规范;安全预评价报告、初步设计文件、施工图、工程监理报告、项目规划设计文件,各项安全设施、设备、装置检测报告、交工报告、现场勘察记录、检测记录,查验特种设备使用、特种作业、从业等许可证件、典型事故案例、事故应急预案及演练报告,安全管理制度台账、各级各类从业人员安全培训落实情况等实地调查收集到的基础资料。

②参考安全预评价报告,根据周边环境、平立面布局、生产工艺流程、辅助生产设施、公用工程、作业环境、场所特点或功能分布,分析并列出危险、有害因素及其存在部位、重大危险源

的分布、监控情况。

③划分评价单元应符合科学、合理的原则。评价单元可按以下内容划分:法律、法规等方面的符合性;设施、设备、装置及工艺方面的安全性;物料、产品安全性能;公用工程、辅助设施配套性;周边环境适应性和应急救援有效性;人员管理和安全培训方面的充分性等。

评价单元的划分应能够保证安全验收评价的顺利实施。

④根据评价对象的实际情况选择适用的评价方法。同时,要做符合性评价以及事故发生的可能性及其严重程度的预测。

符合性评价:检查各类安全生产相关证照是否齐全,审查是否满足安全生产法律法规、标准、行政规章、规范的要求,检查安全设施、设备、装饰是否已与主体工程同时设计、同时施工、同时投入生产和使用,检查安全生产管理措施是否到位,安全生产规章制度是否健全,是否建立了事故应急救援预案。

事故发生的可能性及其严重程度的预测:采用科学、合理、适用的评价方法对项目实际存在的危险、有害因素引发事故的可能性及其严重程度进行预测性评价。

⑤根据评价结果,依照国家有关安全生产的法律法规、标准、行政规章、规范的要求,提出安全对策措施建议。安全对策措施建议应具有针对性、可操作性和经济合理性。

⑥安全验收评价结论应包括:符合性评价的综合结果;评价对象运行后存在的危险、有害因素及其危险危害程度;明确给出评价对象是否具备安全验收的条件。对达不到安全验收要求的评价对象明确提出整改措施建议。

2)企业安全评价方法

近年来,道路运输安全生产评价体系建设作为一种行之有效并且意义长远的安全策略正得到越来越多的重视。2006年财政部、国家安全生产监督管理总局联合制定的《高危行业企业安全生产费用财务管理暂行办法》中将道路交通运输行业确定为四大高危行业之一;在2004年公安部、国家发展和改革委员会、交通部、农业部、国家安全生产监督管理局联合印发的《预防道路交通事故"五整顿""三加强"实施意见》公通字[2004]33号文件中也明确提出要研究对道路运输企业实行安全评估及安全认证,指导运输企业、客运场站建立健全安全生产新机制,落实运输企业安全责任,提高道路运输行业安全生产的规范化水平。安全生产法律法规对高危行业企业安全评价提出了明确的要求,充分说明安全评价在消除事故隐患,控制危险有害因素,预防安全生产事故发生所起的作用得到了政府的肯定。安全评价是评判一个企业安全状况如何的最有说服力的科学方法,是源头控制的一项重要措施。高质量的安全评价工作对政府安全生产监督管理部门全面了解生产经营单位的安全状况,对企业单位落实安全生产技术措施及提高安全生产管理水平将起到良好的促进作用。

在影响道路交通安全的人、车、路、环境、管理等因素中,对于作为运输市场主体的道路运输企业来说,道路、环境等因素是其不可控制的,人(驾驶员)、车辆(载运工具)、企业管理是其可以控制的。因此,应结合道路运输行业的特点,对道路运输企业以行车安全为中心,与企业综合管理水平、驾驶员、车辆等因素密切相关的安全生产系统进行安全评价。

首先,建立安全评价指标体系的重要性。

(1)通过建立道路运输企业安全评价指标体系,构建评估信息系统,对企业安全生产状况进行评估,为政府主管部门和企业管理者制定管理决策提供依据。

(2)通过开展安全评价与比较,找出企业安全管理工作存在的差距和薄弱环节,并分析原因,及时提供给政府管理部门,以便采取对策,促进道路运输业的健康发展。

(3)通过设立安全评价指标体系,贯彻落实相关法律法规和政策,督促、引导企业实现安全生产发展目标。

(4)通过分析评价,为政府主管部门制定道路运输企业安全生产管理目标和规划提供依据,从而进行有效的宏观管理。

其次,道路运输企业安全评价指标体系的构建原则。

安全评价指标体系是否科学、合理,直接关系到安全评价的质量,基于道路运输企业安全生产内容的繁杂性及其系统的复杂性,构建道路运输企业安全评价指标体系应遵循以下原则。

(1)时效性原则:指标体系不仅要反映一定时期系统安全的实际情况,而且还要跟踪其变化情况,以便及时发现问题和不足。此外,指标体系应随着社会价值观念的变化不断调整,否则,可能会因不合时宜而导致决策失误。

(2)突出性原则:指标的选择要全面,但应该区分主次、轻重,以保证重点和集中精力控制住发生频率高、易造成严重后果的指标和事件。

(3)可比性原则:指标体系中同一层次的指标,应满足可比性原则,即具有相同的计量范围、计量口径和计算方法,指标取值应采用相对值,这样使指标既能反映实际情况,又便于比较优劣。

第三,道路运输企业安全评价指标体系的构成。

道路运输企业安全评价指标体系体现了道路运输企业安全评价的内涵,包含道路运输企业安全生产影响因素,其主要由以下内容构成。

(1)企业安全目标

①安全工作方针与目标。

a.制定企业安全生产方针、目标和不低于上级下达的安全控制指标,要求内容明确、具体、量化、有时限性。

b.制定实现安全工作方针与目标的措施。

②中长期规划。制订和实施企业安全生产中长期规划和跨年度专项工作方案。

③年度计划。根据中长期规划,制定年度计划和年度专项活动方案,并严格执行。

④目标考核。

a.将安全生产管理指标进行细化和分解,制定阶段性的安全生产控制指标。

b.制定安全生产目标考核与奖惩办法。

c.定期考核年度安全生产目标完成情况,并奖惩兑现。

(2)管理机构和人员

①安全管理机构。

a.成立安全生产委员会或领导小组,下属各分支机构分别成立相应的领导机构。要求安全生产委员会职责明确,实行主要领导负责制。

b.按规定设置与企业规模相适应且独立的安全生产管理机构。

c.定期召开安全生产委员会会议。安全生产管理机构和下属各分支机构每月至少召开一次安全工作例会。

②管理人员配备。按规定足额配备专职安全生产和应急管理人员。

(3)安全责任体系

①健全责任制。

a.企业主要负责人、分管领导、全体员工安全职责明确,制定并落实安全生产责任制,层层签订安全生产责任书,并落实到位。

b.主要负责人或实际控制人是安全生产第一责任人,按照安全生产法律法规赋予的职责,对安全生产负全面组织领导、管理责任和法律责任,并履行安全生产的责任和义务。

c.分管安全生产的负责人是安全生产的重要责任人,统筹协调和综合管理企业的安全生产工作,对安全生产负重要管理责任。

d.其他负责人和全体员工实行"一岗双责",对业务范围内的安全生产工作负责。

e.安全生产管理机构、各职能部门、生产基层单位的安全职责明确并落实到位。

②责任制考评。根据安全生产责任进行定期考核和奖惩,公告考评和奖惩情况。

(4)法规和安全管理制度

①资质。《道路运输经营许可证》《企业法人营业执照》合法有效,经营范围符合要求。

②法规。

a.及时识别、获取适用的安全生产法律法规、标准规范。

b.将法规标准和相关要求及时转化为本单位的规章制度,贯彻到各项工作中。

c.执行并落实安全生产法律法规、标准规范。

d.将适用的安全生产法律、法规、标准及其他要求及时对从业人员进行宣传和培训。

③安全管理制度。

a.制定并及时修订安全生产管理制度,包括:安全生产责任制、安全例会制度、文件和档案管理制度、安全生产费用提取和使用管理制度、车辆、设施、设备安全管理制度、安全生产培训和教育学习制度、安全生产监督检查制度、事故统计报告制度、安全生产奖惩制度。

b.对从业人员进行安全管理制度的学习和培训。

④岗位安全生产操作规程。

a.制定并及时修订各岗位的安全生产操作规程,并发放到岗位(职工)。

b.对从业人员进行安全生产操作规程的学习和培训。

⑤制度执行及档案管理。

a.执行国家有关安全生产的方针、政策、法规及本单位的安全管理制度和操作规程,依据行业特点,制定企业安全生产管理措施。

b.每年至少对安全生产法律法规、标准规范、规章制度、操作规程的执行情况进行一次检查。

c.建立和完善各类台账和档案,并按要求及时报送有关资料和信息。

(5)安全投入

①资金投入。

a.按规定足额提取安全生产费用。

b.安全生产经费专款专用,保证安全生产投入的有效实施。

c.及时投入满足安全生产条件的所需资金。

d.为旅客投保承运人责任险。

②费用管理。

a.跟踪、监督安全生产专项经费使用情况。

b.建立安全费用使用台账。

(6)装备设施

车辆管理:

a.车辆技术等级符合行业标准规定要求。

b.车辆持有效的《道路运输证》《机动车行驶证》《道路客运班线经营许可证明》,在规定位置放置客运标志牌。

c. 车辆按规定配备安全锤、三角木、警示牌、防滑链等安全设备,配足有效的灭火器。

d. 制定并落实车辆技术管理制度,按国家规定的技术规范对车辆进行定期维护与检测,保持运输车辆技术状况良好。

e. 运营车辆符合国家标准规定的使用年限或运营公里数。

f. 严格执行车辆的强制报废制度,加强临近报废车辆的技术监管,及时处理临近报废车的安全隐患。

g. 安全生产设施设备符合有关规定,并保证齐全、完好,没有随意改动。

(7)科技创新与信息化

①科技应用。

a. 制定并落实卫星定位装置安装使用规定。

b. 旅游包车、三类以上班线客车按规定安装使用具有行使记录功能的卫星定位系统车载终端,并正常使用。

c. 车辆卫星定位系统车载终端接入符合行业标准的监控平台和全国重点营运车辆联网联控系统。

d. 定期检查车载终端使用情况,确保车辆在线时间;车载终端工作正常、监控数据准确、实时、完整传输。

e. 建立符合行业标准的道路运输车辆卫星定位企业监控平台,及时向上级监管平台传输定位数据,并保证数据真实、准确。

f. 企业平台所录入的车辆和驾驶员的基础资料、车辆技术档案信息,记录车辆行驶情况等信息准确、完整。

g. 配备专职人员负责监控车辆行驶和驾驶员的动态情况,分析处理动态信息。

h. 建立监控值班制度,对营运车辆24h实时动态监控。

i. 按照有关规定及时纠正和处理超速、疲劳驾驶、故意破坏卫星定位装置等违法违规行为,记录违法违规驾驶员信息,至少保存3年时间。

j. 建立动态监控工作台账。

②科技创新。

a. 组织开展安全生产科技攻关或课题研究。

b. 设有其他安全监管信息系统。

(8)队伍建设

①培训计划。制定并实施年度及长期的继续教育培训计划,明确培训内容和年度培训时间。

②宣传教育。组织开展安全生产的法律、法规和安全生产知识的宣传、教育。

③管理人员。

a. 企业主要负责人和管理人员具备相应安全知识和管理能力,并取得行业主管部门培训合格证。

b. 专(兼)职安全管理人员具备专业安全生产管理知识和经验,熟悉各岗位的安全生产业务操作规程,运用专业知识和规章制度开展安全生产管理工作,并保持安全生产管理人员的相对稳定。

④从业人员培训。

a.从业人员每年接受再培训,提高从业人员的素质和能力,再培训时间不得少于有关规定学时。未经安全生产培训合格的从业人员,不得上岗作业。

b.转岗人员及时进行岗前培训。

c.新技术、新设备投入使用前,对管理和操作人员进行专项培训。

⑤规范档案。

a.建立健全安全宣传教育培训考评档案,详细、准确记录培训考评情况。

b.对培训教育效果进行评审,改进提高培训质量。

(9)作业管理

①现场作业管理。严格执行操作规程和安全生产作业规定,严禁违章指挥、违章操作、违反劳动纪律。

②安全值班。制定并落实安全生产值班计划和值班制度,重要时期实行领导到岗带班,有值班记录。

③相关方管理。两个或两个以上单位共用同一设施设备进行生产经营的现场安全生产管理职责明确,并落实到位。

④驾驶员管理。

a.制定并落实驾驶员行车安全档案管理制度,实行一人一档。

b.严格审查驾驶员的驾驶证件、从业资格和驾驶经历,符合条件的签订聘用合同。

c.客运车辆每日运行里程超过400km(高速公路直达客运超过800km)的,按规定配备两名以上驾驶员;驾驶员连续驾驶时间不超过4个h,或者24h内累计驾驶不超过8h。

d.及时掌握极端天气及路况信息,提示作业中的驾驶员谨慎驾驶。

e.驾驶员按照规定填写《行车日志》。

⑤营运车辆管理。

a.有车辆技术档案,实行一车一档,内容记载及时、完整、准确,不得随意更改。

b.落实专人负责车辆技术管理工作,车辆安全技术状况符合有关规定。

c.建立并落实车辆安全检查制度。做好出车前、行车中及收车后的车辆检查工作。

d.维护、维修作业须在交通运输管理部门认定的汽车维修企业进行。

⑥运输管理。

a.客运班车按照许可的线路、班次、站点运行,在规定的途经站点进站上下旅客,不得改变行驶线路,不得站外上客或者沿途揽客。

b.客运车辆严格按核定人数范围内载客运行,无违反规定超载、超员运输。

c.合理调整发车时间,对夜间途经达不到夜间安全通行条件的三级(含)以下山区公路,禁止通行。

⑦警示标志。在存在危险因素的作业场所和设备设施,设置明显的安全警示标志,警示、告知危险种类、后果及应急措施。

(10)危险源辨识与风险控制

①危险源辨识。

a.开展本单位危险设施或场所危险源的辨识和确定工作。

b.辨识重大危险源,采取有效防护措施,按规定报有关部门备案。

②风险控制。

a.及时对作业活动和设备设施进行危险、有害因素识别。

b.向从业人员如实告知作业场所和工作岗位存在的危险因素、防范措施以及事故应急措施。

c.对危险源进行建档,重大危险源单独建档管理。

(11)隐患排查与治理

①隐患排查。

a.制定隐患排查工作方案,明确排查的目的、范围,选择合适的排查方法。

b.每月至少开展一次安全生产自查自纠工作,及时发现安全管理缺陷和漏洞,消除安全隐患。检查及处理情况应当记录在案。

c.对各种安全检查所查出的隐患进行原因分析,制定针对性控制对策。

②隐患治理。

a.制定完善的隐患治理方案,包括目标和任务、方法和措施、经费和物资、机构和人员、时限和要求。

b.对上级检查指出或自我检查发现的一般安全隐患,严格落实防范和整改措施,并组织整改到位。

c.重大安全隐患报相关部门备案,做到整改措施、责任、资金、时限和预案"五到位"。

d.建立隐患治理台账和档案,有相关的记录。

e.按规定对隐患排查和治理情况进行统计分析,并向有关部门报送。

(12)职业健康

①健康管理。

a.设置或指定职业健康管理机构,配备专(兼)职管理人员。

b.按规定对员工进行职业健康检查。

②工伤保险。企业按规定为驾驶员办理工伤保险。

③危害告知。对从业人员进行职业健康宣传培训,使其了解其作业场所和工作岗位存在的危险因素和职业危害、防范措施和应急处理措施,降低或消除危害后果的事项。

④环境与条件。为从业人员提供符合职业健康要求的工作环境和条件,配备与职业健康保护相适应的设施、工具。

(13)安全文化

①安全环境。

a.设立安全文化廊、安全角、黑板报、宣传栏等员工安全文化阵地,每月至少更换一次内容。

b.公开安全生产举报电话号码、通信地址或者电子邮件信箱。对接到的安全生产举报和投诉及时予以调查和处理。

②安全行为。

a.开展安全承诺活动。

b.编制旅客运输安全知识手册,并发放到职工。

c.组织开展安全生产月活动、安全生产竞赛活动,有方案、有总结。

d.对在安全工作中做出显著成绩的集体、个人给予表彰、奖励,并与其经济利益挂钩。

e.对安全生产进行检查、评比、考评,总结和交流经验,推广安全生产先进管理方法。

(14)应急救援

①预案制定。

a.制定相应的突发事件应急预案,有相应的应急保障措施。

b. 结合实际,将应急预案分为综合应急预案、专项应急预案和现场处置方案。

c. 应急预案应与当地政府预案保持衔接,报当地有关部门备案,通报有关协作单位。

d. 定期评审应急预案,并根据评审结果或实际情况的变化进行修订和完善。

②预案实施。

a. 开展应急预案的宣传教育,普及生产安全事故预防、避险、自救和互救知识。

b. 开展应急预案培训活动,使有关人员了解应急预案内容,熟悉应急职责、应急程序和应急处置方案。

c. 发生事故后,及时启动应急预案,组织有关力量进行救援,并按照规定将事故信息及应急预案启动情况报告有关部门。

③应急队伍。

a. 建立与本单位安全生产特点相适应的专兼职应急救援队伍,或指定专兼职应急救援人员。

b. 组织应急救援人员日常训练和演练。

④应急装备。

a. 按照应急预案的要求配备相应的应急物资及装备。

b. 建立应急装备使用状况档案,定期进行检测和维护,使其处于良好状态。

⑤应急演练。

a. 按照有关规定制定应急预案演练计划,并按计划组织开展应急预案演练。

b. 应急预案演练结束后,对应急预案演练效果进行评审,撰写应急预案演练评审报告,分析存在的问题,并对应急预案提出修订意见。

(15) 事故报告调查

①事故报告。

a. 发生事故及时进行事故现场处置,按相关规定及时、准确、如实向有关部门报告,没有瞒报、谎报、迟报情况。

b. 跟踪事故发展情况,及时续报事故信息,建立事故档案和事故管理台账。

②事故处理。

a. 接到事故报告后,迅速采取有效措施,组织抢救,防止事故扩大,减少人员伤亡和财产损失。

b. 发生事故后,按规定成立事故调查组,积极配合各级人民政府组织的事故调查,随时接受事故调查组的询问,如实提供有关情况。

c. 按时提交事故调查报告,分析事故原因,落实整改措施。

d. 发生事故后,及时召开安全生产分析通报会,对事故当事人的聘用、培训、考评、上岗以及安全管理等情况进行责任倒查。

e. 按"四不放过"原则严肃查处事故,严格追究责任领导和相关责任人。处理结果报有关部门备案。

(16) 绩效考评与持续改进

①绩效评定。每年至少对本单位安全生产情况进行一次评定,对安全生产工作目标、指标的完成情况进行综合考评。

②持续改进。提出进一步完善安全管理的计划和措施,对安全生产目标、指标、管理制度、操作规程等进行修改完善。

③安全管理体系建设。根据企业生产经营实际,建立相应的安全管理体系,规范安全生产管理,形成长效机制。

第四,安全评价程序。

①评价活动每年进行一次,所有道路运输企业必须接受评价。交通行政主管部门、道路运政管理机构应在组织评价前发出通知。

②被评价单位在自查自评的基础上,向组织评价单位提出安全生产等级评价申请,并提供相关资料。

③组织评价单位从交通行政主管部门、道路运政管理机构和道路旅客运输企业中抽调具有相应资格的人员组成考评组,对申请单位进行考评。

④考评组对申请单位的申报材料进行初步审核。

⑤考评组现场考评,听取被考评单位自查自评情况汇报,并对照标准现场评分。

⑥考评组汇总考评情况,召开考评汇报会,拟定申请单位的安全生产等级,填写《道路运输企业安全生产评价审核表》,经组织评价单位审核同意后,确定等级,对外公布,并按规定程序表彰、奖励或处罚。

第五,标准分值与等级设定。

由于道路运输企业安全综合评价指标体系是一个多层次、多项目、含有权重系数的指标体系,为了简化操作,应根据上述道路运输企业安全评价指标体系的构成指标设计评价记分表,将总分(满分)设为1000分,按照权重分配各指标的满分值。在实际操作中,评价者通过听取汇报、查阅资料、现场观察、与企业人员交谈等形式了解企业的安全状况,然后逐项采用扣分法给出各项指标的实际得分。

当评价专家组由多位专家组成时,各项指标的实际得分取其各位专家打分的平均值。

评价结果分为以下5个等级:

①600分以下为安全生产管理不合格企业,建议行业主管部门令其停产整顿。整顿完后申请重新评价,达到700分以上方可恢复生产。

②600~699分为安全生产管理基本合格企业,建议行业主管部门根据评价专家组的意见,令其进行局部整改。企业对于存在的突出问题必须限期改正,到期后专家组进行复查,复查合格的,评为安全生产管理合格企业;复查不合格的,建议行业主管部门令其停产整顿。

③700~799分为安全生产管理合格企业,应巩固成绩,继续提高。

④800~899分为安全生产管理良好企业,应谦虚谨慎,再创佳绩。

⑤900~1000分为安全生产管理优秀企业,即为安全生产信得过企业,可给予荣誉奖牌(或奖状),并将评价结果延长一个有效期(免检一年)。

道路运输企业安全评价有效期为一年。在有效期内发生重特大责任事故的,评价结果自动失效,行业主管部门应令其重新进行评价。

## 【拓展提高】

## 2016年8月23日广乐高速公路9车起火4人死亡交通事故调查报告公布

8月23日凌晨0时5分左右,广乐高速公路北行K210+500路段发生一起13车碰撞,造成9车起火燃烧损毁、4车部分损坏、4人死亡的交通事故,直接经济损失约400万元。

清远市人民政府于8月26日成立了由清远市安全监管局副局长任组长,市安全监管局、监察局、公安局、交通运输局、总工会派人参加的清远市"8·23"较大道路交通事故调查组(以下简称事故调查组),开展事故调查工作。清远市安监局公布了清远市"8·23"较大道路交通事故调查报告,对事故发生的经过和应急处置情况及评估进行了详细披露。

**两次交通事故造成13车连环撞**

调查报告记录,2016年8月22日23时52分起,广乐高速公路北行K208+500路段、K208+600路段、K209+100路段相继发生未造成人员伤亡的车辆碰撞交通事故,造成车流堵塞。8月23日0时5分许,陈某1驾驶重型半挂牵引车1沿广乐高速公路由南往北行驶,当车辆行驶至广乐高速公路北行K210+500路段时,因制动失效,在快车道与前方小轿车1、重型厢式货车等大小车辆发生碰撞,造成7车不同程度损坏。2min后,陈某2驾驶重型半挂牵引车2沿广乐高速公路由南往北行驶。当其车辆行驶至上述事故路段时,因制动失效,在快车道与前方的小型客车、小轿车2、小轿车3连续发生碰撞,碰撞后重型半挂牵引车2车头将被撞成横向的小型客车挤压至行车道上的重型半挂牵引车3和慢车道上的重型厢式货车尾部,小型客车起火燃烧,导致重型半挂牵引车1、小型客车9车不同程度烧毁、4车不同程度损坏、4人死亡。

经评估,清远市"8·23"较大道路交通事故应急响应及时,响应程序合法,未发现救援指挥、作业人员失职、渎职现象,未发生次生事故。肇事驾驶员陈某2,已于8月23日22时因涉嫌交通肇事罪被刑事拘留,8月29日被批准逮捕。

**认定为生产经营性道路交通责任事故**

经调查认定:清远市"8·23"较大道路交通事故是一起生产经营性道路交通责任事故。直接原因是陈某1驾驶机动车时未注意前方车辆动态,遇险采取措施不当,未按操作规范安全、文明行驶,且驾驶制动力不足的车辆上道路行驶,是造成7车相撞事故的直接原因;陈某2驾驶机动车时未注意前方车辆动态,遇险采取措施不当,未按操作规范安全、文明行驶,且驾驶制动力不足的车辆上道路行驶,是造成9车燃烧、4人死亡事故的直接原因。

调查报告还指出,自广乐高速公路于2014年9月27日开通以来,北行K210路段(K208~K211)多次发生交通事故和多车连环相撞事故,清远市公安局交通警察支队高速公路五大队多次致函高速公路业主单位广东某高速公路有限公司要求整改。调查报告认为,此次交通事故暴露出广东某高速公路业主单位安全隐患整改不彻底,对事故的发生负有一定间接责任,建议由广东省交通运输厅对其进行批评并督促改正。

**肇事驾驶员**

陈某1,重型半挂牵引车1驾驶人,对7车相撞事故的发生负直接全部责任,建议由高速公路大队对其作出行政处罚。

陈某2,重型半挂牵引车2驾驶人,对9车燃烧、4人死亡事故的发生负直接全部责任,涉嫌交通肇事罪,建议司法机关尽快追究其刑事责任。

[事故原因]本次事故分两部分,7车相撞事故因重型半挂牵引车1制动力不足造成,9车燃烧、4人死亡事故因重型半挂牵引车2制动力不足造成。碰撞后小型客车被推行产生高温,致使小型客车车头首先冒烟起火,随后火势蔓延迅速,波及因事故损坏而无法移动的车辆,因此造成小型客车车上4人死亡、9车不同程度烧毁、4车不同程度损坏。

# 单元6.3 行业监管

安全生产监督管理是督促企业落实各项安全法规,治理事故隐患,降低伤亡事故的有效手段。新中国成立60多年来,安全生产监督管理制度从无到有,不断发展完善。1983年5月,国务院批转原劳动人事部、国家经委、全国总工会《关于加强安全生产和劳动安全监督工作的报告》,指出:"劳动部门要尽快建立、健全劳动安全监督制度,加强安全监督机构,充实安全监督干部,监督检查生产部门和企业对各项安全法规的执行情况,认真履行职责,充分发挥应有的监督作用。"从而,全面确立了安全生产国家监督制度。即确定了我国安全生产工作中实行"安全监察、行政管理和群众(工会)监督"相结合的工作体制,并称为安全生产管理的"三结合"体制。"三结合"体制的建立,明确了国家监察体制、行政管理体制和群众监督体制三者的权限、职责、任务及其相互关系,使三者从不同的层次、不同的角度、不同的方向贯彻执行"安全第一,预防为主"的安全生产方针,协调一致地实现安全生产的共同目的。可以说,"三结合"的安全管理体制在推动我国安全生产管理工作方面发挥了积极的作用。

## 【知识储备】

### 6.3.1 道路运输安全管理体制

1)我国安全生产管理体制的发展

到了20世纪90年代,随着社会主义市场经济的建立和企业管理制度的改革和安全管理实践的不断深入,逐步发现"三结合"的安全管理体制并不完善,其中主要是"行政管理"和"行业管理"的功能已不能与新的经济体制条件下所要求安全管理相适应。因此,安全生产监管体制也在不断地调整。20世纪90年代以前,我国的安全生产管理解决了安全与生产"两张皮"的问题。但随着我国经济体制改革的深化和社会主义市场经济体制的逐步建立,国有企业走向市场,企业形式多样化,并成为自主经营、自负盈亏、自我发展、自我约束的主体,一些经济管理部门的行政管理职能逐步削弱。在此形势下,为了使安全生产管理体制更加符合实现工作的需要,国务院1993年50号文《关于加强安全生产工作的通知》中正式提出:实行"企业负责、行业管理、国家监督、群众监督、劳动者遵章守纪"的安全生产工作体制。强调了各个经济管理部门"管理生产必须管理安全"的思想,调动了各方面的积极性,明确了"企业负责、行业管理、国家监督、群众监督"的"四结合"的安全生产管理体制,进一步明确了企业是安全生产工作的主体,为建立"政府、企业、工会"三方协调管理机制打下了基础。在全国范围内建立起了以政府、部门、企业主要领导为第一责任人的安全生产责任制,安全生产工作责任到人、重大问题有专门领导负责解决的局面基本形成。

进入21世纪,安全生产起来越受到国家和政府的重视,为了加强安全生产的监管力度,2000年12月国务院决定成立国家安全生产监督管理局,是综合管理全国安全生产工作、履行国家安全生产监督管理的行政机构。2001年3月国务院决定成立国务院安全生产委员会,安全生产委员会成员由国家经贸委、公安部、监察部、全国总工会等部门的主要负责人组成。安全委员会办公室设在国家安全生产监督管理局。2005年2月国家安全生产监督管理局调整为国家安全生产监督管理总局,升为正部级,为国务院直属机构。把国家安全监管局升为总局,提高了政府安全生产监督管理的权威性和严肃性,政府对企业安全生产管理力度明显加大,并且有利于规范我国安全生产监督管理体制和机制。

随着经济体制改革的深化和我国安全形势的发展,国务院在2004年2号文《关于进一步加强安全生产工作的决定》中提出:"努力构建'政府统一领导、部门依法监管、企业全面负责、群众参与监督、全社会广泛支持'的安全生产工作新格局,建立长效机制,实现安全生产的长治久安"。

2)新安全管理体制的含义

(1)政府统一领导

政府统一领导是指安全生产工作必须在国务院和地方各级人民政府的领导下,依据国家关于安全生产的法律法规,做到统一的要求。无论何种所有制形式或经营方式的生产经营单位,政府对安全生产的要求都是相同的,无一例外,都必须保障安全生产的技术和物质条件符合安全生产的要求。政府要建立健全安全监管体系和安全生产法律法规体系,把安全生产纳入经济发展规划和指标考核体系,形成强有力的安全生产工作组织领导和协调管理机制。

(2)部门依法监管

部门依法监管是指各级安全生产监管部门和相关部门,要依法履行综合监督管理和专项监督管理的职责。依法加大行政执法力度,加强执法监督。政府有关部门要在各自的职责范围内,对有关安全生产工作依法实施监督管理。特别是在当前大部分专业机构部委撤销、政企脱钩,国有大中型企业普遍下放地方的新形势下,"行业安全管理"已不再适应新市场经济条件要求的情况下,使安全生产的监督管理的社会功能处于核心的地位,要求发挥重要的作用。

(3)企业全面负责

企业全面负责是指生产经营单位要自觉执行《中华人民共和国安全生产法》关于生产经营单位安全保障的各项规定,强化企业安全生产责任的主体地位,依法做好各项安全生产工作,切实保证本单位的安全生产。各类生产经营企业要建立健全安全生产责任制和各项规章制度,依法保障必需的安全投入,加强管理,做好基础工作,形成自我约束、不断完善的安全生产工作机制。

强调管生产必须管安全这个原则,企业要负起搞好安全生产的重任。企业全面负责就是企业在其经营活动中必须对本企业安全生产负全面责任,企业法定代表人是安全生产的第一责任人。各企业应建立安全生产责任制,在管生产的同时,必须搞好安全工作。这样才能达到责、权、利的相互统一。安全生产作为企业经营管理的重要组成部分,对生产发挥着极大的保障作用。不能将安全生产与企业效益对立起来,具体地说,企业应自觉贯彻"安全第一,预防为主"的方针,必须遵守行业安全生产的法律、法规和标准,根据国家和有关部门的规定,制订本企业安全生产规章制度,必须设置安全管理机构,配备安全管理人员,对企业实行全员、全过程、全方位的安全生产管理。企业还应负责提供符合国家安全生产要求的工作场所、生产设施,特别是加强对有毒有害、易燃易爆等危险物品的仓储、装卸和特种运输设备的管理,对从事危险物品运输和操作的人员都要严格培训。

(4)群众参与监督

群众参与监督即同时发挥工会、共青团等群团组织的作用,动员和组织广大职工广泛开展"反违章、反事故"等群众性安全生产活动,搞好岗位保安、自主保安。

强化工会社团作用,发挥社会监督支持。建立安全生产工作中政府、企业、劳动者三方协调机制,成立由三方代表组成的委员会,及时沟通意见,建立协调关系,逐步完善企业集体合同的订立,将安全生产的重大问题纳入集体协商范畴。

各级工会组织对安全生产工作依法实行监督,维护劳动者合法权益。工会组织在安全生产工作中有权参与重大问题决策,参与安全管理的全过程。对违反安全生产法律和法规的行为,有权制止、申诉和控告。企业法定代表人(企业经营者或非法人企业的负责人)应向职工代表大会或职工大会报告安全生产情况,对职工代表的咨询和建议要给予合理答复。各级安全生产监督管理部门在对企业进行监督检查时,要吸收工会或工人代表参加。

(5) 全社会广泛支持

全社会广泛支持是指要发挥全社会各方面的作用,在全社会形成"关爱生命、关注安全"的社会舆论氛围,形成舆论监督、群众监督的机制。

充分发挥新闻媒体的舆论监督作用,深入宣传关于安全生产的方针、政策和法律、法规,大力宣传在安全生产中作出突出成绩的单位和个人,披露严重违反安全生产法律法规的现象,对发生重大责任事故或造成重大社会不良影响事故的单位和责任人员予以曝光。

鼓励全社会对安全生产工作进行监督,对他们提出的批评建议和举报要认真研究,组织落实,回复意见,切实做好安全生产的信访工作。

以上各个层面的安全生产管理机制既缺一不可,又不能互相替代,各有各的职责,各有各的特点。它们是相互联系、相互促进、相辅相成的、统一的、有机的整体,必须统筹协调,形成合力,总体推进,形成市场经济条件下安全生产工作的监督体系,使安全生产的监督管理更加规范。

### 6.3.2 道路运输安全生产监督管理

1) 安全生产监督管理的基本原则

(1) 坚持"有法必依、执法必严、违法必究"的原则

有法必依,包括执行和遵守两个方面。首先表现在安全生产监督管理部门和人员在工作中要严格遵守法律,依法办事。对司法机关来说,就是审理案件时必须依照以事实为依据、以法律为准绳的原则。对用人单位和劳动者来说,就是必须严格遵守劳动安全卫生法律、法规和制度。

执法必严,就是指执法机关和执法人员都必须严格地依照法律规定办事,维护法律的尊严和权威。对司法机关来说,就是在审理案件中,在定罪量刑、刑罚轻重等方面,都必须严格依照法律的规定办事。执法必严的另一层意思是不受其他行政机关、团体或个人对判定活动的非法干涉。

违法必究,就是对一切违法犯罪行为都必须认真究查,依法惩处。任何人都不得凌驾于法律之上或超越于法律之外,谁也不能享受法律规定以外的特权。坚持违法必究、法律面前人人平等,是一项重要的社会主义法制原则。只有严格地执行这一原则,才能有效地保证社会主义法制的统一性和严肃性。

(2) 坚持以事实为依据,以法律为准绳的原则

违法事实是进行处理或处罚的客观依据。在对检查或举报的案例进行监察和执法时,必须深入调查、收集可靠证据,查清事实。实事求是地查明、核对违法事实,使认定的违法事实有充分的证据,经得起历史的检验。

法律法规的规定是处罚的唯一准绳。安全生产监督管理部门在处罚时,必须依据法律法规的具体条款,准确、适当的处罚。

安全生产监督管理部门在执法过程中,必须尊重客观事实,同时严格依照法律规定进行正确执法。

(3)坚持行为监督与技术监督相结合的原则

国家安全生产监督管理工作,不仅实施行为监督(监督检查用人单位及其领导人员的管理行为,包括各项规章制度和管理活动是否符合安全生产法规的要求),而且实施技术监督,就是凭借技术手段,深入监督检查生产工艺过程、设备、原材料和劳动环境的安全卫生状况及其防护技术条件。只有把行为监督和技术监督结合起来,突出行为监督的作用,才能在科学技术不断进步的条件下,通过法制手段,有效地实现安全生产监督的目的。

(4)坚持监督与服务相结合的原则

安全生产监督管理部门既要严肃认真地进行监督检查,及时提出强化预防措施的要求,揭露和纠正安全生产中存在的缺陷和偏差,又要满腔热情地帮助用人单位进行宣传教育和技术培训,提供有关信息和科技情报,指导和帮助用人单位做好安全生产管理工作,以实现安全与生产的统一。

(5)坚持教育与惩罚相结合的原则

惩罚与教育相结合的原则的含义是:处罚不仅是惩治违法的武器,同时也起着教育作用。它的教育作用主要是一方面通过学习,理解和掌握法律;另一方面,通过对违法责任的处罚,达到教育别人不犯同类违法行为及当事人重犯类似违法行为的目的。

2)道路运输安全生产监督管理指导思想

(1)以"科学发展、安全发展"为指针,认真贯彻"安全第一、预防为主、综合治理"的基本方针,构建"政府统一领导、部门依法监管、企业全面负责、群众参与监督、全社会广泛支持"的安全生产工作监督管理新格局。

(2)切实转变政府职能,履行行业管理职责,进一步加强对道路运输安全生产工作的领导,建立健全道路运输安全生产监管机制,全面落实安全生产管理责任制,强化对道路运输经营者、营运车辆、营运驾驶员和运输站(场)的监督管理。

(3)建立安全生产长效管理机制,积极运用先进的安全生产技术和安全管理方法,不断提高道路运输行业的安全生产管理水平。

(4)最大限度地预防和减少道路交通事故,特别是群死群伤的重特大道路交通事故的发生,努力实现道路运输安全生产形势的根本好转。

3)道路运输安全生产监督管理保障体系

(1)切实加强对道路运输安全生产监督管理工作的领导,建立健全安全监督管理职能机构,配备必要的安全监督管理人员,确保安全监督管理经费、装备和工作职责的落实,提高道路运输安全生产监督管理工作的权威,切实履行安全生产监督管理职能。

(2)加强调查研究,针对道路运输安全生产工作中出现的新情况、新问题,积极开展安全生产理论、监管体制与机制、监管方式与手段、安全科技、安全文化等方面的创新,制定科学有效的道路运输安全生产中长期发展规划,明确并落实阶段性目标,不断增强道路运输安全生产工作的针对性和实效性。

(3)按照"属地管理、分级负责"的原则,建立健全道路运输安全生产责任监督机制,完善道路运输安全生产控制指标和考核体系,下级对上级负责,一级抓一级,层层抓落实,确保"组织、任务、责任、措施、处罚"五到位。

（4）加强道路运输安全监管网络建设，建立与监管工作相适应的道路运输安全生产监督管理专职队伍，完善企业注册安全责任制度，积极实施注册安全工程师制度，努力提高队伍的业务素质和思想道德水平，规范执法行为，提高执法水平。

（5）建立健全道路运输安全生产监督管理例会制度，传达贯彻上级会议精神和有关安全生产的文件，通报前一阶段安全生产情况，分析研究当前安全生产形势，部署下一步安全监管的意见和措施。

（6）加大对道路运输安全生产监督管理的投入和支持，加快道路运输安全生产信息化建设，建立高效灵敏、反应快捷、运行可靠的信息系统，做好信息的收集、汇总、发布与管理工作，及时掌握安全生产动态，提高安全生产监督管理化水平。

（7）按照《道路运输行业事故统计制度》的要求，做好道路运输行业行车事故的统计工作，及时、准确、完整地反映道路运输安全生产情况，建立科学完善的事故统计分析制度，总结教训预防事故。

（8）制订和完善道路运输安全事故的应急预案，提高应急反应和抢险救援能力，特别要制订群死群伤、危险化学品等道路运输事故的应急预案，确保发生事故后能进行及时有效的救助，减少事故造成的损失。

（9）做好安全宣传教育工作，通过各种形式宣传国家安全生产的方针政策、法律法规，宣传安全生产的先进典型和经验，剖析重特大事故发生的典型案例，增强广大道路运输参与者的安全意识。

（10）加强与公安交通管理、安全监管等部门的沟通和配合，及时通报安全情况，研究分析安全形势，搞好协调，建立良好的道路运输安全生产监督管理互动机制，形成齐抓共管的合力。

4）道路运输安全生产监督管理组织领导

（1）各级交通主管部门负责组织领导本行政区域的道路运输安全生产监督管理工作。各级道路运输管理机构负责具体实施道路运输安全生产监督管理工作。

（2）各级交通主管部门及道路运输管理机构在道路运输安全生产监督管理中的主要职责是：认真贯彻执行国家关于安全生产的方针政策和法律法规，全面落实"三关一监督"管理职责，研究协调重大安全问题，督促检查本地区执行安全生产方针、政策、法规情况，组织开展全行业安全生产检查，督促检查事故隐患整改，参与或负责辖区内道路运输企业安全事故的处理，参与或组织开展重大行业安全活动，组织开展安全生产管理工作经验交流，组织搞好安全管理人员培训教育等。

5）道路运输安全生产监督管理的主要任务

各级交通主管部门及道路运输管理机构在道路运输安全生产监督管理中的主要任务是"三关一监督"，即严把道路运输经营市场准入关、严把营运车辆技术状况关、严把营运驾驶员从业资格关、搞好汽车客运站安全监督。

（1）严把道路运输经营市场准入关

一是对道路运输经营者进行开业审批和线路审批时，必须将保障道路运输安全生产的制度、机构、驾驶员和车辆管理等作为必备条件纳入审查内容；二是完善道路运输市场准入制度，对不具备安全生产条件的一律不得审批或者核准。具体要求是：

①全面审查企业的安全生产管理制度，包括企业安全生产责任制、全员安全管理、安全会议、安全事故分析会、安全生产公告、安全考核、安全检查、奖惩激励、安全责任追究、安全教育

与培训、行车日志、驾驶员问询告知、应急预案、档案管理等制度。

②审查企业安全生产机构,包括专门的安全生产管理机构的设置、安全管理人员的配备、安全管理人员任职条件等。

③审查对驾驶员的管理情况,包括相应的从业资格证、聘用合同、考核记录、辞退制度、安全教育培训制度、驾驶员信息管理制度和安全责任书签订等。

④审查车辆技术状况和等级,拟投入运行的车辆是否检测合格,技术状况是否达到与经营线路相适应的等级。

⑤对申请从事班线客运经营的,审查运行方案、道路状况等是否符合开行条件。

⑥建立道路运输企业档案,主要内容包括企业基本情况、类别、经营资质、安全生产状况、检查记录、服务质量投诉记录、事故处理以及违章处罚记录等。

⑦督促已进入市场的道路运输企业严格按照国家相关法律法规要求,制定切实可行的安全生产管理规范。

⑧对企业的安全生产状况进行定期检查和评估,建立道路运输企业安全质量信誉考核制度,由设区的市级道路运输管理机构对本辖区内道路运输企业的安全生产管理情况进行排序,并向社会公示。对排名末位的企业,责令其限期整改,逾期不改正或改正达不到要求的,依法吊销其运输经营许可证。

(2)严把营运车辆技术状况关

主要是严格执行车辆技术等级评定制度,加强营运车辆定期维护和综合性能检测,确保营运车辆技术状况良好。具体要求是:

①在车辆进入运输市场前及对营运车辆进行定期审验时,要严格按照国家标准《营运车辆综合性能要求和检验方法》(GB 18565—2001)、《道路车辆外廓尺寸、轴荷和质量限值》(GB 1589—2004)的规定进行综合性能检测,对技术性能不合格的车辆不得参与营运;已投入营运的要强制其退出道路运输市场。

②对进入道路运输市场的客车要严格按照《营运客车类型划分及等级评定》(JT 325—2013)进行类型划分和等级评定;对在用营运客车进行等级年度复核,确保车辆等级和类型与其经营业务相适应,达不到技术等级的车辆不得参与营运,已投入营运的要强制其退出运输市场。

③认真贯彻落实车辆定期维护和二级维护竣工检验制度,强化二级维护管理,督促维修企业严格按照《汽车维护、检测、诊断技术规范》(GB/T 18344—2001)的规定维护车辆。

④按照统一的格式和要求建立营运车辆档案,包括营运车辆基本情况、技术等级、营运客车类型划分及等级、营运车辆所属单位和营运车辆变更以及交通事故记录等,并逐步实行电子档案。

⑤定期上门检查道路运输企业的营运车辆技术档案,督促其认真执行营运车辆的维护和检测制度,做好行车日志和相关记录,重点加强对危险货物运输、高速公路客运、旅游客运、800km以上的超长线客运车辆技术档案的检查。

⑥要求营运载客汽车、重型载货汽车、半挂牵引车、危险货物运输车辆安装使用符合国家标准的汽车行驶记录仪或GPS等先进技术设备,建立监控平台,加强对车辆的动态监管。

(3)严把营运驾驶员从业资格关

严格实行营运驾驶员从业资格制度,在公安部门对驾驶员操作技术考试合格的基础上,进一步加强对营运驾驶员职业道德、安全意识教育和道路运输法规、业务等知识的培训、考核,努力使营运驾驶员的素质适应职业需求。具体要求：

①加强机动车驾驶员培训市场监督管理，督促培训单位严格按照教学计划认真组织培训，切实提高机动车驾驶员的培训质量，坚决打击无证、超范围及违规培训等经营行为。

②加强营运驾驶员职业培训，规范从业资格考试发证工作。重点加强对营运大客车、汽车列车和危险货物运输车辆驾驶员从业资格的管理，凡无从业资格证的驾驶员，不得从事道路运输经营性活动。

③加强营运驾驶员日常监督管理，建立和完善营运驾驶员档案，其内容包括培训记录、从业资格考试申请表、违章和交通事故记录及培训结业证、驾驶证和身份证等相关证件复印件。

④加强营运驾驶员的信誉考核，督促营运驾驶员严格执行《营运驾驶员安全操作规范》。对严重违章的营运驾驶员要通过多种方式进行再教育，重点进行监管。造成重特大道路运输责任事故的，视情进行行批评教育，直至取消营运驾驶员的从业资格，并对驾驶员进行必要的经济处罚。同时对营运驾驶员培训、考试、发证等情况进行责任倒查。

(4) 加强汽车客运站安全监督

严格实行汽车客运站车辆安全检查制度，并按照《道路旅客运输及客运站管理规定》的要求，督促其履行安全管理职责，建立完善并落实各项安全管理制度。

①对汽车客运站进行开业审查时，必须将其保障安全生产的场所、人员、设备、设施、业务操作规程和安全管理制度等纳入审查内容，并按照《汽车客运站级别划分和建设要求》(JT/T 200—2004)进行实地验收。

②汽车客运站应设立车辆安全检查点，在车辆出站门口处设立车辆出站检查岗位，三级以上汽车客运站还应同时设立车辆技术检查岗位。

③建立汽车客运站档案，应包括客运站基本情况、站级级别、安全生产管理机构、安全管理制度、安全检查人员名单、安全生产状况检查记录、事故隐患整改记录等。

6) 加强道路运输安全生产监督管理工作的主要措施

(1) 建立和完善道路运输市场准入制度

道路运输市场准入制度是道路运输安全生产监督管理工作的第一道关口。各级交通主管部门要严把市场准入关，要把运输企业安全生产资质条件作为经营许可审批和企业经营资质评定的重要内容，并实行安全一票否决制。对申请从事道路运输经营业务的当事人，不具备安全生产条件的，一律不得审批或者核准。在客运线路审批过程中，对安全生产制度不健全或者存在重大安全隐患的企业，不得审批新的客运线路。

(2) 加强市场监管，规范市场秩序

要逐步建立道路运输企业安全生产管理档案，强化对企业安全生产状况的动态管理。要把企业安全生产状况作为该企业晋升经营资质等级的重要指标，作为参与客运线路服务质量招投标的基本资格条件，作为年度审检的重要内容。对不具备安全生产条件或存在严重安全隐患的道路运输企业，要限期整改；逾期不整改或整改后仍达不到要求的，要降低其经营资质直至取消其道路运输经营许可。

各级交通部门要按照部关于整顿和规范道路运输市场秩序的部署要求，严厉打击无牌、无证等非法营运行为，维护公平竞争的市场秩序，为道路运输市场安全生产创造良好的市场环境。

(3) 全面落实道路运输经营者的安全责任

运输经营者是安全生产的主体，必须把加强内部安全生产管理作为企业经营管理的重点，建立健全安全生产责任制,改变"以包代管"和挂靠经营的粗放型经营模式,健全组织机构,配备安全管理人员,完善安全生产的硬件,保证安全生产的必要投入,提高车辆技术状况,搞好车辆检测和维修,及时发现和消除事故隐患。道路运输经营者要加强对广大干部职工的安全生产教育,督促干部职工严格遵守道路运输安全生产的各项规章制度,严格执行安全操作规程。

严肃事故责任追究和事故报告制度。道路运输经营者无论采取何种经营方式,都必须对其经营的车辆所发生的事故承担责任。发生道路交通事故后,运输经营者必须及时向当地交通部门和公安交通管理部门报告;对特别重大事故,当地交通部门要按照有关规定及时上报,并对事故发展过程中的重要情况及时续报。要认真查找事故原因,严肃处理事故责任单位及责任人员。要通过典型事故案例,教育广大从业人员从中汲取教训,提高安全生产意识。

(4)加强营运车辆技术管理

坚持和完善道路运输车辆技术等级评定制度。在车辆进入运输市场前及对营运车辆进行定期审检时,要严格按照强制性国家标准《营运车辆综合性能要求和检验方法》的要求进行综合性能检测,确定技术等级,核定经营范围。没有达到车辆技术等级的车辆或技术性能不合格的车辆不能参与营运。

强化道路运输车辆定期维护制度。认真贯彻落实车辆定期维护和二级维护竣工检验制度,强化二级维护监督管理,督促维修企业严格按照《汽车维护、检测、诊断技术规范》(GB 18344—2001)的要求维护车辆,确保车辆技术状况良好。

规范营运车辆综合性能检测行为。加快推行全国统一的"汽车综合性能检测报告单",监督汽车综合性能检测站严格按照国家有关技术标准和规范的要求进行检测,并按核定的经营性收费标准进行收费。对不按照规定要求进行检测的单位,要限期整改或停业整顿。

(5)加强营运驾驶员从业资格管理

加强机动车驾驶员培训市场监督管理,督促培训单位严格按照部颁教学计划、大纲组织培训,切实提高驾驶员培训质量,坚决打击无证、超范围及违规培训等经营行为。

严格执行营运驾驶员从业资格制度。认真贯彻落实《营业性道路运输驾驶员职业培训管理规定》,加强营运驾驶员职业培训,规范从业资格考试发证工作。要重点加强对大客车、汽车列车和危险货物运输车辆驾驶员从业资格的管理。凡无从业资格证的驾驶员,不得从事道路运输经营性活动。

加强营运驾驶员日常监督管理,逐步建立和完善全国统一的营运驾驶员档案管理制度,定期开展道路运输安全生产知识和相关法律法规的培训。对发生重大运输责任事故的驾驶员,取消其从业资格。

(6)加强汽车客运站安全监督

要严格实行车辆进出站的例检制度。按照《汽车客运站管理规定》的要求,督促客运站履行安全管理职责,建立健全并落实各项安全生产制度,配备安全检查人员。

汽车客运站要采取有效措施,严禁旅客携带易燃、易爆危险化学品进站、上车。一级汽车客运站和部分旅客流量较大的二级汽车客运站要配置危险品检查设备。汽车客运站要加强对营运驾驶员和车辆经营资格的检查,落实客运班车发班工作制度。严格按照客车的载客定额发售车票和检票,禁止超员车辆出站。凡因客运站原因造成超载的,除按规定承担分载费用外,还要追究客运站的责任。

(7)加强危险货物运输管理

认真贯彻落实《危险化学品安全管理条例》和《道路危险货物运输管理规定》,加强对从事危险货物运输经营单位、运输工具及人员的安全管理。全面贯彻实施道路危险货物运输企业资质认定制度,对达不到资质条件的,坚决取消其道路危险货物运输资格,严禁个体运输户从事道路危险货物运输。加强道路危险货物运输车辆技术管理,确保车辆技术状况符合规定要求。加强对危险货物运输从业人员的培训,未取得从业资格证书的人员,不得从事道路危险货物运输作业。

(8)严格治理超载违章、超限运输

超载违章、超限运输是造成重特大交通事故的隐患,对公路、桥梁损害极大。要坚持源头治理原则,严禁罚款和收费后放行的做法,做到科学检测,不消除违章行为不放行。要鼓励、引导发展厢式货车,从根本上治理超载、超限运输。

7)道路运输安全生产监督管理的方式及要求

各级交通主管部门应组建相应的督查组织,建立督查制度,视情派出专门督查组,组织开展行业安全生产检查,督促检查事故隐患整改。各级交通主管部门及其道路运输管理机构和从事道路运输经营活动的企业和个人,都必须自觉接受安全监督检查安全生产监督管理工作。

(1)道路运输安全督查的任务

按照实事求是、依法办事和严格管理、分级负责以及教育与惩戒相结合的原则检查、监督和查处辖区内安全督查范围的下列情况:

①以安全生产责任制为核心的安全生产管理规章制度的建立情况。

②执行国家、省和本地区有关安全生产的法律、法规、政策及规章制度、技术规范等情况。

③执行上级交通行政管理部门下达的工作任务(意见)、通知、通报及隐患查处、整改和各种安全检查活动的组织情况。

④内设安全管理部门及人员配备、安全管理经费和装备落实情况。

⑤安全生产中存在的重大问题和隐患的整改落实情况。

⑥对报纸、电台、电视台等新闻媒体曝光和来信、来访、来电举报反映有关安全方面问题的处理情况。

⑦道路运输管理机构及工作人员执法、事故处理、安全记录等情况以及在运输企业资质评定、运力审批、线路招标和年检年审等工作中安全指标的控制情况。

⑧督查提出的安全问题整改情况。

(2)道路运输安全督查的方法

安全督查采取现场检查、在规定的时间和地点检查、暗访等方式进行。安全督查应做好记录,对督查中发现的安全问题应及时通报给被督查单位,对存在重大安全隐患的,责令其限期整改,检查记录和整改验收结果存入相关档案。

(3)道路运输安全督查的处理

道路运输安全督查的处理分为批评教育、责令限期整改、通报批评和责成有关部门依照党纪政纪及有关法规规章作出相应的处分。

①批评教育:在督查中发现安全隐患或安全管理工作存在的问题,督查后能及时改正的,予以当面批评教育,由执行的督查人员直接作出。

②责令限期整改:安全督查中被督查单位存在的问题一时难以改正的,责令其限期整改。

③通报批评:安全督查中发现被督查单位违反有关法规、规章等安全管理规定情节严重的、存在问题不服从督查的、收到督查通报后不及时整改或整改不力的,予以通报批评。

④党纪、政纪处分:安全督查中发现被督查单位违反有关法规、规章等安全管理规定情节特别严重的、存在安全隐患不服从督查态度恶劣的、督查通报收到后拒不整改的,在责成有关管理部门依法从严从重处理外,按照有关规定给予相关责任人党纪政纪处分。

⑤移送司法机关处理:安全督查中发现被督查单位对因不及时整改安全隐患而造成人员伤亡事故情节特别严重的,依照有关法律、法规移送司法机关处理。

# 参 考 文 献

[1] 管满泉,刘建华,王志华.道路交通秩序管理教程[M].北京:中国人民公安大学出版社,2013.

[2] 中华人民共和国国家标准.GB 5768.2—2009 道路交通标志和标线[S].北京:中国标准出版社,2009.

[3] 中华人民共和国国家标准.GB 51038—2015 城市道路交通标志和标线设置规范[S].北京:中国计划出版社,2015.

[4] 中华人民共和国国家标准.GB 14886—2016 道路交通信号灯设置与安装规范[S].北京:中国标准出版社,2016.

[5] 中华人民共和国行业标准.JTG D82—2009 公路交通标志和标线设置规范[S].北京:人民交通出版社,2009.

[6] 中华人民共和国行业标准.JTG/T D81—2017 公路交通安全设施设计规范[S].北京:人民交通出版社股份有限公司,2017.

[7] 赵恩棠,等.道路交通安全[M].北京:人民交通出版社,1990.

[8] 邵祖峰.道路交通管理安全防范技术[M].北京:中国人民公安大学出版社,2006.

[9] 裴玉龙.道路交通安全[M].北京:人民交通出版社,2005.

[10] 牛学军.道路交通安全管理规划相关理论与方法研究[D].北京:北京交通大学,2009.

[11] 胡家兴.基于违法数据分析的道路交通安全管理决策研究与应用[D].大连:大连海事大学,2011.

[12] 刘晓辉.我国道路交通安全现状及对策研究[J].科学之友,2013(12):123-124.

[13] 林世平.高速公路安全问题及管理对策[J].辽宁省交通高等专科学校学报,2013,15(2):8-11.

[14] 陈有桥.论高速公路交通安全管理[J].技术与市场,2013(1):117.

[15] 芮武.高速公路安全管理对策[J].黑龙江交通科技,2013,36(1):59-60.

[16] 胡云岗.关于高速公路安全管理的对策思考[J].调查与研究,2012(Z2).

[17] 尚炜,高大庆.高速公路安全形势及对策研究[J].中国公路,2014(9):106-108.

[18] 范薛鲁.论高速公路运输安全及措施[J].现代商业,2013(1):59-60.

[19] 马昌喜.高速公路交通安全对策研究[J].中国公共安全(学术版),2007(2):168-170.

[20] 马建琴.高速公路交通安全影响因素分析[J].安全与环境工程,2007,14(4):117-120.

[21] 国务院法制办公室.中华人民共和国安全生产法(实用版)[M].北京:中国法制出版社,2011.

[22] 法律出版社.中华人民共和国道路交通安全法[M].北京:法律出版社,2008.

[23] 张殿业.道路交通安全管理评价体系[M].北京:人民交通出版社,2005.

[24] 齐庆杰,吴宪,温秀红.道路交通安全评价方法[J].辽宁工程技术大学学报,2005,24(3):309-312.

[25] 郑安文,牛悼民,郭健忠.高速公路道路因素与道路交通安全分析[J].武汉科技大学学报(自然科学版),2002,25(2):168-171.

[26] 裴玉龙.道路交通安全[M].北京:人民交通出版社,2005.
[27] 姜华平,陆春其,陈海泳,等.高速公路交通安全管理[M].北京:人民交通出版社,2004.
[28] 段广石,徐正刚,沈振宇,等.高速公路交通安全管理实务[M].北京:人民交通出版社,2005.
[29] 管满泉.论道路交通事故应急救援体系的构建[J].中国人民公安大学学报(自然科学版),2006,12(3):83-87.